阅

阅读成就思想……

Read to Achieve

引爆短视频

从孵化到霸屏的营销全攻略

陈永东　陈甘湉◎著

中国人民大学出版社
·北京·

图书在版编目（CIP）数据

引爆短视频 ：从孵化到霸屏的营销全攻略 / 陈永东，陈甘湉著. -- 北京 ：中国人民大学出版社，2020.9
ISBN 978-7-300-28467-5

Ⅰ. ①引… Ⅱ. ①陈… ②陈… Ⅲ. ①网络营销 Ⅳ. ①F713.365.2

中国版本图书馆CIP数据核字(2020)第156152号

引爆短视频：从孵化到霸屏的营销全攻略

陈永东 陈甘湉 著

Yinbao Duanshipin: Cong Fuhua dao Baping de Yingxiao Quangonglüe

---

出版发行	中国人民大学出版社		
社　　址	北京中关村大街 31 号	**邮政编码**	100080
电　　话	010–62511242（总编室）		010–62511770（质管部）
	010–82501766（邮购部）		010–62514148（门市部）
	010–62515195（发行公司）		010–62515275（盗版举报）
网　　址	http://www.crup.com.cn		
经　　销	新华书店		
印　　刷	天津中印联印务有限公司		
规　　格	170mm × 230mm　16 开本	**版　次**	2020 年 9 月第 1 版
印　　张	14.75　插页 1	**印　次**	2020 年 9 月第 1 次印刷
字　　数	219 000	**定　价**	65.00 元

赞誉
PRAISE

《引爆短视频》这本书的作者紧紧抓住了短视频这一社会热点和变化主题，结合市场需求，对短视频的应用及制作流程做了精辟的总结和梳理提炼。可以肯定地说，这是一本短视频领域的学习指导书，有着超强的实践意义和诸多的理论探索。把这本书推荐给广大读者，相信你们会受益匪浅。

李西沙

中国商务广告协会会长

短视频营销案例在虎啸奖评选中屡屡出现，并成为潮流，其创意及策略值得仔细研究，而这也是《引爆短视频》这本书的亮点所在。

陈徐彬

虎啸奖创始人

中国商务广告协会数字营销委员会常务副理事长兼秘书长

陈永东教授是国内并不多见的市场营销理论与实战俱佳的专家。《引爆短视频》这本书集其多年国内外教学经验与学术智慧，集短视频账号定位、策划，内容创意与拍摄、剪辑、上传，融娱乐生成与产品销售和品牌营销策略等为一体，精要而直击实战，堪称短视频制作与自媒体直播宝典。

许正林

上海大学二级教授、博导

中国广告主协会广告主研究院院长

《引爆短视频》是一本对应时代、迎合当下，帮助读者掌握短视频创意及营销的专著。在指明方法、确立步骤、掌握规律等方面，为读者提供技巧与策略。同时，帮助读者在该领域快速获得传播及营销的绩效。

潘健华
中国舞台美术学会副会长
全国戏剧期刊联盟理事长

很高兴看到一本与时俱进地介绍短视频营销全环节的书籍出版。在《引爆短视频》一书中，陈永东教授对于包括短视频在内的新媒体创意与营销的研究与实践有目共睹，希望这本书能提升国内短视频应用的整体水平。

刘迎滨
上海谦玛网络科技有限公司 CEO

短视频是当今最新、最能体现创意水平的数字媒体之一，且与文化创意产业密切相关。上海戏剧学院创意学院也非常关注这一领域，并在教学、科研及实践中渗透到这一领域，我的同事陈永东教授对此做了认真研究与总结，相信可为学界、业界带来参考。

刘志新
上海戏剧学院创意学院副院长

短视频的火热，是专用技术向通用技术泛化，从少数人市场向多数人市场扩展，从专业领域向社会领域延伸的结果。

在此过程中，短视频拍摄与制作的重要性开始更多让位于短视频的项目策划、内容创意、传播管理与营销，这些都需要来自学术研究、市场创新与技术特性等多方经验与思考的结合凝练，并反向用于指导短视频的实践。

与此同时，短视频创作的 IP 化也构成了两种权利的来源：基于创作的知识化权利和形成社会资本的节点主体权利。这样，两种权利维持着短视频的兴盛、繁荣和演进。

陈永东教授的《引爆短视频》一书是他这些年深入观察、思考和实践的结果，与其说它是帮助人们运用好短视频这一工具的宝典，不如说它可以引导大家习得“化蛇为龙”的道法。

马旗戟
中国商务广告协会数字营销研究院院长

短视频已经成为数字营销不可或缺的内容形态，陈永东教授的这本《引爆短视频》非常系统地介绍了短视频的策划、制作以及短视频的营销和传播策略，是当下难得一见的短视频营销专著，南京大学新闻传播学院决定将其纳入数字营销专业课程的参考书目，该书亦适合数字营销相关领域的从业者阅读学习。

郑丽勇
南京大学中德数字营销实验室主任，教授

今天，短视频是最受关注的媒体传播形态。无论是企业，还是公众以及媒体平台，都对短视频投入了巨大的热情。陈永东教授是社会化媒体和互联网领域的研究专家，从博客时代开始，就一直笔耕不辍。他勤奋努力，观察敏锐，我相信，他的新作一定能给关注短视频以及短视频未来趋势的朋友带来启发。

刘寅斌
上海大学副教授
新浪微博传播顾问

永东最新出版的《引爆短视频》一书，是截至目前我见过的最通俗易懂的，把短视频从 0 到 1、从 1 到 10 不同阶段如何制作、传播讲得最透彻的，我认为如果你是一个短视频的初学者或者是想全面了解短视频如何制作和营销的感兴趣者，这本书无疑是当前最适合的！

赵旭隆
Marketingforce 平台、珍岛集团创始人

前言
PREFACE

近年来，短视频可谓如火如荼、如日中天。许多人为之痴迷，他们每天必做的一件事情就是刷短视频。许多短视频引爆了网络，也成为人们茶余饭后热议的话题，从而在短视频领域诞生了许多新网红，而这些网红榜样的力量又促使许多网民跃跃欲试，想要在短视频领域一展身手，大干一场。

然而，看别人做得风生水起，自己做却未必能立竿见影。究其原因主要有两个方面：一方面，一部分人将一些短视频个案说得神乎其神，却不愿透露其中的规律；另一方面，许多人对短视频 App 的使用愿望很迫切，往往匆忙上马，却对其中的内容定位、创意方法与营销策略等不得其法。

当然，短时间里做不好短视频还有其他一些原因，比如内容特色不明显、不能持续生产优质内容、剪辑效果一般、上传平台选择不当、传播策略不得当，等等。

因此，本书的基本写作目的是，在看起来云里雾里的短视频创意与营销领域，帮助读者尽可能地拨开迷雾，掌握其中的方法、步骤、规律及策略，理清思路，找准定位，掌握规律，学会技巧，善用策略，进而在该领域内获得一定程度的传播及营销效果。

本书的主要内容包括：有关短视频的概要；短视频账号的定位与策划；短视频内容的创意与拍摄前准备；普通短视频的拍摄，基于新技术的短视频拍摄；短视频的剪辑；短视频的上传策略；短视频的传播策略；短视频的营销策略；短视频的数据统计与效果评估等。

本书共分 8 章，其中第 1、2、6、7、8 章由陈永东撰写，第 3、4、5 章由陈甘湉撰写，全书由陈永东统稿。

目前，国内外有关短视频之类的书往往侧重于拍摄与制作，这固然很重要，但是我们认为，短视频项目的策划、短视频内容的创意、短视频发布后的传播及利用短视频进行营销也是目前大家比较关注和困惑的几个方面。因此，我们对这几个方面都尽量加以详尽阐述，以便向读者呈现一本帮助其全面掌握短视频应用的书籍。

此外，在编写本书的过程中，我们将自己长期在新媒体领域有关策划、创意、传播与营销方面的经验，与上海戏剧学院在影视制作、话剧和新媒体创意等领域的教学、科研、演出的成果及经验相结合，力图为读者呈现出对短视频领域应用的相对更专业的探讨。

尽管本书的写作建立在我们长期实践及理论研究的基础上，但是由于水平有限，书中难免有论述不当或谬误之处，希望各位同行不吝赐教，也希望读者加以见谅。

我们深知山外有山，人外有人。不过，我们相信，在新媒体时代，只要每个人都愿意分享或贡献，那么大家就可以互通有无，取长补短，共享策略，共同进步。为此，我们愿意分享或贡献自己在这一领域的一些粗浅见解，期望能给读者以或多或少的启发，更希望有越来越多的人共同参与到短视频领域应用的探讨与实践中来，进而推动短视频应用整体水平的提升。

感谢短视频领域国内外前辈及内容生产者，他们给我们留下了众多精神财富，让我们在编写本书的过程中有可借鉴的理论与众多案例。

同时，也要感谢我们所在单位的同事，他们为本书的编写给予了专业的支持与帮助，特别是刘志新、厉震林和潘健华等同事的敏锐洞察与精辟见解。

最后，还要感谢我们的家人所给予的支持、鼓励与巨大帮助。

希望本书能为国内外从事短视频创意与营销工作的组织和个人提供一定的参考及有益的帮助，为推动国内外短视频创意与营销总体水平的提升尽绵薄之力。

目录
CONTENTS

第 1 章　短视频时代

人人都是 Up 主

第 2 章　策划定位

打造一个“走红体质”的账号

第 3 章 内容创意

打造话题热点的爆款内容

第 4 章 拍摄

小小短视频也可以拍出大片既视感

第 5 章　剪辑

专业的后期处理为短视频增光添彩

第 6 章　引流

高效、精准吸粉的传播策略

第 7 章 变现

收割短视频红利的营销策略

第 8 章

短视频的评估指标与数据统计

第 1 章

短视频时代：人人都是 Up 主

近年来，短视频的发展势头很猛，其用户规模不断扩大，许多网民沉醉其中。在本书的开头，我们不妨一起看看短视频如何火热，并讨论一下其时长问题，了解一下其发展情况，同时讨论一下其存在的机遇及应用中的难点。

短视频如火如荼

短短几年，短视频已经火遍全网，火遍全球。我们不妨从短视频领域的几个典型的网红案例中看看其火爆程度。

案例 1　李子柒：让中华民间文化火遍全球

有人说，李子柒是短视频领域甚至新媒体时代的现象级人物。

自 2019 年 12 月起，李子柒的名字突然频繁地出现在社交媒体上，成为舆论的焦点，她本人也理所当然成了知名网红。

李子柒是个视频 Up 主，截至本章成稿时，其微博粉丝达 2400 多万人，抖音粉丝达 4200 多万人，快手粉丝有 690 多万人。在拥有众多国内粉丝的同时，李子柒在 YouTube 上的粉丝数竟也达到了 800 多万，比 CNN、BBC、福克斯等这些欧美主流媒体的粉丝数还要多。

李子柒的短视频内容以中国传统美食和文化为主，为大家呈现了田园牧歌式的乡村生活。她注重“从无到有”的过程，各式各样的粗活细活，如挑水、砍柴、竹艺、女红、自制毛笔、制墨、造纸、制砚台、自制酱油及自制面包窑等，她都拍成了短视频。

虽然她的视频暂时并没有配英文字幕，却令美国、德国、日本、韩国、以色列、俄罗斯及沙特等几十个国家的网友为之倾迷，国外网友用几十种不同的语言，在评论区表达其“心向往之”的感受。虽然也有部分国内网友质疑其“摆拍”“不真实”，但大多数人依然忍不住惊叹：“这就是文化输出啊！”

的确，在不经意间，一个中国女网民就将中国的美食及传统文化传遍了海内外，其速度之快不能不令人惊叹，其影响之大不得不让人瞠目结舌。国内的主流媒体也对李子柒其人及其所引发的现象进行了关注及点评。

《人民日报》在其官方微博中点评道：

> 李子柒的视频不着一个英文字，却圈了无数国外粉。春耕夏种秋收冬藏，一箪食一瓢饮，到底是真实生活或精心演绎其实不重要，重要的是它所表达的中式生活之美，在赏心悦目之际让人愿意接近。无声胜有声，李子柒的样本意义，绝不应被忽视。无论怎样的文化，想要让别人理解，必先打动人。

新华视点的微博发布了新华社《学习进行时》原创品牌栏目“讲习所”推出的融媒体辛识平的《读懂“李子柒”，此中有真意》的评论文章。其中提道：

> 李子柒的视频流动着烟火气和田园气息，气质是古典的，而呈现方式又是现代的。每一个物件、每一道美食、每一个场景，仿佛都在讲述生活的酸甜苦辣，又在不经意间，让人们感到勤劳、勇敢、友爱、自强、爱护自然等理念静水流深。这是生活的诗意，也是人性的呼唤，道出了人们对美好生活的追求与热爱。也正因为这样，不同肤色、操着不同语言的人们对李子柒所讲述的中国故事能够产生共情共鸣。直击人心的力量是永恒的桥梁。

更有甚者，李子柒现象也引起了央视媒体的关注，央视新闻不仅发布了署名“知非”的点评文章，还由著名主播白岩松及海霞进行了点评。

那篇热评文章提道：

> 没有热爱就成不了李子柒，没有热爱也看不懂李子柒。外国人看懂了李子柒的热爱，也解释了为何李子柒的很多作品没有翻译却依旧火遍全球。没有一个字夸中国好，但她讲好了中国文化，讲好了中国故事。今天起，像李子柒一样热爱生活，活出中国人的精彩和自信！

案例 2 李佳琦：大男孩成为口红一哥

李佳琦，人称“口红一哥”，也在近年来走红网络。他曾于 2018 年 9 月成功挑战“30 秒涂口红最多人数”的吉尼斯世界纪录，成为涂口红的世界纪录保持者，因此被称为“口红一哥”。2019 年下半年，李佳琦还加盟了《吐槽大会》节目。

截至本章成稿时，李佳琦的微博有 1500 多万粉丝，抖音号有 4375 万粉丝，快手上有 750 多万粉丝，另外他在淘宝直播中还有 1700 多万粉丝。李佳琦曾在 15 分钟内卖掉 15 000 支口红。2019 年，在淘宝“6・18”活动期间，他用三分钟卖出了 5000 单资生堂红妍肌活精华露，销售额超过 600 万元。

李佳琦利用短视频产生了巨大的影响力。以李佳琦的某条带有抽奖短视频的微博为例，其所发的该微博的转发数超 24.9 万次，评论数超 29.5 万条，点赞数超 31.5 万个。这个短视频的播放量更是惊人，竟然超过 1200 万次。

2016 年底，网红机构美 ONE 提出“BA（美容顾问）网红化”，随后欧莱雅集团与美 ONE 一拍即合，尝试举办“BA 网红化”的淘宝直播项目比赛。作为 BA 中销售冠军的李佳琦获得了参赛资格，随后凭借出色的能力在比赛中脱颖而出，最终签约美 ONE，成为一名美妆达人。

2018 年 12 月，他相继开通抖音、小红书、快手等社交账号。2019 年 10 月 17 日，李佳琦入选 2019 福布斯中国 30 岁以下精英榜。以李佳琦抖音上某条短视频为例，该视频点赞数达 235.5 万个，评论数达 6.2 万条，转发数达 10.5 万次，他的影响力可见一斑。

当然，李佳琦也遇到过问题。2019 年 10 月 9 日，李佳琦和助理在直播过程中，为展示某品牌锅具不粘锅，现场通过煎鸡蛋进行验证，却发生了“粘锅”现象。2019 年 11 月 2 日，李佳琦回应称：“经过四五天的反复实验，发现问题出在使用这款不粘锅时，没有按照说明书上要求的‘用前先放入水煮沸后倒掉’的‘开锅’过程去做。”他向记者展示了锅具说明书，并现场用旧锅、新锅做了试验，结果显示，在使用旧锅烹制无油煎蛋时没有出现粘锅现象，而使用没有经过“开锅”过程的新锅时则再次发生粘锅的现象。

李佳琦认为自己不是艺人也不是网红，而是一名销售员。他觉得有关部门对于电商直播的监督是有必要的，主播应当对消费者负责。对于敏感的“不粘锅事故”，他也进行了复盘，联系品牌方，联系投诉顾客，反复查找原因。

“你们的魔鬼又来了！”“哦买噶！”“所有女生，买它！”如今只要听到这些吆喝声，大多数人就能马上分辨出来，这一定是李佳琦，这些语言成了其直播与短视频典型的个人风格。

2019 年 12 月 25 日，80 后博士、山东济南商河县副县长王帅发布短视频，模仿李佳琦的风格卖该县土特产“商河皇家扒鸡”。视频中，他模仿李佳琦“魔性”带货，金句频出。据报道，视频发布后，短短两天就卖出一千多只扒鸡。

与此同时，越来越多的明星，包括刘涛、朱一龙、周震南、夏之光等当红明星，走进李佳琦的直播间。就连著名影星胡歌也来到李佳琦的直播间宣传电影，结果 6 秒卖出 25 万张电影票。“双 12”当天晚上，高晓松走进李佳琦的直播间做公益直播，为贫困县农产品带货。结果，200 000 千克内蒙古扎赉特大米 5 秒售空。

案例 3　权威媒体转型：vlog 催生央视 boys

2019 年，央视新闻出人意料地入驻了抖音平台。在新闻联播的首条抖音短视频中，央视著名主播康辉坐在主播台前说：

> 《新闻联播》值得您期待……这里有足够的理智与情感，有分明的事实和言论，这里有真正的中国。在这里，您能看到真正追求进步与美好的中国人。所以关注新闻联播，关注联播的抖音号，我们一起抖起来，一起上热搜。

“主播康辉，马上就要出远门了。走进总台大院，他直奔哪里？跟了康辉二十年的行李箱，长啥样？行李箱里，都装了哪些必备物品？盖满章的公务护照长啥样……”2019 年 11 月 9 日，央视新闻官方微博推出主持人康辉的第一支 vlog 视频，立即引爆全网并登上微博热搜排行榜。

这条带有短视频的微博的转发数近 8.1 万次，评论数超 4.1 万条，点赞数超 1555.7 万个。这条短视频的播放量则高达 4136 万次。可见短视频的火热程度。

来自郑州大学的大学生陈宇恒认为，近年来媒介技术的飞速发展，引发我国媒介生态的巨大变革。一方面，新兴的自媒体与短视频平台正在争夺受众的注意力；另一方面，传统主流媒体“渠道为王”的时代不再，其话语权也逐渐式微。因此，如何转型适应新媒体时代，保持自身主要的话语权，成为当下传统媒体必须思考的问题。而央视的成功转型，无疑给传统媒体转型带来了希望的曙光。

陈宇恒还认为，一提到央视，网友们便可不由自主地喊出“康辉”“撒贝宁”“朱广权”等优秀主播的名字。央视新闻之所以深得人心，在于其将自身抽象的品牌形象具体化为一个个鲜活、有特色的主播形象。从《主播说联播》中既接地气又硬气的康辉，到《共同关注》中段子频出的朱广权，再到《主持人大赛》中频繁被“怼”且多才多艺的撒贝宁，受众在收看央视节目时与主播建立起了一种亲密的关系。央视主持人带来的在场感、参与感、熟悉感和仪式感，与受众之间形成了一种极具在场感的社会互动，使受众沉浸其中。

的确，康辉等央视主持人的 vlog 短视频的火爆，一方面在于其用更直观的方式为大家呈现出了央视的台前幕后，像朋友一样和大家拉家常，让受众有身临其境之感，并给受众以代入感，瞬间拉近了受众和新闻媒体之间的距离；另一方面，此类 vlog 短视频一改央视主播以往在观众心目中严肃、稳重的印象，向观众呈现出一种反差萌，使观众感觉更有亲和力。

后来，央视新闻还开设了“主播说联播”短视频专栏，请当日主播点评当时的新闻事件，再次造就了一批“央视 boys”。一向严肃、稳重的《新闻联播》变得如此接地气，频频登上热搜，很多人也因此都成了《新闻联播》的“追剧粉”。很多人为此感慨：“央视真的是越来越可爱，越来越接地气了！”

短视频的时长之争

目前，关于短视频的定义及其时长是存在一定争议的。不过，我们仍希望对短视频的时长给出一些界定。

短视频的时长争议

虽然短视频当今的发展势头非常迅猛，然而对于短视频的定义以及究竟多大范围时长的视频才算作“短视频”仍然存在较大的争议，并没有公认的明确界定。同时，究竟是使用横屏还是竖屏以及支持哪些格式等也是其中的一些争议点。

其实，如果要给短视频下定义，那么其时长对于其定义很关键，因为大家对于视频已经熟知，但对于“短”的时长问题却没有明确的界限，如何界定是否为短视频争议颇多。

对于短视频的时长界限，不同的平台有各自的理解，其中还包括对横竖屏的理解。曾经，快手认为短视频应该是 57 秒竖屏的视频，抖音及微博故事短视频则短至 15 秒，微信坚持 10 秒最合适，今日头条认为应该为 4 分钟，秒拍则表示，“不要随便定义我，我是短视频本身”……实际上，各个短视频平台对短视频的界定或建议都在不断更新。

- 在抖音上，直接拍摄并发布的短视频的时长分为 15 秒和 60 秒两类；上传类的视频发布建议是：为了获得更好的观感，推荐上传长宽比为 9：16 的竖版视频；支持常用视频格式，推荐使用 mp4 或者 webm；视频大小不超过 4G，时长在 15 分钟以内，分辨率为 720p（1280×720）及以上。
- 在快手上，直接拍摄并发布的短视频的时长分为 11 秒和 57 秒两类；上传类的短视频的时长则可达 10 分钟。
- 微信朋友圈的短视频的时长为 15 秒。
- QQ 直接拍摄并发布的短视频的时长为 20 秒。
- 微博故事短视频及在微博直接拍摄并发布的短视频的时长为 15 秒。
- 在秒拍上，直接拍摄的短视频的时长可达 60 秒；上传的视频的时长可以更长。
- 火山小视频的视频的时长分为 15 秒和 60 秒两类。
- 在今日头条（或者西瓜视频）上，直接拍摄并发布的短视频的时长为 30 秒；上传类的视频的建议是：比例为 16：9，分辨率不小于 1920×1080，大小不超过 8G。
- 梨视频上大部分视频“时长控制在 30 秒到 3 分钟之间”，力求展现新闻事件最精华的内容。而偶有的一些纪录片时长也多在 10 分钟内。

另外，一些平台在 PC 端可上传的视频时长可能允许更长一些。还有一些平台则需要特殊账号或专门申请后方可发布更长的视频。

短视频的时长界定

从理论上讲，短视频的时长应该与网剧、微电影等加以区别。然而，由于网剧、微电影的时长也有争议，故要严格界定短视频的时长则成了问题。

因此，下述的短视频时长界定只是本书作者的观点，并不是严格意义上的时长界定标准。截至目前，短视频行业内还没有统一的时长界定标准。

我们认为，通常 10 分钟以内的网络视频即为“短视频”。虽然，有人认为微电影中也有 5~10 分钟时长的视频，但相对而言它可以更长。我们将“短视频”的时长界定在 10 分钟以内，也是为了便于讨论。

对于 10 分钟以内的短视频，又可以细分为以下几种时长：

- 3~10 分钟；

- 30 秒 ~3 分钟；
- 10~30 秒；
- 10 秒以下。

当然，以上细分仍然是为了讨论的方便，因为不同时长细分的短视频的叙事方式会有较大的差别。显然，通常时长相对长的短视频可以涵盖更多的内容，时长相对短的短视频可以涵盖的内容更少。当然，这还与短视频制作者的叙事能力有关。

总体上，短视频的时长相对较短，以此显示其短小精悍及灵活性。特别是，虽然有不少制作精良的短视频，但也有很多用手机随时随地拍摄的短视频，后者则充分显示了其便捷性及灵活性。对于较长的视频，通常可以选择在传统的视频网站（如优酷、土豆、爱奇艺及哔哩哔哩等）上传。

短视频的其他问题

除了时长问题外，短视频还可能存在格式、大小、分辨率及横竖屏等问题。

短视频的格式通常有 mp4 和 webm 两种。不过，许多短视频是用手机直接拍摄的，而通常情况下多数短视频平台对主流手机操作系统（如苹果的 iOS 系统、安卓系统等）拍摄的视频格式都是支持的。

短视频的容量大小，目前主要受制于带宽及短视频平台服务器的总容量等因素。随着时间的推移，短视频的容量上限预计将会不断放大。

实际上，短视频的容量大小也与格式及分辨率有一定关系。显而易见，在相同压缩比的情况下，容量越大，分辨率越高。同时，随着带宽的不断提升，各大短视频平台对短视频的分辨率上限也在不断提升，且越来越多的短视频网站建议上传或支持 720p 及以上分辨率的高清与超高清视频。

需要指出的是，目前不少支持短视频的平台（如微信）会将用户上传的短视频进行一定的压缩，因而分辨率可能会有所下降，此举的目的也是为了减小视频的容量，减轻平台流量压力。此时，要保持相应的分辨率，就需要看平台的支持程度。

至于短视频的屏幕是横屏还是竖屏的问题，则是见仁见智的事情。必须承认，以手机拍摄及观看为主的短视频当然以竖屏更流行。不过凡事有两面性，竖屏的短视频在台式机及笔记本电脑上播放时，则观感不是很舒服。

另外，横屏的短视频有其画面表现方面的优势，所以不少短视频也采取了传统的横屏方式。不过，由于手机及平板电脑通常支持屏幕横竖自动感应功能，所以横屏短视频在手机上观看也还算较为方便。

除此之外，还有短视频的长宽比问题。目前，常见的短视频的长宽比有4∶3、3∶4、16∶9、9∶16、2∶1、1∶2等。

短视频带来的机遇

任何时代都存在机遇，但是任何机遇都有可能被错过。通常，能洞察未来趋势、充分做好准备并积极行动的人，往往能够抓住机遇。正成为热潮的短视频，至少在以下几个方面会带来不少机遇。

短视频为各类企业带来的机遇

企业在经历过门户网站、搜索引擎、BBS、博客、网络视频、微博及微信等新媒体平台轮换后，又迎来了短视频时代。短视频时代为企业带来的机遇有哪些？

第一，短视频可以让企业以简短的方式介绍和宣传自己。如果以过去的电视广告或长视频的方式来展示企业，那就可能显得过于冗长或自吹自擂，使得受众没有足够的耐心或兴趣去观看这些内容。短视频则可以让企业有机会去改变这种情况。短视频使得企业能以更简短、更精练、更轻松的方式来讲述或展示，一个“短”字意味深长，一个“短”字可以做很多文章。

第二，短视频可以让企业以故事的方式来介绍品牌。短视频时长缩短后更需要思考如何讲故事，平铺直叙可能效果不佳，甚至可能会因为时间短而没有足够的时间做铺垫。所以，如何以短小精悍的故事打动人，将品牌的理念、定位、愿景及价值观以适合的方式呈现，是短视频给企业带来机遇的同时所带来的挑战。那个打动人的点你找到了吗？

第三，短视频可以让企业以不同的方式讲产品。讲述自己的产品或服务，是任何企业在任何媒体平台上都绕不过去的东西。使用短视频，企业可以通过三种方式来讲产品或服务：（1）隐蔽、植入或引发情感的方式；（2）开门见山、直击人心或直接带货的方式；（3）营造生活品味、呈现生活场景、激发生活需求的方式。

第四，短视频可能让企业的内容形成口碑或病毒。企业非常需要品牌传播，而短视频之类的新媒体给品牌的快速传播带来了机遇，其中最突出的莫过于口碑传播与病毒传播。一旦你的短视频走红，那么就可能让许多好友或粉丝自发地不断转发分享，这就是口碑传播。同时，经过一定策划的短视频还有可能引发各类陌生网友病毒式、裂变式的传播。

第五，短视频可以让企业以创始人为品牌得以展现。除了企业的故事、理念、产品或服务类的短视频，企业创始人（或总经理及以上级别的人物）的短视频也可能会成为企业的另一个品牌或 IP，这不仅因为企业创始人或总经理及以上级别的人物很可能需要在公众面前展示形象，更因为他们需要展示他们的思想与个人魅力，还因为他们可以与企业品牌产生呼应，形成“双子星”。

短视频为媒体行业带来的机遇

短视频本身就是一种新型媒体，它既可能给媒体行业带来进一步的冲击与分流，同时也为其注入一股清流，带来新的机遇。

第一，为媒体进行全媒体转型带来机遇。全媒体转型是众多传统媒体的迫切愿望之一，短视频可为其带来更多的机遇，这不仅因为全媒体可以将短视频纳入全媒体矩阵中，成为其中的一员，还因为全媒体转型必须选择新时代受众聚集的地方。

第二，为融媒体的发展与探索带来机遇。在本章完稿前后，媒体行业的融媒体中心建设也正紧锣密鼓地进行。融媒体中心中除了业务整合、资源整合、信息整合外，当然还有媒体渠道及相关流程的整合，短视频是融媒体中心建设中不容忽视的重要环节之一。

第三，为媒体内容生产的优化带来机遇。过去媒体的内容多为文本、图片、音频及较长内容的视频，虽然曾经发挥过重要作用，但是在短视频时代这些传统内容却需要进行优化与精简，需要以较短的视频内容快速抓住受众的眼球。同时，众多网民的短视频内容也为媒体收集素材提供了足够多的信息来源。

第四，为媒体内容分发提供一个新渠道。媒体内容发布渠道的选择必须与时俱进，虽然媒体的全媒体转型及融媒体中心建设不可能一蹴而就，但要紧跟时代的步伐，必然选择新媒体时代不断涌现的新渠道或新形式，而短视频就是近年来出现的新渠道或新形式之一。

第五，为媒体与受众的沟通提供新平台。传统媒体时代，媒体与受众之间多为单向传播，但在包括短视频在内的新媒体时代，媒体与受众之间则多为双向交流。媒体可以随时获得受众对其所发短视频的文字反馈，而受众可以通过点赞及转发到不同渠道以表达认可。

短视频为政务部门带来的机遇

在短视频时代，政务部门也可以利用短视频展示新形象、传播信息、提升亲和力、收集信息，并与民众实现更好的沟通。

第一，为政务部门展示新形象带来新机遇。过去，政务部门的形象或多或少过于严肃，其在传统媒体上发布的内容也相对刻板化。现在，短视频为政务部门提供了展示新形象的机遇，包括自己的治理理念、相关政策、重点工作及年度总结等，也许都能用上短视频。

第二，为政务部门传播信息带来新节奏。新时代政务部门的信息传播不仅要有新形象与新气象，更需要新节奏。短视频可以让政务部门的信息内容更紧凑，信息传播更快速，信息要点更突出，这都是短视频的“短”带来的机遇。

第三，为政务部门提升亲和力带来新机遇。政务部门不能总是给受众一种高高在上的感觉，而要放低姿态，与群众打成一片，积极提升亲和力，而短视频为这一切提供了机遇。许多政务部门在抖音、快手上开设账号，或通过微博、微信传播短视频，就是在试图抓住这个机遇。

第四，为政务部门收集信息提供新线索。在新媒体上发布的大量信息中，存在政务部门想了解的民意与民情，短视频为民意民情的展现提供了更直接、更迅速、更精简及更直观的形式，也许更有利于有关部门及时掌握舆情变化，甚至直接捕获相关证据。

第五，为政务部门与民众沟通提供新平台。民众聚集的地方，就是政务部门应该关注的地方，并且应该主动在这些地方与民众进行交流和沟通。现在，民众主要聚集在社交媒体及短视频平台上，而且许多短视频还在社交媒体上传播，那就理所应当加以重视，并且在必要的情况下及时主动地与民众进行沟通。

短视频为网民个人带来的机遇

每一个网民都可能在思考如何切入短视频，如何在短视频平台上为自己的个人发展找到新机遇。这些机遇可能存在于以下几个方面。

第一，为网民展示个人才能带来新机遇。过去，许多人苦于没有地方展示才能，发出“怀才不遇”的感叹，或出现人才被埋没的情况。其实，新媒体时代正让这种情况不断减少，前提是你要有这种意识，你要抓住这个机遇，通过短视频等新平台充分展示自己的才能。

第二，为网民相互切磋技艺带来新机遇。兴趣相投的人需要交流及切磋技艺，过去的文字与图片交流则显得不够直观，短视频为这种交流心得与切磋技艺提供了新机遇。而且，在短视频平台上，你还可以找到许多共同爱好者，看看别人直观的展示，或许对你会有启发。

第三，为网民表达自我提供新平台。除了个人才能外，网民还有许多方面可以加以展示。既可以通过短视频表达自己的思想、见解或观点，也可以通过短视频展示自己的生活日常。你的日常生活对于其他人而言，可能会被觉得新鲜有趣，魅力十足。

第四，为网民探索陌生领域提供新渠道。每一个人都可能会关心或想了解别人的生活，或了解陌生地点、陌生环境、陌生职业的方方面面。那么，短视频平台就为这种关心或窥探提供了大量可供选择的 Up 主及相关的内容，而且更加直观与实时，现场感及带入感更强烈。

第五，为网民关于创新和创业的探索带来新机遇。“大众创业、万众创新”不只是一句口号，更需要有好的平台、好的创意及积极的行动。短视频平台就为广大网民的创新与创业的探索与实践带来了机遇，因为该平台上有大量的人群、大量实时的直观内容，就看你如何动脑筋、想创意，找到切入点，用最有创意及最有特色的方式充分地展示自己的专长。

短视频的应用难点

对于任何一个领域，每个人及组织面临的应用难点都会有所不同，会因人而异，因组织而异，短视频领域的应用难点亦如此。因此，这里只是列举部分可能会出现的短视频应用难点，以起到一定的提示作用。

通常，越是门槛低的应用，越难在众多用户中脱颖而出。对于短视频的应用，其难点主要集中于内容定位、内容创意、传播与营销等几个方面。用户迫切希望自己的短视频获得较大的传播量与影响力，却发现并非想象的那么容易。

短视频内容定位的难点

短视频的内容定位经常被许多想抓住短视频机遇的人所忽略，以至于他们仓促上马却方向不明、思路不清。其中的难点主要有以下几个方面。

第一，短视频账号的定位问题。主要包括短视频账号的基本定位及功能定位。基本定位是让发布短视频的人或组织找准所要切入的领域，并彰显什么特色，以及如何与同类内容形成明显的差别。功能定位是找准短视频账号的主要作用及目标。

第二，短视频账号的 SWOT 分析。任何制作及发布短视频的人或组织都需要弄清自己的优势与劣势，并了解大环境中蕴含的机遇及潜藏的风险。然后，根据这些优势、劣势、机遇及风险，制定合理的内容制作、团队组织与运营的策略。

第三，短视频账号的受众分析。你的短视频准备给什么人看？这些潜在观众具有什么特点？他们分布在哪些区域？他们有哪些文化背景？他们主要聚集在哪些短视频及社交媒体平台？他们有哪些兴趣点？他们喜欢以什么方式呈现的内容？

第四，短视频账号的竞争分析。多数情况下，与你准备发布的短视频内容类似的内容已经有很多 Up 主发布，你需要了解你的主要竞争对手，发现他们的长处并加以借鉴，发现他们的短处并加以改进，取长补短，方可与竞争对手比肩，并在未来实现超越。

短视频内容创意的难点

对于短视频的内容创意，难点主要有以下几个方面。

第一，短视频内容风格种类及内容形式的创意。包括：哪种风格的短视频最适合你的个性，或最适合你的组织调性，或者最适合你的行业？怎样的内容形式（如节奏、贴纸及背景音乐等）最合适？甚至，针对某个主题的短视频，是拍摄单集，还是连续拍摄多集？

第二，制造热点与借力热点的短视频的创意。每个 Up 主都希望自己发布的短视频能够迅速走红，并形成口碑式或病毒式的传播，其中的难点就在于如何通过创意制造热点或借力热点，这都需要足够的策划及创意能力。

第三，短视频内容叙事方面的创意。归根结底，这个难点在于如何讲故事。特别是，在以“短”为核心特点的视频中，如何快速地讲故事，并让故事快速抓住人们的眼球，并在其中体现相应的关键信息点，就要看短视频内容叙事的创意。

第四，短视频内容剪辑方面的创意。好的短视频必然需要高水平的剪辑。同样的素材，不同的剪辑会导致不同的效果。短视频的剪辑与传统视频剪辑的环节接近，主要包括场景剪辑、画面风格、特效制作、声音剪辑、片头片尾制作及字幕添加等环节，只是更加紧凑，更需要创意。

第五，如何利用不断涌现的新技术制作短视频。这些新技术主要包括虚拟现实、增强现实、航拍及延伸摄影等，它们都为短视频的内容创意带来了许多新手段，也为短视频提升表现力及精彩程度提供了新的可能性。

短视频传播与营销的难点

对于短视频的传播与营销的难点，主要集中于好的内容不一定能够得到大量的传播，变得人人皆知。没有足够播放量的短视频，肯定不能说有足够的传播力与影响力。但是，往往只有为数不多的头部用户的短视频才能达到较高的播放量。那么，短视频传播与营销的难点具体有哪些？

第一，在哪些短视频平台上传？前面提到的短视频平台非常多，那么，选择哪些平台上传自己的短视频才最合适？在上传时应该注意哪些问题？在上传的同时如何做视频的介绍？如何给视频加上合适的引导语及关键词标签？

第二，有哪些短视频传播策略？如何让短视频达到足够的传播量？如何发挥不同平台的作用传播短视频？如何充分利用网络视频平台及社交媒体平台以扩大短视频的传播量？如何在短视频传播的过程中与观众进行及时、有效的互动？

第三，有哪些短视频营销策略？为了宣传企业的理念、传播企业的品牌及推广企业的产品或服务，应该如何制作相应的短视频？有哪些策略可以应用在这些具有营销性质的短视频中？如何做好公益短视频？如何让带货类的短视频达到预期的效果？

第四，有哪些评估短视频效果的方法？为了获得实实在在的短视频的传播及营销效果，并对改进运营提供支持，就需要设计合理的短视频评估指标，进行短视频运营数据的统计，合理地进行短视频效果的评估，并帮助进行短视频的运营优化。这些都是短视频效果考核与评估的难点。

本书后面的内容将尽最大努力将这些难点的应对办法与策略逐一展开，进行较为详细的解读、总结及案例学习。突破这些难点，就是进步。难点就是挑战，敢于迎接挑战，生活才能有激情。

第 2 章

策划定位：打造一个“走红体质”的账号

没有定位，则容易迷失方向，容易导致思路混乱，甚至忘了初心。没有策划，则容易节奏混乱，容易导致内容浮浅，容易导致以自我为中心（而非以用户为中心），甚至忘了目标。

短视频内容的总体计划

想做好短视频内容，则必须制订一个总体计划，并充分理解计划的重要性。短视频内容的总体计划类似于一个传播或营销项目的策划。

总体计划的主要内容

短视频项目策划书与其他的策划书类似，可能需要封面、前言、目录及策划书正文，还可能需要一定的辅助材料或附件，其中策划书正文是其核心。

短视频项目策划书的正文主要包含以下部分。

- **基本背景。**主要包括项目名称、项目缘起、主要支持方及团队构成等。
- **项目定位。**主要包括项目的基本定位（使命、愿景与价值观等）及功能定位。
- **目标市场分析。**主要是在定位的前提下，经过对短视频领域的市场细分，确定所要进军的短视频目标市场领域。

- **受众分析。**主要包括受众的人口特征（年龄、职业、收入、性别等）、兴趣与关注点、受众的媒体使用习惯，以及如何匹配受众需求。
- **竞争对手分析。**主要包括有哪些竞争对手、竞争对手的优点与缺点、如何取长补短、如何与众不同、如何脱颖而出，以及如何超越对手。
- **SWOT 分析及其他分析。**主要包括团队自身的优势与劣势，外部环境的机会与潜在的威胁。
- **基本渠道组合。**主要包括利用哪些渠道进行传播或营销，如何发挥各渠道的优势，如何使各渠道发挥合力。
- **主要内容创意。**主要包括核心创意，以及相关的传播或营销创意点。
- **传播或营销策略。**主要包括短视频在传播或营销过程中将要运用的主要策略。
- **主要传播或营销目标（KPI）。**主要包括短视频传播或营销所需要达到的目标，要尽量按时间节点进行量化描述。
- **具体实施规划。**主要包括短视频项目实施规划的主要环节、所需人员、所需资源（软硬件设备设施）、分工及分阶段目标，需注意阶段目标要与总目标相对应。
- **总体的经费预算。**相关人员、资源（软硬件设备设施）等所需要的总体经费。

当然，可以根据需要增添其他相应的内容，如策划团队的实力、过去的策划案例、更详细的调查、更专业的分析及相应的辅助材料或附件。

以上大部分内容将在本章的后续内容中加以详细说明，一些较复杂的内容（如内容创意与传播或营销策略等）将在其他章节进行专门的阐述。

以下先介绍策划书撰写中用到的一些分析方法。

项目策划中的相关分析方法

项目策划中用到的相关分析方法多数来源于管理学、传播学或营销学的相关理论，其中主要包括以下几种。由于篇幅有限，除了 SWOT 分析在本章后续内容中会详细介绍，其他的分析只在本节进行一定的阐述。

1. 宏观环境分析

如果要做一些大的项目，则必须对宏观环境进行充分的理解分析。宏观环境分析常用的方法是 PEST 分析。PEST 分析分别指以下四个方面。

- P（Politics）：**政治层面分析。**主要包括政策、税收、环保、贸易章程、法律、稳定性、安全规定等。
- E（Economy）：**经济层面分析。**主要包括经济增长、货币政策、汇率、通货膨胀、消费模式、生产率等。
- S（Society）：**社会层面分析。**主要包括收入分布、人口统计、生活方式变革、教育、潮流风尚、生活条件等。
- T（Technology）：**技术层面分析。**主要包括产业技术关注、技术转让率、信息技术变革、互联网变革、移动技术、物联网、5G 及未来的新技术等。

有时，一些学者（如菲利普·科特勒等）将人口因素、自然环境因素及文化因素等列为需要重点分析的因素。在策划短视频项目时，思考与分析宏观环境还是相当有必要的。

2. 宏观及微观的综合分析——SWOT 分析

在进行包括短视频在内的项目策划时，对宏观环境及内部情况同时分析的方法通常是 SWOT 分析，由于后面会专门介绍，这里仅做一个简单介绍。

SWOT 分析法（也称 TOWS 分析法、道斯矩阵）即态势分析法，它包括四个方面：

- S（Strengths，优势）：自身存在的优势；
- W（Weaknesses，劣势）：自身存在的劣势；
- O（Opportunities，机会）：外部存在的机会；
- T（Threats，威胁）：外部潜在的威胁。

SWOT 分析实际上是对企业内外部条件各方面内容进行综合和概括，进而分析组织的优劣势、面临的机会和威胁的一种方法。通过 SWOT 分析，可以帮助组织把资源和行动聚集在自己的强项和有最多机会的地方，并让组织的战略变得更加明确。

有时，也将微观环境单独拿来讨论分析。微观环境中的主要参与者包括公司、供应商、营销中介、顾客、竞争者及公众等。当然，对于竞争者，我们将在本章稍后进行专门讨论。

3. STP 战略分析

STP 理论的根本要义在于选择确定目标消费者或客户，或称市场定位理论。包括以下三个方面。

- S（Segmentation，市场细分）：是指根据顾客需求上的差异把某个产品或服务的市场逐一细分的过程。

- T（Targeting，目标市场选择）：是指企业从细分后的市场中选择出来的决定进入的细分市场，也是对企业最有利的市场组成部分。
- P（Positioning，市场定位）：是指企业在营销过程中把其产品或服务确定在目标市场中的一定位置上，即确定自己的产品或服务在目标市场中的竞争地位，也叫“竞争性定位”。

通过STP战略分析方法，Up主可以让自己的短视频项目找准目标市场与市场定位，便于集中精力主攻某一个自己最擅长的短视频子领域，避免精力分散。

然而，现在多数短视频团队在起步阶段，最头痛的问题可能是短视频的定位问题，以下专门提供一些思路与方法。

在定位方法中，除了STP理论中的市场定位外，还有艾·里斯（Al Ries）、杰克·特劳特（Jack Trout）专门研究的定位理论。他们认为，定位理论是一种新的传播方法，是指如何让你在潜在客户的心智中与众不同，并认为这一理论可以解决过度传播的社会信息不被接受这一难题。如果能充分利用定位理论，再配合上述的STP战略分析方法，可以帮你寻找到所要做的短视频项目的与众不同的合理定位。

定位理论中划分了市场中领导者的定位及跟随者的定位。要想成为市场的领导者，可能并没有那么容易，多数人要关注的则是跟随者的定位。对于后者，特劳特的《定位》一书提出了寻找空位的方法，并认为想满足所有人的需求是一个“陷阱”。

不论哪一种定位，都是寻找空位，在《从0到1》一书中，作者认为，要努力地寻找某个空白领域，从0开始做到1，然后形成垄断，这样才有实力投入到持续的创新中，进而保持持续的领先。《蓝海战略》的作者认为，要努力寻找那些还没有被人发现的“蓝海”，而要避免那些已经竞争很激烈的“红海”。

4. 波特竞争分析

在短视频项目上马前，我们不得不关注竞争对手。这里先介绍竞争分析的基本方法——波特竞争理论，后面的内容将专门讨论短视频账号的竞争分析。

被誉为“竞争战略之父”的美国学者迈克尔·波特（Michael Porter）于1980年在其出版的《竞争战略》（*Competitive Strategy*）一书中提出了竞争五力模型及三大战略。其竞争五力模型如图2-1所示。

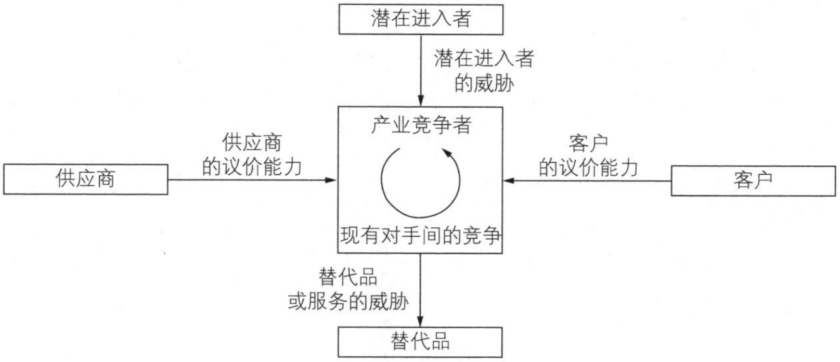

图 2-1 波特的竞争五力模型

这五种竞争力量包括以下几方面。

- **产业竞争者。**即现有对手间的竞争，对手指那些已经早于你在所定位的领域发布短视频的竞争者，且已经有一定的影响力。
- **潜在进入者。**即准备将来进入你所选短视频子领域的用户，这其中还包含了你所上马的短视频项目的门槛是否足够高。
- **替代品。**这里指的是未来可能替代你的短视频内容的新平台或新媒介。
- **供应商。**这里主要指你制作短视频所需要的软、硬件供应商（含设备租赁方）和素材供应方及外包业务方的议价能力。
- **客户。**这里主要指当你的短视频卖给其他人或平台（如果存在的话）及准备收费时对方的议价能力。

波特在《竞争战略》一书中还提到三大基本战略，即：

- **总体成本领先战略。**即你要想办法让自己制作短视频的成本低于竞争对手；
- **差异化战略。**即你要努力让你的短视频与竞争对手的有差别，显得与众不同，这与定位理论的提法是类似的；
- **聚焦战略。**即你必须集中精力于某一个你最擅长且特点明显的短视频领域，这与 STP 理论中的提法也比较接近。

做任何事情之前，研究竞争环境还是相当有必要的。

5. 购买环节分析

如果短视频项目中涉及售卖商品或服务的话，那么就必须研究用户的购买环节。

用户购买环节的研究大致分为三个阶段：

- **AIDMA 模型。**类似于销售漏斗，由 Attention（关注）、Interest（兴趣）、Desire（欲望）、Memory（记忆）及 Action（购买）五个环节组成购买路径模型。
- **AISAS 模型。**AISAS 模型由 Attention（关注）、Interest（兴趣）、Search（搜索）、Action（购买）及 Share（分享）五个环节组成（如图 2–2 所示）。它表明了在互联网出现后人们对于网络搜索及网络分享的重视。
- **5A 模型。**由 Aware（了解）、Appeal（吸引）、Ask（问询）、Action（行动）和 Advocate（拥护）五个环节组成，如图 2–3 所示。

购买路径分析演化到今天，主要采用的是后面两种，在后续的带货等类型的短视频中将会用到。

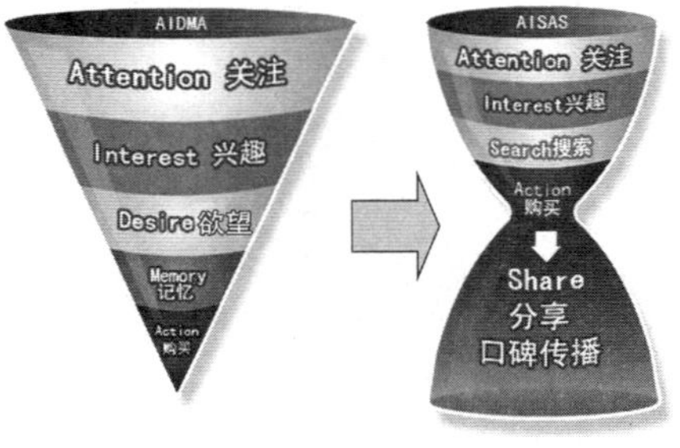

图 2–2 从 AIDMA 模型到 AISAS 模型

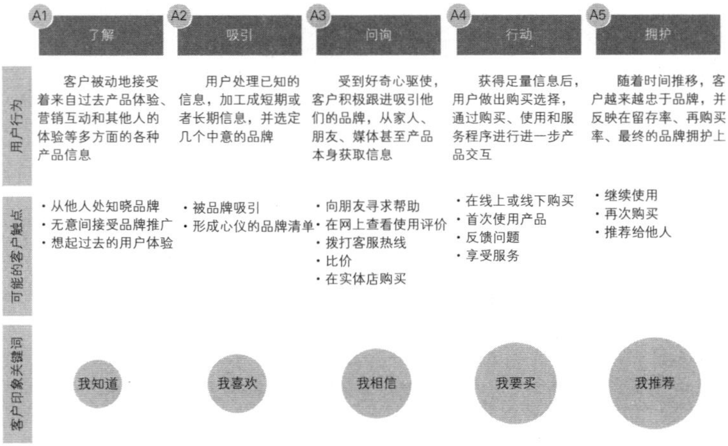

图 2–3 5A 购买路径模型

资料来源：《营销革命 4.0：从传统到数字》。

接下来，我们将对策划书中几个重要的方面进行专门的讨论。

短视频账号的基本定位

前面提到，定位是包括短视频在内的项目未来实施的基本方向，其中主要包括差异化的目标市场、使命、愿景及价值观。

市场定位

不论是 STP 理论，还是定位理论中强调的“如何让你在潜在客户的心智中与众不同”及“空位”法，抑或是《蓝海战略》中提倡的寻找“蓝海”，或是《从 0 到 1》中提倡寻找的那个“0”，基本都是希望在策划包括短视频在内的各种项目时，能够找准自己的市场定位。

1. 定位四步法

特劳特的定位理论的应用，可以参考以下的定位四步法。

- 分析整个外部环境，确定“我们的竞争对手是谁，竞争对手的价值是什么”。
- 避开竞争对手在顾客心智中的强势，或是利用其强势中蕴含的弱点，确立品牌的优势位置——定位。
- 为这一定位寻找一个可靠的证明——信任状。
- 将这一定位整合进企业内部运营的方方面面，特别是传播方面有足够的资源，以将这一定位植入顾客的心智。

总结起来，即四方面：分析竞争环境，找到差异化，获得信任支持，配合关键战略。

2. 在某个层面上成为第一

特劳特定位理论中强调：“成为第一，是进入心智的捷径。”要想“在心智中留下不可磨灭的信息”，那么就要让他人把你的账号看成某个层面上的第一。因为即使以第二的身份进入人们的心智也要难得多。屈居第二和默默无闻没什么区别。

例如，阿米莉娅·埃尔哈特是第三个独自飞越大西洋的人，但那不是她出名的理由。她之所以能出名是因为她当了“第一”，即她是“第一个完成此举的女性”。

又比如，作为本书的作者之一，本人研究数字媒体艺术、创意思维与新媒体营销很多年，虽然不是这其中任何一个领域的第一人，但我可能是第一个将这三个领域结合起来的研究与实践者。就如这本书，它不像一些作者只谈短视频创意，也不像一些作者只谈短视频营销，而是将这两个方面结合起来谈，这就使本书成为第一本结合这两个领域并兼顾策划的书。

实际上，短视频可能就是将网络视频中的短时长这一市场专门挖掘出来，形成了一个新的市场定位，而且第一个这么做的平台就可以称作“第一个网络短视频平台”。传统视频网站（优酷、土豆、爱奇艺等）既然支持较长的视频，怎么会不支持较短的视频？然而传统视频网站却被抖音、快手等抢去了风头。

寻找短视频第一的位置可以从多个层面进行，如某个垂直领域（如美食领域第一，或口红售卖领域第一，或卡车司机生活展示第一，或舞台机械技术视频第一），或者某个地理范围内（如中国第一，或华东第一，或上海第一，或上海静安区第一，或上海静安区大宁社区第一），或某种风格（如严肃游戏类第一，或搞笑亲子类视频第一）等。

实际上，上述一些例子中已经出现了几个层面的交叉使用，这样做更容易找到属于你自己的“第一”的位置。这不仅更容易在人们心智中留下深刻印象，而且还可以激励你的团队甚至激励你自己。

3. 尽量地简化表达

特劳特曾经指出，传播和建筑一样，越简洁越好。你一定要“削尖”你的信息，使其能切入别人的心智；你一定要抛弃意义含糊、模棱两可的语词，简化信息；如果想给别人留下长久的印象，就要再简化一些。

例如，2003 年，红罐王老吉凉茶定位为“预防上火的饮料”，将广告语确定为“怕上火，喝王老吉！”“怕上火”就是努力简化的结果。即使在 2012 年红罐王老吉一分为二为王老吉和加多宝两个品牌，它们仍然均使用并争夺“怕上火”这一定位。

又比如，近年来不断走热的泛科普视频自媒体“回形针 PaperClip”的定位也非常简化，在其介绍中仅有几个字——你的“当代生活说明书”。“回形针 PaperClip”通过制作严肃的知识类短视频内容，打造一份“当代生活说明书”。它会对你平常很难想到的问题，做出完整的解答，然后浓缩成一个四分钟左右的短视频，以一种非常生动形象的方式给你答案。

起一个好的名字

特劳特指出，名字就像钩子，把品牌挂在潜在顾客心智中的产品阶梯上。今天，一个无力的、毫无意义的名字很难进入人们的心智，你必须起一个能启动定位程序的名字，一个能告诉潜在客户该产品主要特点的名字。

名字既要好听、好记、响亮、寓意好、与众不同，还不能与人家同名（否则以后申请商标时会出现麻烦），就需要多动脑筋。人家叫“一条”，你可以叫“二更”；人家叫“贫穷料理”，你可以叫“深夜偷吃”；人家叫“影视圈梗主”，你可以叫“毒舌电影”。你真的需要花些时间，认真为短视频项目想一个好名字。

有时，如果能用恰当的字母缩写巧妙地表示某种意义，则可能成为一个好名字。例如，曾经的女子流行演唱组合的名字“S.H.E”，即表示由组合中三位歌手（任家萱 Selina、田馥甄 Hebe、陈嘉桦 Ella）的英文名字缩写组成，该缩写又正好与“她”的英文单词一样，非常容易被记住。

如果你是某个领域的开拓者，那么你的名字就可能变成这个领域的名字。例如，2009 年新浪推出了“新浪微博”，虽然网易、搜狐、腾讯、新华网等纷纷推出了自己的微博，但是最后还是“新浪微博”的影响力最大，所以新浪直接将“新浪微博”改名为“微博”，并成为该领域的代名字。

无独有偶，“可乐”这一行业名词实际上来源于最早推出可乐产品的“可口可乐”；“Pad”这一行业名词则源于最早由苹果公司推出的平板电脑“iPad”。

团队的使命

这里要说一下菲利普·科特勒的“营销 3.0”，虽然他已经出了“营销 4.0”，然而也许现阶段营销 3.0 的许多内容更适合中国的现状。菲利普·科特勒认为，相对于营销 1.0 与营销 2.0，营销 3.0 时代是价值驱动的时代，主要体现在使命、愿景及价值观。这既是企业或团队文化的一部分，也可以用来凝聚人心。

先说使命，管理学大师彼得·德鲁克对它非常重视，他认为“管理就是使命”。德鲁克认为管理的使命分为三个方面：（1）特定的绩效使命；（2）促使工作具有生产力且让员工具有成就感；（3）管理企业的社会影响与社会责任。

这三个方面汇总起来思考，即可产生企业或团队的使命，不仅要向受众传递你们的使命，还要向自己的团队与员工播撒这种使命。这相当于“初心”。当企业或团队遭遇困难时，可以想想你们当初所确定的使命，它们可以让团队“不忘初心”，克服困难，树立信心。

例如，阿里巴巴的使命是“让天下没有难做的生意”，百度的使命是“用科技让复杂的世界更简单”，小米的使命是“始终坚持做‘感动人心、价格厚道’的好产品，让全球每个人都能享受科技带来的美好生活”，二更的口号（可以理解为“使命”）是“发现身边不知道的美”。

使命是讲求存在的理由的，而存在的理由一定是你自己去寻找的，并且在找到以后，还得和其他企业或团队去竞争。所以，扎克伯格才会说“使命就是让你更专注”，它意味着：我就是干这个的，别的不干。

团队的愿景

所谓愿景，由组织内部的成员所制定的，借由团队讨论，获得组织一致的共识，形成大家愿意全力以赴的未来方向。愿景是践行了使命、在不同阶段实现后的那个清晰可描述的画面。愿景首先应该是一幅生动的、可信的图像，描绘出未来的理想状态。愿景不仅可以让团队成员看到未来的景象，还可以让股东充满信心与期望。

例如，小米的愿景是“和用户交朋友，做用户心中最酷的公司”；阿里巴巴的愿景是“让客户相会、工作和生活在阿里巴巴”；百度以“成为最懂用户，并能帮助人们成长的全球顶级高科技公司”为愿景。

简而言之，愿景是对包括短视频在内的项目的未来前景和发展方向的一个高度概括的描述。有了愿景，才能有效地培育与鼓舞组织内部的所有人，激发每个人的潜能，激励员工竭尽所能，提升组织的生产力与效率，进而为受众或客户提供更优秀而卓越的内容。

团队的价值观

价值观是指在经营的过程中做事的原则，用什么方式做，不用什么方式做。团队可能会面临许多纠结，例如：什么钱能挣，什么钱不能挣？什么手段能用，什么手段不能用？哪些利益主体排前，哪些利益主体排后？想要找到这些问题的答案，就要看它是否符合团队的价值观。

价值观在提炼后，不仅要让团队成员理解并化为习惯，还要使团队的合作伙伴加以认同。例如，腾讯的价值观为：正直（坚守底线，以德为先，坦诚公正不唯上）、进取（无功便是过，勇于突破有担当）、协作（开放协同，持续进化）、创造（超越创新，探索未来）；小米的核心价值观是“真诚，热爱”。百度则总结自己的核心价值观为“简单可依赖”。

又比如，阿里巴巴有六个价值观，包括：（1）客户第一，员工第二，股东第三；（2）

因为信任，所以简单；（3）唯一不变的是变化；（4）今天最好的表现是明天最低的要求；（5）此时此刻，非我莫属；（6）认真生活，快乐工作。阿里巴巴认为，这六个价值观在其经营业务、招揽人才、考核员工以及决定员工报酬方面扮演着重要的角色，

坚持价值观很困难，是因为人们很容易受到现实的挑战，轻易放弃自己的原则。但是，你的团队必须坚持自己的价值观，否则将很难长久。

短视频账号的功能定位

在策划短视频账号时，还需要对账号的功能进行定位，即你开设这个短视频账号究竟是用于什么功能？是哪种类型的账号？

短视频账号的主要功能

谈到短视频账号的功能，可谓五花八门。现今有目共睹的是，各种人群在各个领域、各个行业的短视频领域都有渗透。

据中国网络视听节目服务协会于 2019 年 5 月发布的《2019 中国网络视听发展研究报告》，短视频内容的主要功能依次为：娱乐、社交、记录、电商、资讯、知识付费、旅游及教育等。

该报告还指出，未来主导短视频发展的重要因素依次为：（1）优质的短视频内容及创作者；（2）在 5G、4K、8K 等新技术兴起的背景下，对短视频制播新技术的开发应用；（3）短视频生态体系的搭建；（4）针对短视频内容及平台的相关政策法规；（5）对于盈利渠道的拓展和维护。

在短视频的内容中，许多细分领域也可能会聚集许多真正感兴趣的人群。某些看似冷门的领域，由于短视频的内容提供及传播，反过来会使其中的一些优秀领域得以复活。快手大数据研究院在 2019 年 9 月发布的《生活即风格——2019 年快手内容生态报告》中曾用一句话总结了短视频的状况——“往高处行、向深处游、自当下始”。

需要指出的是，每一类功能的短视频账号都有其风格与特点。在《生活即风格——2019 年快手内容生态报告》中，就呈现了不同种类短视频的风格与关键词（见图 2–4）。但是，也需要每个短视频账号在同类账号中彰显出自己更进一步的风格与特点，从而才能更加与众不同。

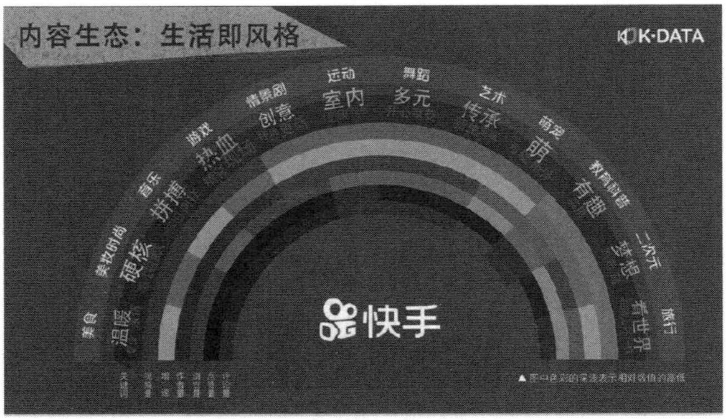

图 2-4 不同短视频的风格

资料来源：快手大数据研究院《生活即风格——2019 年快手内容生态报告》。

下面对几种典型功能的短视频进行呈现解读，供你在自己选择短视频功能定位时参考。

短视频的知识普惠功能

在众多的短视频账号中，知识普及的账号数量可观，极大地推动了知识普惠。的确，随着社会的发展与进步，人们越来越多地感受到了“知识危机”，希望了解与学习更多的知识。短视频领域正好顺应了这个潮流，满足了广大网民知识普及的需求。

《2019 年中国网络视听发展研究报告》显示，六大类知识短视频作者数量分布比例从高到低依次为：才艺、生活、教学、职场、母婴育儿及科普类。如图 2-5 所示。

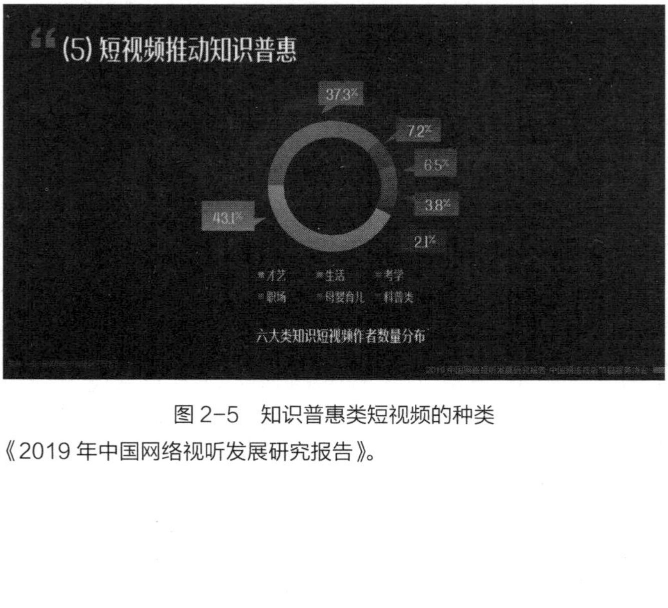

图 2-5 知识普惠类短视频的种类

资料来源：《2019 年中国网络视听发展研究报告》。

相关短视频平台的数据也表明，短视频在知识普惠功能方面贡献突出。抖音广告助手于 2020 年 1 月发布的《2019 年年度抖音数据报告》显示，2019 年抖音最受欢迎的知识门类 Top5 依次为：美食制作、语言教育、学科教育、职业教育及知识科普（见图 2-6）。

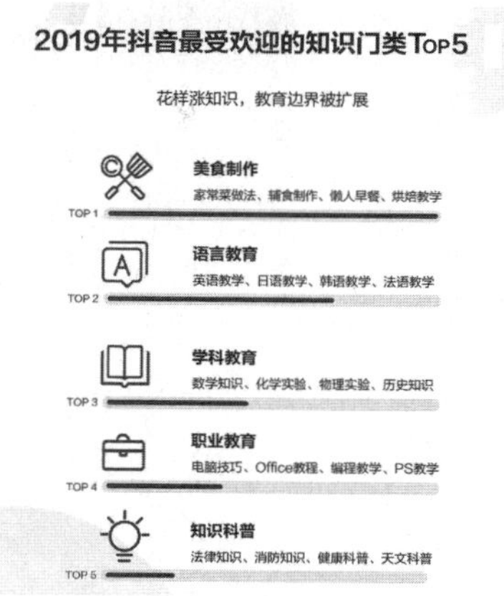

图 2-6　抖音知识普及类账号状况

资料来源：《2019 年年度抖音数据报告》。

其实，即使是知识科普，如果能用心坚持制作优质的短视频内容，仍然可以获得广大粉丝的拥护。以泛科普视频自媒体“回形针 PaperClip”为例，其在 2020 年 2 月中国爆发新型冠状病毒不久发布的“关于新冠肺炎的一切”的短视频，截至本章撰写时，仅在微博的转发数就达 70 万，点赞数超过 218 万，该视频仅在微博视频上的播放量即达 9354 万之多。

本书作者之一的陈永东也曾在微博上分享过一条健康界网站的科普短视频，其总阅读数超过 510 万，转发数超过 1.05 万，评论数超过 700，点赞数超过 7000（见图 2-7），这说明知识普惠类视频还是有相当可观的受众数量的。

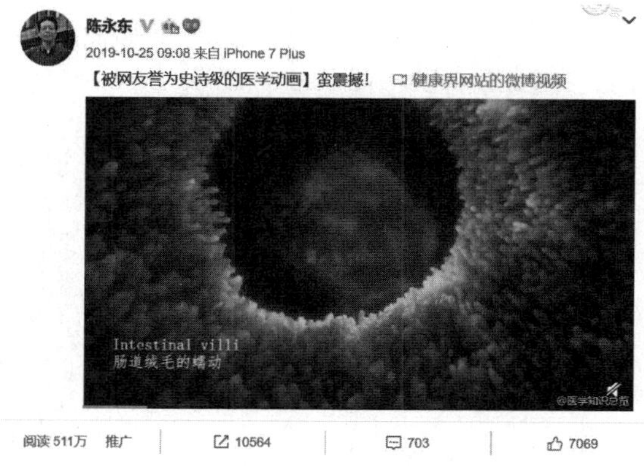

图 2-7　科普短视频的传播量

短视频的文旅体验分享功能

现今，人们越来越多地倾向于欣赏祖国的大好河山，甚至走出国门，遍览世界各地风光，而且人数越来越多，范围越来越广。在这个大背景下，许多网民将自己的旅行、生活或学习体验以短视频的形式加以分享，也有许多网民通过这些分享直观且快速地获得短视频发布者的体验。

谈到文旅体验分享，全国与世界各地景点打卡与风光分享已成了短视频的热点。《2019年年度抖音数据报告》显示，2019年抖音播放量最高的景点Top10从高到低依次为西安大唐不夜城、上海迪士尼度假区、成都大熊猫繁育研究基地和北京故宫博物院等。

短视频的生活状态分享功能

短视频的另一项功能是各行各业的人可以分享自己所在行业或领域的生活状态，让众多其他领域的网民领略他们的生活状态，同时了解其他行业中的一些新鲜事或常识。一个人每天熟悉的生活，可能对另外一些人来说则是陌生的。

字节跳动算数中心于2018年2月发布的《2018年年度抖音数据报告》指出，新生代用户崛起，专注又温暖，安静却夺目，因为独特，许多“素人”被更多人发现并喜欢，其中有发明无用的东西却治愈心灵的焊工；有与大自然相伴的“松茸西施”；有致力于科普的疯狂博士；有说一口流利东北话的“俄罗斯”大叔；更有众多被关注的卡车司机。

例如，快手上有一个来自安徽亳州的卡车司机——楠哥，一开始就只是喜欢观看快手上的小视频，觉得好玩。后来他看到上面也有卡车司机同行在发视频，于是自己也试着拍摄，不论是开车时的趣事、修车经历，还是朋友见面时的兴奋场景等片段，他都发出来跟大家分享，没想到竟会有很多人喜欢，并加他为好友。

又比如，抖音上有一个在德国学习的学生（抖音名字为“图图想回国”），将自己在德国学习、生活的状态以系列短视频的方式分享给网友，结果让许多没去过德国及想去德国学习、生活的网友觉得很有趣、很有料。加上他幽默风趣的语言，让他的短视频吸引了不少粉丝。

短视频的文化艺术传播功能

文化艺术听起来比较高雅，却仍然在短视频平台上有一定热度。也许文化艺术曲高和寡，但是所谓的“寡”是指比例，在一个用户基数超大的短视频平台上，积累起来的喜欢文化艺术的人数绝对数也不会太少。更何况，即使有些网民不太懂文化艺术，但不排除他们对文化艺术感兴趣。况且，随着中国人的文化艺术素养的整体提高，对文化艺术传播类的短视频的需求也在增加。当然，不排除一些人附庸风雅，或仅仅是在热门文化艺术场所打个卡。

《2018年年度抖音数据报告》中即提到“抖音与传统文化碰撞出新火花”，其中播放量最高的传统文化类短视频前五名依次为：书画、传统工艺、戏曲、武术和民乐。

《2019 年年度抖音数据报告》则发现“抖音让非遗传承之路更好走”，在 1372 个国家级非遗项目中，有 1275 个在抖音上出现，比例高达 93%；国家级非遗类短视频 2019 全年被点赞 33.3 亿次；2019 抖音上播放量最大的非遗类短视频 Top10 从高到低依次为京剧、咏春拳、黄梅戏、赛龙舟及舞狮等（见图 2–8）。

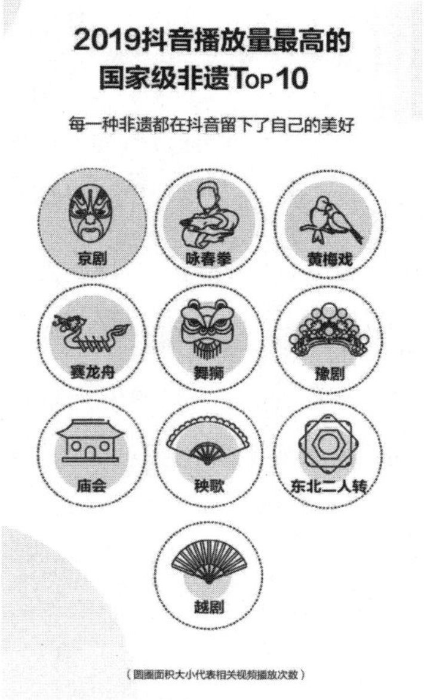

图 2–8　抖音上播放量最大的国家级非遗视频类别

资料来源：《2019 年年度抖音数据报告》。

短视频的政务信息传播功能

随着短视频的普及，各短视频平台聚集了越来越多的网民。各级政务部门看到了短视频火热的气氛和超高的人气，本着政务部门必须与群众打成一片的原则，也开始在主流的短视频平台上发布政务信息的相关内容，扩大在新媒体上的传播功能。

据快手大数据研究院发布的《生活即风格——2019 年快手内容生态报告》，截至 2019 年 8 月，已经有超过 6000 家政务机构入驻快手政务号，政务号的播放总量达 1408 亿次，互动总点赞数超 68 亿。

据飞瓜数据网统计，截至 2020 年 2 月 5 日，抖音上政务短视频账号 Top10 从高到低排名依次为央视新闻、人民网、中国日报、警界君、中国军视网等。

同样来自飞瓜数据网的统计，截至 2020 年 2 月 5 日，快手上政务短视频账号 Top10 从高到低排名依次为央视新闻、人民日报、人民网、中国军网等。

从上述两个主流短视频平台上政务部门账号的排行榜可以看出：一方面，权威宣传部门、军队及警察部门的政务账号已经在短视频平台上捷足先登，这说明了它们对短视频的重视；另一方面，这些部门短视频账号的粉丝数在不断增长，百万、千万级粉丝数的政务视频账号已经不算稀奇。

在讨论了以上几种典型功能的短视频账号后，还是要提个醒，每种功能的账号还有许多细节层面的东西要考虑，多花些时间去琢磨你的短视频账号如何发挥多方面的作用，会对你今后的短视频项目的发展方向有不小的帮助。

实际上，短视频的功能定位还有许多其他种类，由于篇幅所限，这里只介绍几类常用的，其他的种类将于第 3 章展开讨论。

短视频账号的 SWOT 分析

关于短视频账号的 SWOT 分析，我们在前面已经简单地进行过讨论，它实际上是对自身优缺点及外部环境的一个基本判断。在判断的同时，可以根据实际情况制定相应的应对战略。

短视频项目的 SWOT 基本分析

如前所述，短视频项目的 SWOT 主要分为两大块、四个方面。第一大块为内部条件分析，分为优势（S）和劣势（W）两个方面；第二大块为外部环境分析，也分为机会（O）和威胁（T）两个方面。

对于想上马短视频项目的团队，需要对 SWOT 的四个方面进行仔细思考分析，例如一个学生团队想做服饰搭配类的短视频来进行分享，其可能的 SWOT 大致如下。

- S（自身优势）：如团队成员年轻有活力，精力充沛，懂服饰搭配，熟悉短视频拍摄，熟悉互联网等。
- W（自身劣势）：如不熟悉短视频策划，不熟悉商业赞助谈判，不熟悉短视频传播与营销，不熟悉短视频的剪辑等。
- O（外部机会）：如短视频发展速度很快，喜欢看服饰搭配类视频的网友很多，时尚行业发展前景广阔等。
- T（外部威胁）：若所发的短视频内容不当，可能被封号；若所选择的短视频平台有严重违规的现象，则可能被关闭；等等。

需要注意的是，在利用 SWOT 分析外部环境时，可以先借助前面提到的 PEST 分析及波特竞争分析，以使你的分析更加全面。

在进行 SWOT 分析时，优劣势分析主要是着眼于企业或个人自身的实力及其与竞争对手的比较，而机会和威胁分析将注意力放在外部环境的变化及可能对企业或个人产生的影响上。在分析时，应把所有的内部因素（即优劣势）集中在一起，然后用外部的力量来对这些因素进行评估。

需要提醒的是，在运用 SWOT 基本分析分析各点时要客观，既不能盲目自信，也不必妄自菲薄。只有客观如实地列举各个方面的情况，才能为后面的进一步分析判断及制订战略提供可靠的依据。

短视频项目的 SWOT 分析矩阵

在进行上述 SWOT 基本分析之后，如果想根据分析的结果制定详细的、更专业及更有针对性的战略，则需要用到 SWOT 分析矩阵。

SWOT 分析矩阵是根据短视频项目及团队的优势、劣势、机会和威胁四个方面的对应组合，进而形成四种组合及对应的四种类型矩阵（见表 2–1）。

表 2–1　　SWOT 模型分析矩阵

内部分析 外部分析	优势 S （列出优势） 1. 2. 3.	劣势 W （列出劣势） 1. 2. 3.
机会 O （列出机会） 1. 2. 3.	SO 战略 （杠杆效应） 发挥优势 抓住机会	WO 战略 （抑制性） 克服劣势 抓住机会
威胁 T （列出威胁） 1. 2. 3.	ST 战略 （脆弱性） 发挥优势 回避威胁	WT 战略 （问题性） 克服劣势 回避威胁

- **SO 战略：杠杆效应（优势 + 机会）。**杠杆效应产生于内部优势与外部机会相互一致、相互适应时。在这种情形下，企业或团队可以用自身内部优势撬起外部机会，使机会与优势充分结合发挥出最大的效果。然而，机会往往是稍纵即逝的，因此企业必须敏锐地捕捉机会，把握时机，以寻求更大的发展。
- **WO 战略：抑制性（劣势 + 机会）。**抑制性意味着妨碍、阻止、影响与控制。当环境提供的机会与企业或团队的内部资源优势不相适合，或者不能相互重叠时，企业或团队的优势再大也将得不到发挥。在这种情形下，企业或团队就需要提供和追加某种资源，以促进内部资源劣势向优势方面转化，从而迎合或适应外部机会。
- **ST 战略：脆弱性（优势 + 威胁）。**脆弱性意味着优势的程度或强度的降低、减少。当环境状况对企业或团队的优势构成威胁时，优势得不到充分发挥，出现“优势不优”的脆弱局面。在这种情形下，企业或团队必须克服威胁，以发挥优势。

- **WT 战略：问题性（劣势 + 威胁）。**当企业或团队的内部劣势与其外部威胁相遇时，企业就面临着严峻挑战，如果处理不当，可能直接关系到企业的生死存亡。此时，企业或团队必须克服劣势，并回避威胁。

SWOT 综合分析后的战略

在经过上述的 SWOT 分析后，完整的战略应该包括上面四个方面的组合，只是可能有的突出，有的不够突出。然而，应该全面看待这些组合中相关的战略，有所侧重，并可以排一个优先级。

- **SO 战略（优势 + 机会）。**SO 战略最为重要，这可能是企业或团队未来发展的重点。
- **WT 战略（弱点 + 风险）。**WT 战略排第二，因为如果处理不好，那么企业或团队就可能无法存活。
- **WO 战略（弱点 + 机会）。**WO 战略排第三，因为弱势处很可能靠招人来完善，但机会则是可遇不可求的。
- **ST 战略（优势 + 风险）。**ST 战略是优先级最低的，在这方面，一些方案可能很早就打算要做，如果现在条件不成熟，其中一些可以缓一缓，先做其他的。

从一种极端的情况看，如果你认为你的短视频项目全是优势与机会，那么当然可以马上做；如果你认为你的短视频项目全是劣势与威胁，那么当然应该马上放弃。但是，实际情况不大可能是这两种极端中的一种。

你应该关注的是，你的优势多还是劣势多，机会多还是威胁多。这样就可以保证在选择大的方向时不会出错。然后，就是发挥优势，克服劣势，抓住机会，回避风险。这样的话，你的短视频项目的战略基本就比较靠谱，成功的概率也就更大。

短视频账号的受众分析

前面提到过，包括短视频在内的项目策划，必须对受众进行一定的分析，一方面要明确你的短视频的潜在受众是哪些人，另一方面要了解这些人的喜好与特点，进而更好地满足这些人的需求。

了解受众的人口特征

人口特征即人口统计学信息，主要包括人口数量、密度、地域、年龄、性别、种族、职业、收入及其他统计特征等。

你需要明确你的短视频的潜在人群是怎样的一群人，然后了解这些人的上述信息。这样，你不仅可以测算出你的短视频受众的最大限度，同时还可以针对目标受众的特征来制定相应的内容创意及传播或营销策略。

有些人口特征相对容易判断，如年龄、性别及职业等。《2019 年中国网络视听发展研究报告》显示，短视频忠实用户的年龄段主要在 29 岁以下，即所谓的 90 后。这一报告还显示，短视频忠实用户的职业排在前三名的从高到低依次为：学生、个体户 / 自由职业者、无业 / 下岗 / 失业人员。

在人口特征中，有些方面（如地域、语言、文化、种族及宗教问题等）可能更为复杂，特别是其中的禁忌内容要特别小心，尽量加以避免。例如，地域至少涉及国家及文化的不同。国家很可能涉及语言的不同，那么你的短视频可能要考虑添加不同语言的字幕。文化则涉及许多复杂的内容，特别是一些习惯及禁忌。

对于文化层面的问题，需要理解文化差异，认真学习他国文化的相关知识，在跨文化传播实践中适应不同的文化反应，研究不同国家和地区消费者关注的重点。例如，美国人多数自信果断（直接），中国人多讲究人际和谐（婉转）；美国人更重视实惠与快捷，中国人更重视质量与舒适；美国人的每单订购额更高，购买次数更少，中国人每单订购额更低，购买次数更多。

值得关注的是，《2019 年中国网络视听发展研究报告》显示，高收入及高学历人群的短视频使用率不断攀升，这将有利于短视频用户的整体素质的提升。以学历构成为例，2018 年 6 月短视频使用比例最高人群的学历是初中，而 2018 年 12 月的数据则显示，使用比例最高人群的学历为本科及以上。

了解受众的兴趣与关注点

在确定了目标受众或潜在受众后，则需要进一步研究他们的兴趣、媒体使用习惯与关注点。这是为了让今后与短视频项目相关的内容创意及传播或营销活动更有针对性，或者更加精准。

据艾瑞咨询公司于 2019 年 12 月发布的《2019 年中国短视频企业营销策略白皮书》显示，2019 年中国短视频用户的内容偏好排在前列的依次为：幽默搞笑、美食 / 生活、技巧 / 知识、影视综艺、新闻资讯、生活 / 社会纪录等。2019 年用户对短视频内容的时长偏好排在前三名的依次为：1~3 分钟；30 秒 ~1 分钟；3~5 分钟，如图 2–9 所示。

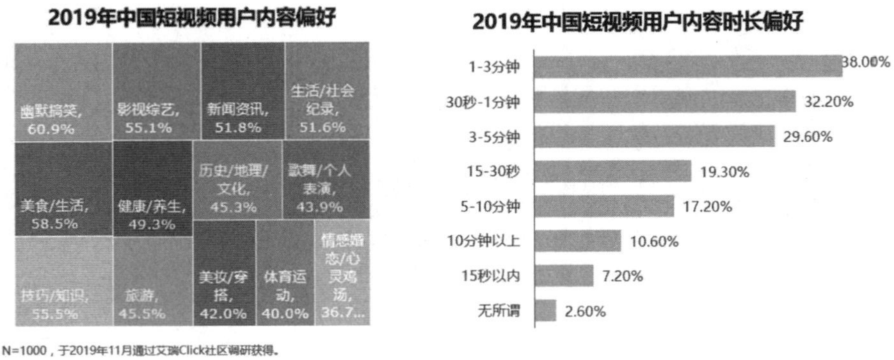

图 2-9 短视频用户的内容与时长偏好

资料来源：《2019 年中国短视频企业营销策略白皮书》。

该报告还显示，2019 年中国短视频用户产品使用场景排在前列的依次为：睡觉前；下班 / 放学回家后；工间 / 课间休息时；午 / 晚饭吃饭时；上下班 / 上下学通勤途中；节假日等。在 2019 年中国短视频用户产品使用时段中，睡前及午间间歇的使用比例最大，如图 2–10 所示。

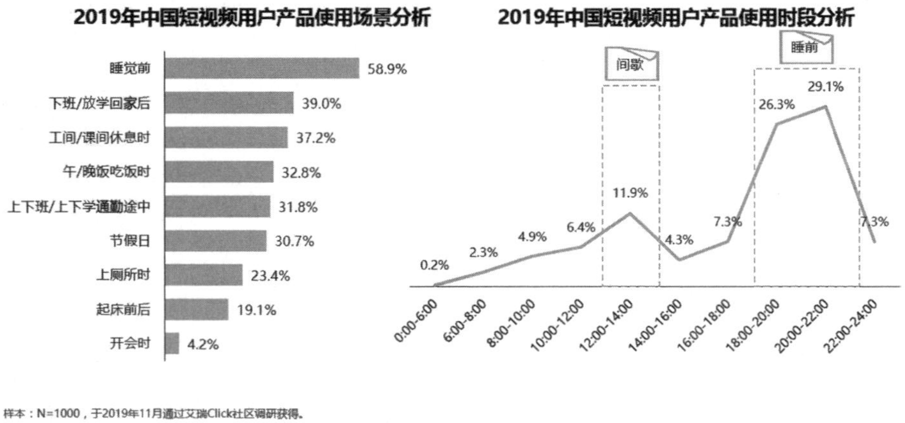

图 2-10 用户短视频产品使用习惯

资料来源：《2019 年中国短视频企业营销策略白皮书》。

这个报告的数据还显示了短视频用户对广告的态度，值得好好研究。报告显示，2019 年中国短视频用户广告特点偏好前四名依次为：内容干净利落；广告信息真实，非夸大虚假；广告形式新颖；广告展示时未妨碍我正常使用。同时，该报告显示，

2019 年中国短视频用户点击广告因素前三名依次为：产品是我感兴趣的；广告创意有趣；广告内容制作精美（见图 2–11）。这个报告中透露的这两方面的信息，对于短视频团队拍摄广告或营销类内容具有重要的参考作用。

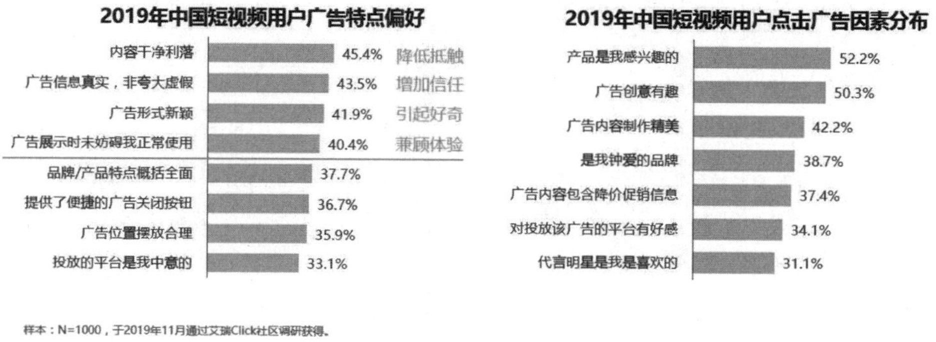

图 2–11　短视频用户对广告的态度

资料来源：《2019 年中国短视频企业营销策略白皮书》。

思考如何匹配受众的需求

需要理解的是，上述对短视频用户的受众分析，是为了在确定目标受众后，更好地了解用户，进而可以投其所好。其中许多地方通常需要通过调研的方式获得结果。由于篇幅所限，相关的调研方法此处不再赘述。

正如菲利普·科特勒所说的那样，任何营销的过程都是在努力了解客户的前提下，创造顾客价值并建立牢固的客户关系。包括短视频在内的任何领域的营销团队都需要理解市场和客户需求，进而制定客户导向的营销战略。

如果你了解了受众 / 客户的需求，那么接下来就应该思考如何通过你的短视频内容来匹配或满足受众 / 客户的需求。例如，虽然本书认为 10 分钟以内的视频都属于短视频，但上述数据表明，30 秒 ~3 分钟的视频是最受欢迎的，那么你的短视频则应尽量考虑这个时长范围。

又比如，如果你确定的目标受众或潜在受众为本科及以上学历（且该学历中使用短视频的比例也最高），那么你的短视频内容可能就要稍微有些逻辑，不能太幼稚。

总之，从受众或用户的需求出发，你的短视频内容总体就不会走偏。当然，受众或用户的习惯与偏好会随着时代的发展而变化，这就需要你不断地与时俱进。

短视频账号的竞争分析

前面提到过，在进行短视频项目的策划时，你必须了解并分析竞争对手，这样才可能在激烈的竞争环境中生存下来并持续扩大影响力。有道是：知己知彼，百战不殆。

发现对手及其优缺点

1. 必须了解竞争对手

本书在前面的波特竞争理论中提到过，你的竞争主要包括五种力量：现有产业竞争者、潜在进入者、替代品、供应商及客户。这里暂时不提后面四种竞争力量，先说一下你必然会遭遇的现有竞争者。

必须提醒你注意的是：千万不要以为你想进入的领域之前没有一个人发现！因为那是很难的，有很多“早起的鸟儿”早就赶在你的前面进入了你想进入的领域。

那么，你要搞清楚的一些重要的事情就包括：谁已经进入这些领域？在这些领域已有的账号中，哪些影响力最大？它们分别有什么优点？它们分别存在哪些缺点？

2. 通过调查确定竞争对手

为了搞清楚这些问题，你不得不做一些市场调查。就短视频领域而言，你对竞争对手的调查通常可以采取以下方法。

- **到主流的短视频平台上去搜索竞争对手。**既然你要进军短视频领域，那么直接到短视频平台看看有哪些竞争对手是必然的。你可以通过搜索该领域相关的关键词进行，然后观察这些账号的粉丝数、视频播放量、点赞数等信息，以确定其影响力。
- **到主流的传统网络视频平台上去搜索竞争对手。**具有较大影响力的短视频 Up 主通常不仅仅活跃在短视频平台，他们一般也会利用传统网络视频平台。或者，由于他们的影响力较大，其短视频内容可能会被粉丝们或其他人上传到传统网络视频平台。
- **到微博平台上去搜索竞争对手信息。**具有较大影响力的短视频账号的内容很可能会被分享到微博，以扩大其传播及互动范围。同时，具有较大影响力的短视频 Up 主很可能会在微博开设账号，同步发布或分享其短视频内容。
- **到微信平台上去搜索竞争对手信息。**具有较大影响力的短视频账号的内容很可能会被分享到微信朋友圈或聊天群。同时，具有较大影响力的短视频 Up 主很可能会开设微信公众号，同步发布其短视频内容。另外，微信搜索已经较为综合、完善，可能还会发现各类公众号发布的相关文章及其他网络空间上的相关内容。

- **到主流的搜索引擎上去搜索竞争对手信息。**具有较大影响力的短视频账号通常会在主流搜索引擎上很容易被搜索到，其中可能有与它们相关的不同网络平台的账号，也可能有它们的短视频链接，还可能因其影响力而有与其相关的报道及分析。也许你还可以搜索到不同领域短视频排行榜，以作参考。
- **关注权威平面、广播、电视媒体的报道。**具有较大影响力的短视频账号很可能会被报纸、杂志、广播及电视等传统媒体报道。有时，这些报道又会被网络媒体转载。这些渠道可能会帮你进一步发现并确定你所要进军的短视频领域的现有竞争者。
- **线上调查问卷。**即通过线上调查网站或 App 调查你要进军的短视频领域的竞争对手的相关情况。
- **线下调查问卷。**即通过线下调查问卷、访谈等方式调查类似问题。
- **线上数据监测网站。**即通过短视频数据相关监测网站发现你的竞争对手。

通常，建议你最起码研究 3~5 个你要进军的短视频领域内影响力最大的竞争对手。如果你从 SWOT 分析中知道 S（优势）与 W（劣势）是你们内部的条件，那么外部存在强劲的竞争对手也许可以放在 T（威胁）中。

3. 分析对手的优缺点

接着，你需要做的事情就是分析主要竞争对手的优点与缺点。如果说 S（优势）与 W（劣势）是“知己”的话，那么了解对手的优点与缺点则是“知彼”。

在分析竞争对手的优点及缺点时要保持相对客观的立场，因为我们不是为了分析对手而分析对手，而是为了分析、发现它们身上的优点，以便我们加以发扬；分析、发现它们身上的缺点，以便我们加以克服；最终的目的都是为了我们自身的进步及影响力的提升。

关于分析对手的优缺点，可以参考一下本书的主要章节目录，其中有短视频的策划、创意、拍摄、剪辑、传播及营销的方方面面。对照这些方面，你去看看主要竞争对手做得怎么样，它们在哪些方面比较突出，哪些方面存在不足。

同时，也可以关注一下你对此类短视频内容最关心的其他要素，这个因人而异。

不过，需要提醒的是，你应该多想想，那些在你要进军的领域里有着较大影响力的短视频 Up 主为什么会有那么大的影响力？

没错！这确实是我们需要认真思考的一个重要问题——对于这些有着较大影响力的 Up 主，除了机遇之外，是什么促使他们有那么大的影响力？也许这个问题的答案就是你们团队最应该向他们学习的地方。

当然，你的团队还可以专门讨论一下，在这些目前有着较大影响力的短视频 Up 主中，哪些账号存在较为明显的问题或缺陷，这些问题或缺陷未来会导致什么后果？另外，可以看看最近的相关报道，在短视频领域有哪些账号被封号、被禁言或出了其他问题。这些都可以成为你的团队需要吸取的教训。

以上工作就是为了"知己知彼"。在这里，我们想用《孙子·谋攻篇》中的话郑重提醒你："知己知彼，百战不殆；不知彼而知己，一胜一负；不知彼，不知己，每战必殆。"

取长补短才更有竞争力

《吕氏春秋·用众》："物固莫不有长，莫不有短，人亦然。故善学者假人之长，以补其短。"如果想不断提升自己短视频账号的影响力，使你的账号更具竞争力，那么建议你要学会"取长补短"。

1. 取他人之长，补自身之短

前面提到，你需要思考一下，那些有着较大影响力的 Up 主，除了机遇之外，有哪些因素促使他们有那么大的影响力？他们有哪些地方明显值得我们学习，并且是我们的团队所欠缺的？此即为"取他人之长，补自身之短"。

有一点要提醒的是，许多短视频 Up 主的一些优点往往被其他人忽视了，许多人只是看到他们能够那么轻易地成功，就感觉进入短视频领域门槛很低，而且玩短视频很轻松。在这里，不得不提一下那些知名 Up 主容易被忽略的优点。

- **认真的态度。**以李子柒为例，她拍的视频，能够让观众感受到一种田园生活的氛围，也让许多人感觉到一种认真的生活态度。这种认真的态度还表现在她和她的团队在制作视频过程中的用心程度。其他美食 Up 主讲如何用酱油调味做菜，是从"我们已经有酱油"拍起的，而李子柒是从如何种黄豆开始的，从播种、收割、发酵、酿造到烘焙，足足用了几年时间。在拍摄生姜时，李子柒从春夏之交播种姜种开始，到秋冬挖出窖藏、做成各种美食，素材积累跨越三个季节，剪辑出来的却只有 10 分钟，其中不可谓不认真，不可谓不用心。

- **长期的积累。**以李佳琦为例，他在成名之前、大学毕业之后曾在欧莱雅专柜做彩妆师整整三年，成为那个柜台最专业、最懂化妆品、最会销售的导购；然后他又在直播领域做了近三年，他既要演示又要讲解，还要盯着直播人数的变化，以此判断所推销的产品是否受欢迎。如果不受欢迎，他就会当机立断推下一款产品。一场直播大约要卖十几甚至几十种产品，一万多支口红，这些产品的信息全被他装在脑袋里，直播时只要有粉丝提出想看哪个色号，李佳琦必能在三秒之内准确无误找出，并滔滔不绝介绍其特色。

- **真正的喜欢。**要知道，你的短视频项目有可能在一定时间（或许半年，或许两三年）范围内没有太多的粉丝，或者粉丝多但收益很少，那么这时你还会坚持自己的使命与愿景吗？如果你真正喜欢，那么无论在什么困难面前都需要坚持做下去。否则，你可能随时放弃，或不了了之。希望大家因喜欢而坚持，因坚持而成就。

2. 将他人缺点当自身之镜

除了看到并学习竞争对手的优点外，还要发现竞争对手的缺点，并将之视为自己的一面镜子，经常照照这面镜子，把自己团队身上出现的与竞争对手同样的问题暴露出来，然后迅速去改正、克服，这样你才会进步得更快。

马云在湖畔大学（商学院）的教学中就非常重视分享失败案例。对此，他认为，学习失败案例比学习成功案例更有价值，来湖畔更多的应该是来学习别人是怎么失败的，以后遇到同样的事情或许我们不能避免失败，但是至少能让我们心中有根弦，能提醒我们，避免走错路。

的确，发现他人的缺点并自省纠正，是为了让你自己少走弯路。所以，再次提醒看看那些最近倒闭或被封号的同类短视频账号，是什么原因让它们倒闭？是什么原因让它们被封号？也许那些都是满满的经验与教训。

3. 尺有所短，寸有所长

要提醒的是，每个团队及每个人都有长处与短处。正所谓“尺有所短，寸有所长”，处理团队与个体的长、短的策略，除了上面所讲的“学习他人的优点、避免他人的缺点”之外，还有三点值得注意。

- **充分发挥团队每个成员的长处。**“各尽所能、人尽其才”是最佳的用人之道，除非你们团队的成员都不怎么强（如果是这样，那么可能需要重新组织团队）。如果每个人都将其长处或才能充分发挥，那么团队的力量就会更强大，再加上管理得当，工作效率就会更高。

- **积极补足团队存在的短板。**如果团队或成员中确实存在一些明显的短板，那么你要做的，要么是让自己团队的现有成员抓紧时间学习，快速补足短板，要么是招募在某个方面能力强的新成员，以优化团队成员的构成。

- **综合理解长板效应与短板效应。**运用长板效应就是，发现你的短视频团队的某个成员的特长后，尽力在这方面加以培养，使团队因其特长而在某个方面取得领先地位。运用短板效应就是，短视频团队应该尽早发现自己的不足，并补足短板。这是因为，一个水桶能装多少水，不是由最长的那块木板决定的，而是由水桶最短的那块木板决定的。综合来看，在短视频团队前期，可能因某个成员的优势而局部领先，这就是长板效应；在进一步发展过程中，则可能因某些成员的不足而出现发展瓶颈，这就是短板效应。

从追赶到超越对手

在了解了竞争对手及双方优缺点并制定了取长补短的策略后，你还要记住，你的基本目标分为三大步：追赶、平齐及超越。

当然，路要一步一步地走。你要先从追赶者开始，一步一个脚印，逐步去追平，然后成为领先者。最后送你两句话：

> 你只管努力，上天自有安排。
>
> 梦想还是要有的，万一实现了呢！

短视频的内容规划

短视频的内容规划在后面的章节会专门讨论，但是在短视频账号策划阶段就需先有一个基本设想。毕竟，短视频项目是以短视频这种形式的内容输出为重点的，如果对内容没有任何想法，那么规划就会显得华而不实。

这里，先谈短视频内容的主题、来源及主要栏目，其他详细的内容规划将在后面的章节仔细讨论。

短视频内容的主题

短视频内容规划涉及许多方面，但是你首先应该想想你的短视频的主题究竟是什么。在经过前面提到的 STP 战略分析及定位分析得出你的市场定位及功能定位后，就需要针对这些定位将主题明确或细化。

特别是，如果你的市场定位或功能定位较为泛化，则更需要将切口开得小一些，从一些更垂直、更细分领域的主题下手，确定未来短视频的内容将聚焦于什么主题。当然，选择主题与市场定位分析类似，也需要去找“蓝海”及“空位”。

在思考短视频的内容主题方向时，需要注意几点：（1）最好既是你感兴趣又是你较为熟悉的主题，这样相对而言你会更轻松；（2）最好有一定门槛，不是谁都能做的主题；（3）有一定的独特性，且未来有持续内容开发的潜力。

有时，一些相对冷门的主题可能会被忽视，这需要你的洞察力。有些内容看似曲高和寡，但随着人们整体素质的提升，可能也会逐渐成为流行的趋势。比如，一些有地方特色或文化艺术价值高的主题，也许未来即是一些新的蓝海。前面曾提到过非遗的例子，2019 年全年仅抖音一家平台上有关国家非遗主题的短视频点赞数即达 33.3 亿。

短视频内容的来源

在确定短视频的市场定位、功能定位及具体的主题方向后，还需要思考这些主题的短视频内容可以从哪里以比竞争对手更低的成本更便捷地获得。如果这些问题的答案是模糊的或者对你不利的，那么真正开始制作时内容来源就会成为较大的阻力。

如果你无法确定从哪里才能方便地拍摄到你想要的短视频主题，那么你该如何往下进行？你的短视频最好是在本地能够很容易拍摄到，如在你的单位附近拍摄，或在你的小区附近拍摄，或在你的家里拍摄，等等。

同时，你拍摄短视频的成本不能太高，否则不仅你需要较大的投入，有可能暂时得不到回报，而且还可能因此而不能维持太长时间。对于制作短视频而言，所谓的成本可能不仅包括拍摄的成本，可能还包括人力成本、软硬件成本、制作剪辑成本及传播成本等。

你最好拥有独特的短视频内容来源，包括线人的爆料。有时，有些短视频 Up 主可能有一些特殊的条件或环境，能轻而易举地拍摄到某些主题的内容，别人却可能因为各种限制费尽力气也难以获得，这其实就是门槛之一。

短视频内容的栏目

如果你把你的短视频账号想象成一本杂志或一个小型的广播电台或电视台，你就会更容易理解规划短视频内容栏目的重要性与必要性。因为如果受众对一本杂志或一个广播电台或者电视台较为喜爱的话，往往都是对其中的一个或几个栏目印象深刻。

通常，建议短视频内容应设定 3~5 个栏目。一方面，这些栏目要与你的短视频市场定位与功能定位相符合，避免让人觉得其与你的定位格格不入；另一方面，要为这些栏目起个朗朗上口、好记、切题且与众不同的名称。

认真规划合理的短视频内容的栏目，会有助于你们避免出现不知道发布什么内容的尴尬，因为你会时不时地想到某个栏目是否需要更新了。很难想象，一个媒体的知名栏目会长期不更新。

如果你的短视频的某个栏目能长期坚持有规律地更新，同时更新频率不是很低，并且内容出众出彩，那么很可能逐渐就变成了你短视频账号的精品栏目。这样坚持做了之后，接下去就是用时间换空间。你可以想想：如果将短视频视作一种媒体，那么哪个媒体不想拥有几个精品栏目？

短视频运营的 KPI

包括短视频在内的项目策划，必须有对应的考核指标，否则评估项目完成的好坏就没有了标准。要知道，对于科学的项目管理，仅凭感觉评估项目运营效果的好坏是不靠谱的，也是不专业的。

KPI 概念及描述要求

KPI 即“关键绩效指标”，是英文 Key Performance Indicator 的缩写，它是考核包括短视频在内的项目完成情况的相关指标。

一般而言，项目策划书或具体实施计划中需要设定一定数量的 KPI。进行项目阶段性评估时，需要分别对照计划中的 KPI，看是否达到了指标要求的数量。结果可能是达到、超过、远远超过、未达到及远未达到等几种评估结果。

设定 KPI 的关键点是合理性。为尽量保证其合理性，可以采取 SMART 原则：

- S 代表具体（Specific），指绩效考核要切中特定的工作指标，不能笼统；
- M 代表可度量（Measurable），指绩效指标是数量化或者行为化的，验证这些绩效指标的数据或者信息是可以获得的；
- A 代表可实现（Attainable），指绩效指标在付出努力的情况下可以实现，避免设立过高或过低的目标；

- R 代表有关联性（Relevant），指绩效指标与上级目标具有明确的关联性，最终与公司目标相结合；
- T 代表有时限（Time-bound），即注重完成绩效指标的特定期限或时间节点。

短视频制作及发布方面的 KPI

短视频制作方面的 KPI 主要是在规划中给短视频的制作数量、制作频率、制作所用时间、成本等制定一定量的指标要求。这也是对短视频的内容的数量设定一定的目标。这是因为，前面提到过，过少或频率太低的内容输出，是很难获得较大的影响力的。

对于短视频制作方面具体的 KPI，可以有类似于这样的描述：每周制作一部时长为 2~3 分钟的相关主题的短视频，每个视频的平均成本控制在 1 万元人民币以内。

或者，可以给出一些较为详细的描述，比如，全年制作 50 部与本账号定位相关主题的短视频，其中 A 栏目每个季度出至少五个相关的短视频内容，时长为 1~2 分钟；B 栏目每个季度出至少三个相关的短视频内容，时长为 2~3 分钟；C 栏目每个季度出至少四个相关的短视频内容，时长为 1~2 分钟。

短视频传播方面的 KPI

大多数短视频的影响力是从其传播的情况来判断的。一般情况下，传播量越大的短视频，则其影响力越大。热门短视频之所以被称为“热门”，通常也是看其传播量。

说到短视频的传播，相关的传播策略会在后面的章节专门讨论，这里需要先理解并制订短视频传播方面的 KPI。以后的传播策略则是针对这些目标，用最低的成本去实现。

对于短视频传播方面具体的 KPI，可以有类似于这样的描述：每个短视频上传到三个主流的短视频平台和四个相关主题的传统网络视频平台；第一个季度，每个视频在所有短视频平台及传统网络视频平台上的总播放量不低于 10 万，以后每个季度按 20% 的幅度提高其最低播放量（如第二季度总播放量不低于 12 万，第三季度总播放量不低于 14 万，第四季度总播放量不低于 16 万），每条视频在所有平台上的总点赞数不低于 5000。

或者可以这样描述：全年不少于 50 个短视频上传到三个主流的短视频平台和四个相关主题的传统网络视频平台；全年所有短视频的所有平台的总播放量不低于 200 万，总评论数不低于 10 万，总点赞数不低于 20 万。

也可以追加这样的描述：全年所有短视频分享到微博平台后，所有相关微博的总转发数不低于 10 万；在分享短视频的微信公众号文章中，所有文章的总阅读数不低于 20 万，总点赞数不低于 5 万。

除了播放量外，与短视频传播效果相关的衡量指标主要还有以下几类。

- ATP（Average Time Played）：即平均播放时长。显然，这个数字越大，说明对用户的吸引力越大。
- CPE（Cost Per Engagement）：即每互动（或融入）成本，它是每产生一个互动（如分享或评论或点赞）的成本。
- IR（Interaction Rate）：即互动率，它是指视频中总评论数占总播放量的比例。
- PIA（Post Impression Action）：即显示后访问，指观看完短视频后一段时间内，访问短视频中提到的某个网站的数量。

短视频营销效果的 KPI

需要指出的是，一些短视频营销效果的 KPI 是与传播方面的 KPI 相关联的，另一些营销效果的 KPI 则较为独特，尤其那些带有产品或服务销售目标的营销更是如此。

明显区别于传播方面 KPI 的营销效果，KPI 主要包括营销或广告的点击量、显示成本或销售效果。例如，要评估李佳琦带货类短视频的营销效果，显然需要设定相关品牌的口红的销售数量或销售总金额。

衡量营销或广告的点击量或销售效果的指标主要有以下几类。

- CPM（Cost Per Mille）：即每千人成本，指短视频里每向一千人展示某个广告的成本（如果每个广告在视频中只出现一次，那么这个数字通常与短视频播放量接近）。
- CPA（Cost Per Action）：即每销售一件产品的成本。
- CR（Conversion Rate）：即转化率，指来观看短视频的用户中产生购买行为的人数占视频总观看人数的比例。

较为常用的短视频营销效果 KPI 的描述是上述的 CR 和更容易理解的销售数量或金额。如果要计算相关的成本及效率，则常常要用到 CPM 和 CPA。

还有不少更详细的 KPI，由于篇幅所限，此处不做详细介绍，相关指标的详细应用可以参考本书第 8 章中的相关内容。

第 3 章

内容创意：打造热点话题的爆款内容

在正式进行短视频拍摄之前，通常需要明确将要拍摄的短视频内容的形式，熟悉如何进行短视频的叙事，并在内容创意及辅助形式方面掌握一定的方法或策略。同时，为了避免正式拍摄时手忙脚乱，需要有一个较为严密的短视频拍摄计划，并准备好拍摄短视频所用的拍摄设备，并做好拍摄前的人员组织工作。

短视频内容的形式

在第 2 章里，我们曾经谈到一些不同的功能种类，这只是短视频各种形式的一种划分方法。在具体拍摄之前，还需要对短视频的其他形式种类进一步加以明确。

按功能划分

我们在第 2 章的“短视频账号的功能定位”一节里曾经谈到一些种类，并专门讨论了知识普惠（又称科普类）、文旅体验分享（又称旅行 Vlog 类）、生活状态分享、文化艺术传播、政务信息传播（也称新闻信息类）等种类。这里还有几类我们进一步加以讨论。

1. 美食分享类

民以食为天，网民们对吃的热情还是很高的。美食可以说的类别也很多，既可以是中国的各类美食及菜系，也可以是世界各地的美味佳肴。与美食相关的短视频内容既可以是美食制作类的，也可以是美食品尝类的，还可以是美食制作培训类的（与后面的教育培训有重叠）。

知名 Up 主李子柒的许多短视频就属于美食分享类，只是她的美食分享显得更原生态、古朴及中国风。这些风格反而打动了不少外国人。这也提醒想进军美食类短视频领域的团队必须思考：自己将分享哪类美食，以什么样的风格出现？

对于美食分享类短视频，还可以研究一下最受欢迎的菜谱，甚至是各地的小吃。大菜有市场，小吃亦有人气。《2019 年年度抖音数据报告》表明，2019 年抖音上点赞最多的地方小吃 Top10 从高到低依次为：麻辣烫、凉皮、烤冷面、臭豆腐及酸辣粉等。同时，该报告还显示，2019 年最受欢迎的知识门类第一名也是美食制作。

2. 才艺展示类

短视频是才艺展示一个很好的舞台，一些网民也有充分展示自我才能的需求，另一些网民正好有观看他人表演的需求。才艺展示的子类很多，可以是吹拉弹唱，可以是舞蹈艺术，可以是曲艺戏曲，可以是魔术杂耍……

以舞蹈为例，就有很多种类，关键看你在哪个方面最强、最有特色。快手大数据研究院的《生活即风格——2019 年快手内容生态报告》显示，快手短视频中有街舞、太空步、断头舞、机械舞，还有钢管舞；有开创性网红奶奶舞，还有广场上最靓的三岁仔仔的舞蹈；有年轻人喜爱的各种舞蹈，也有中老年人喜爱的广场舞。

实际上一周内每种舞蹈短视频的热门时间还不一样，流行舞周中活跃，鬼步舞周末热闹，而广场舞则一周七天每天都随时进行。

3. 运动健身类

生命在于运动，运动的面孔各不同。运动健身（实际上还可以包括养生）类视频的数量也不少，快手大数据研究院发布的《生活即风格——2019 年快手内容生态报告》显示，运动健身类短视频中比例最高的依次为篮球（33%）、台球（22%）、健身（11%）、格斗（9%）、乒乓（2%）、足球（2%）等。

不过，还要用动态的眼光来看运动健身类短视频。上述《生活即风格——2019 年快手内容生态报告》表明，各项运动健身类短视频在快手上增长最快的几项从高到低依次为：瘦身操、瑜伽、家庭健身、健身房、篮球及足球。

当然，也有人说广场舞和其他舞蹈也有健身的功效。这话没错，各类短视频总有一定的交叉，许多事情的作用都不止一种。

4. 品牌营销类

品牌营销类的短视频也不少，后面我们会有一章专门讨论，这里先做一下简单介绍。过去的品牌营销经常以广告形式来表现，但在短视频中往往以故事、趣味、热点借力、事件策划或其他方式出现，最好能形成口碑传播或病毒传播，进而使品牌得到较大的传播。

品牌营销类的短视频主要分为两类：一类是公司品牌类，主要讲品牌的故事、理念、使命、愿景及价值观等；另一类是新产品品牌的短视频，主要讲某个品牌产品的特性、优势及相关价值。

例如，沃尔沃为推出全新 S60 车型，在 2019 年 11 月推出一系列预热的短视频，分别以“不碰”“不盲”“不偏”“不浊”为主题，来体现其产品的主要新特性。这四个主题分为四个短视频，分别用小的故事情节进行暗示，如打麻将“不碰”运气，蒙着眼睛躲避飞刀暗示“不盲”等。

5. 宠物卖萌类

宠物在现实世界就受很多人的喜爱，宠物卖萌的姿态、顽皮的嬉闹给许多人带来了欢乐，很多养宠物的人与宠物之间有着深厚的感情，这些场景与画面自然会延伸到包括短视频在内的虚拟的新媒体世界里。

在宠物卖萌类短视频里，最受欢迎的通常是宠物猫（又称“喵星人”）与宠物狗（又称“汪星人”），其中又有不同种类宠物猫狗的子类，如有时宠物猫里可能“英国短毛猫”或“狸花猫”最受欢迎，有时宠物狗里可能“金毛狗”或“哈士奇”最受欢迎。这类短视频往往是以宠物为主角的剧情，泛娱乐化内容偏多，偏向于主人视角。有人预测，宠物行业从业人士（从事宠物营养、医学、美容等方面工作的人员以及驯犬师等）的原生内容未来可能会增多。

当然，宠物的种类很多，这要看你最喜欢、最熟悉哪一类宠物，你希望或擅长以哪种形式来表现它们的萌态或可爱之处。有时，还要看你的宠物的独特性或稀有性，如国宝大熊猫有许多可爱的画面，一般人很难拍到，它们在短视频里也很受欢迎（见图 3–1）。

图 3–1　大熊猫之类的宠物卖萌短视频

6. 时尚搭配类

时尚搭配类短视频主要指服装、时尚用品及饰品的搭配等，不管是男 Up 主还是女 Up 主，不管是年轻的还是年老的 Up 主，都有很多，他们的粉丝也不少。有的时尚搭配类视频是 Up 主为了向粉丝们展示一下自己的审美，也让他们感受一下这种美，有的是 Up 主为了满足自我风采展示的需求。

在时尚搭配类领域，有许多细节的东西都是短视频用户较关心的，值得仔细研究的。例如，快手大数据研究院发布的《生活即风格——2019 年快手内容生态报告》显示，对于服装细节，观众最关心的是透气性、质量好及不撞衫；对于服装品类，观众最关心的是裤子、鞋子及校服；对于穿搭，观众最关心的场景是毕业时的穿搭、在校穿搭及夏季穿搭。

7. 教育培训类

快手大数据研究院于 2019 年 10 月发布的《2019 年快手教育生态报告》表明，快手教育类短视频累计生产量已超 2 亿，日均播放量突破 22 亿，日均点赞数超 6000 万，教育类短视频作者超过 99 万人、累计超 160 万用户在为教育付费。

目前教育培训类短视频与一些知识传播类短视频的边界开始模糊，教育培训中融合了知识传播，知识传播中融合了教育培训。《2019 年年度抖音数据报告》显示，除了前面提到的美食制作技能培训短视频较为突出外，语言教育（如英语、日语、法语等）、与考学相关的学科教育（如数学、化学、物理等）及职业教育（如电脑技巧、Office 技巧、编程技巧及 PS 技巧等）的短视频也有相当多的观众。

8. 剧情类

有不少普通人有拍自导自演的短片的意愿，短视频正好为他们实现梦想提供了机会，因为其门槛越来越低，除非你要拍那种要求特别高的剧情类短视频。当然，剧情类的短视频还要看剧本的复杂程度，这个将在后面的章节中讨论。

快手大数据研究院发布的《生活即风格——2019 年快手内容生态报告》显示，点击量最高的情景剧类型是“闺蜜类”；最易引发讨论的类型是“亲戚类”，同比增长最快的类型是“婆媳类”。同时，头部的短视频 Up 主更爱的类型为老师类、童年类及过年类，腰部 Up 主更爱拍的类型是婆媳类及夫妻类，他们都爱拍的重叠类型是闺蜜情及兄弟情。

9. 二次元类

二次元是一个 ACGN（Animation、Comic、Game、Novel，即动画、漫画、游戏、

轻小说）亚文化圈专门用语，来自日语，意思是“二维”。日本早期的动画、漫画、游戏等作品都是以二维图像构成，其画面是一个平面，所以通过这些载体创造的虚拟世界被动漫爱好者称为“二次元世界”，简称“二次元”。同时，“二次元”具有“架空、假想、幻想、虚构”之意。

为了叙述方便，这里的二次元类短视频主要指动画与漫画类的短视频（游戏分享类放在下一子类）。快手大数据研究院的《生活即风格——2019 年快手内容生态报告》表明，二次元短视频中占比较高的类别分别有恋爱 / 甜 / 苏、萌 / 可爱、搞笑、青春 / 少年 / 少女 / 校园等类型。同时，不同年龄的二次元短视频的受众喜好有很大的区别，如 18~23 岁的受众更喜欢汉服类，24~30 岁的受众更喜欢宅舞、制服、cosplay 类，而 31~40 岁的受众则更喜欢手绘类。

10. 游戏分享类

虽然广义的二次元中也包含了游戏，但是游戏分享类的短视频体量不小，所以单列一个子类。近年来，网络游戏的玩家不在少数。据 CNNIC 于 2019 年 8 月发布的报告，截至 2019 年 6 月底，中国的网络游戏用户数已达 4.94 亿，其中手机网络游戏用户数已达 4.68 亿。

游戏分享类短视频的数量近年来增幅明显。快手大数据研究院的《生活即风格——2019 年快手内容生态报告》显示，快手上的游戏分享类短视频的日活数超 5600 万，2019 年上半年有超 5 亿个游戏类短视频发布，点赞数超 100 亿，评论数超 15 亿。游戏 KOL 中 90 后占 75%。最受欢迎的游戏分享类短视频主要是：赛事现场、英雄攻略、精彩操作及选手抓拍等类型。

11. 搞笑幽默类

互联网通常是网民娱乐放松的一个大平台，这就使得搞笑幽默类的内容受到广泛的欢迎，短视频平台也不例外。实际上，其他类型的短视频内容中本来就有很大比例是以风趣幽默的风格呈现的，因此搞笑幽默类视频包含的范围很广。有时，也把搞笑幽默类称为娱乐类。

据艾媒咨询（iiMedia Research）于 2019 年 9 月发布的《2019 年中国短视频创新趋势专题研究报告》显示，近年来搞笑幽默类内容的短视频在用户喜欢观看的短视频中所占的比例一直排在最前列，2019 年上半年此类短视频在用户喜欢观看的短视频中所占的比例达 69.5%（见图 3–2）。

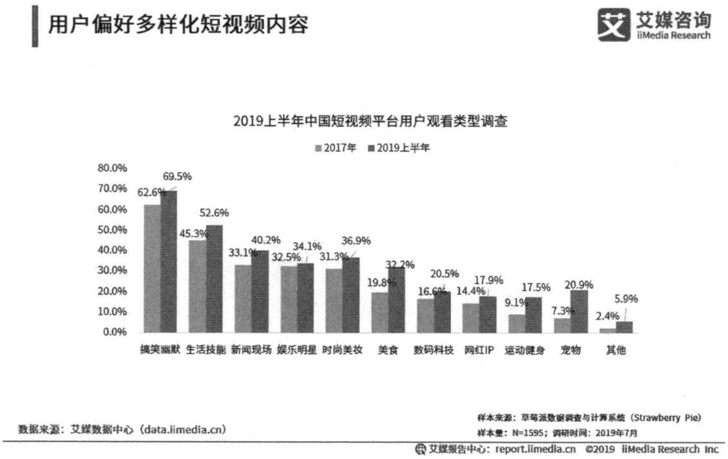

图 3-2 搞笑幽默类短视频排名居前

资料来源：艾媒咨询《2019 年中国短视频创新趋势专题研究报告》。

搞笑幽默类的短视频形式多样，例如可以是场景记录，也可以是小剧情故事，或者是才艺表演，抑或是老电影改词配音……总之，只要是你觉得搞笑幽默的事情，都可以以短视频的方式呈现，而且这种形式更加生动直观。

12. 音乐模仿类

需要说明的是，音乐模仿类短视频与才艺展示类有明显的重叠之处。之所以单独分一个子类，是因为音乐模仿类内容起步较早，比如较早的短视频平台“小咖秀”就开创了一种新颖的方式：给已有的歌曲配视频画面，当然对口型需要花些功夫。

目前，抖音、快手等主流的短视频平台上都有许多音乐模仿类的内容。其中，有与“小咖秀”同样类型的给歌曲配视频的形式，也有自己录制演唱卡拉 OK 的片段（多数并非在卡拉 OK 店里录制，主要是在家里录制，）。

在音乐的天地里，有的 Up 主翻唱流行歌曲，有的 Up 主则模仿知名歌星。据快手大数据研究院的《生活即风格——2019 年快手内容生态报告》显示，快手的音乐模仿类短视频中，刘德华是被模仿最多的歌手，BEYOND/ 黄家驹是音乐达人最喜欢致敬的对象，歌曲评论率最高的相关歌手是张学友，音乐类微视频中平均播放量最高的歌曲是王菲的相关歌曲。

13. 母婴育儿类

短视频作为继文字、图片之后的“第三次表达革命”，成为以 90 后为主的年轻父母人群的主要信息源，所以各式母婴短视频层出不穷。目前，母婴育儿类短视频正在走向垂直化、品质化、商业化运营。不过，母婴育儿类短视频首先要解决的问题在于：如何为有此需求的人群匹配合适的内容，并在获取用户信任与提高用户黏着度的同时，使品牌从中获得最大的内容营销价值。

母婴育儿类短视频的内容主要集中在两个方面：一是家庭日常育儿生活的分享，二是科学育儿方式的分享。不过，与很多短视频类似，母婴育儿类短视频同质化也比较严重，难以形成粉丝黏性。还有一种越来越受欢迎的内容是走心情感类，因为辛苦育儿的父母们也需要一种方式来表达情感，释放生活压力。

中国网络视听节目服务协会（CNSA）发布的《2019 年中国网络视听发展研究报告》将母婴育儿类归入知识普及类。不过，即使是这样，其中的母婴育儿类短视频也表现得不错，其播放量排在第二名，仅次于科普类短视频。

14. 电商销售类

近年来，用户把更多的时间都花在了短视频上，对营销而言，用户在哪里，你的营销就应该去向哪里，当用户都迁移到了短视频上的时候，商家当然也应该把目光转移到短视频上。因而，进入短视频领域的电商或网络卖家越来越多，它们认为这是新的营销及销售商品的渠道之一。

据中国网络视听节目服务协会于 2019 年 5 月发布的《2019 年中国网络视听发展研究报告》，2020 年内在短视频承担的功能中，除了前三位的娱乐、社交及记录，电商将排到第四名，这确实应该引起更多的注意。

另外，电商卖家利用短视频平台进行直播的情况也越来越多，甚至不少偏远地区的农产品、山货及少数民族手工艺品靠短视频平台打进了城市消费市场。

按剧本复杂程度划分

由于短视频的要求不同，其制作的复杂程度也有所不同，这就导致短视频剧本的复杂程度不同，甚至一些最简单的短视频几乎没有剧本。

1. 有详细剧本类

详细的剧本是针对那种相对复杂的短视频而言的。因为复杂，如果没有剧本，那么整个短视频的拍摄及剪辑制作将会变得混乱不堪。

短视频剧本的具体复杂程度与时长关系较大，越长的短视频，其剧本相对越复杂，反之亦然。类似于影视剧剧本，短视频剧本通常也可分为三种。

- **文学剧本。**也就是编剧提供的最初的剧本。
- **分镜头剧本。**细化了的分镜头剧本可以成为拍摄的依据，是导演的工作台本。
- **实拍镜头记录本。**是对实地拍摄的记录，是由场记负责完成的记录整个拍摄过程的剧本形式，是场记的工作台本，主要为后期进行编辑时提供依据，其形式与分镜头剧本近似，内容包括镜头顺序、景别、摄法、画面内容、台词、每个镜头的拍摄次数、每次拍摄的时长及效果，等等。在拍摄的过程中，导演常常临时改变分镜头剧本，这样，实拍镜头记录本才同拍成的影片镜头相一致。

2. 有简单剧本类

一些时长相对短一些的短视频，其对应的剧本相对会简单些，但仍然需要认真对待。虽然时长短的短视频对应的剧本短一些，但是需要提醒的是，对于一个故事或一种意境的表达，越是短的剧本可能对应的难度越大。

需要引起注意的是，不要以为一些短视频时长很短，它的剧本就很好写，这是因为，一方面，浓缩的情节与足够的铺垫是相互矛盾的，这就是说，越短越难表达；另一方面，如果所有短视频 Up 主都认为短视频因为短而显得门槛不高的话，那么你要记住另一句话：越是门槛低的事情，想脱颖而出越难。

3. 事先无剧本类

还有一些短视频可能事先没有准备剧本，一种是相对简单且随意拍摄的短视频，另一种是偶遇的场景或类似于街拍式记录的内容。前者可能是一时兴起的拍摄，后者可能是无法事先预料的场合。

对于一时兴起的短视频拍摄，虽然看起来相对随意且容易，但仍然需要拍摄者有一定的经验积累与相关意识，如画面的构成、即时场景的衔接、主要的场景、相关的人物及其他重要的信息，等等，对拍摄者来说都是一种考验。

对于无法事先预料的偶遇或街拍式的记录，同样有类似的情况，除了平时的功底与经验积累外，还需要现场的灵活性和反应速度。要知道，有些不期而遇的场景稍纵即逝，如果反应太慢或太死板，许多重要的画面可能就再也无法补拍。

不论是哪种事先无剧本的短视频，只有拍摄画面的素材足够多，才能给剪辑带来足够的支持，否则剪辑工作将变成“无米之炊”。另外，不能补拍也会对拍摄提出更高的要求。另外，即使事先没有剧本，在拍摄后进行剪辑制作时，或多或少还是会有相应的剧本的。

按时间长度划分

关于短视频按时间长度划分的种类，我们在前面的章节中曾经谈到过，即短视频按时间长度大致可以划分为四类。

1. 3~10 分钟的短视频

3~10 分钟时长的短视频属于时间长度最长的一类短视频，通常需要进行充分的策划及充足的准备。例如，前面提到的剧本对于 3~10 分钟的短视频几乎是必需的，而且属于短视频中相对复杂的一类。

由于时间相对长一些，所以 3~10 分钟时长的短视频相应的拍摄准备及后期剪辑制作等的相关工作量都会相对较大。

有时，一些相对复杂的内容必须要较长时间的讲述才可以，这就会用到 3~10 分钟时长的短视频。不过，你仍然要注意，因为短视频的显著特点之一在于“短”，所以还是应该让你的视频尽可能缩短时间。

2. 30 秒 ~3 分钟的短视频

相对于 3~10 分钟时长的短视频而言，30 秒 ~3 分钟的短视频当然要短一些，那么其对应的整体工作量会相对小一些。

不过，正如前面提到的那样，越是短的视频，相应的叙事可能意味着更大的难度，你的视频内容可能过于简单。然而，过于简单的内容又未必能打动观众。随着带宽的不断提高，以及网民对深度内容的需求增加，这一时长的短视频将可能出现增长。

需要注意的是，不管哪种长度的短视频，其中的叙事策略都是相当重要的方面。后面会专门探讨不同时长短视频的叙事策略。

3. 10~30 秒的短视频

从目前主流的短视频平台看，多数短视频的时长在 10~30 秒的范围内。这种视频比前面的两种视频更短，更显得紧凑。

如果是生活记录、故事分享或幽默搞笑类的短视频，那通常这种长度的短视频会集中反映一个主题，并用为数不多的几个场景来展示相关面或说明问题。

如果是知识分享或教育培训类的视频，则这种长度的短视频会集中在一个相对较小的知识点，以较紧凑的方式把这个知识点讲清楚。

4. 10 秒以下的超短视频

10 秒以下的超短视频是最短的一类短视频，显得更加短小精悍。通常，这类超短视频以一个场景为主，说明一个小问题。或者，通过这类超短视频，你可以展示某件事情最重要的亮点，以快速博人眼球。

10 秒以下的超短视频的重点在于，你究竟想在短视频里传递什么？由于它们是那么短，所以要传递的东西必须清晰、明确。

按屏幕形式划分

这种划分较容易理解，通常只有两类。只是，随着时代的发展，竖屏短视频属于近几年新出现的视屏形式，并且数量在不断增多。

1. 横屏短视频

横屏短视频的横竖比例通常是 4∶3 或 16∶9，有时宽屏的画面长宽比也可以是 2.35∶1。这除了与清晰度有关，还与屏幕的长宽比和可支持的最大分辨率有关。

如果将画面长宽比为 4∶3 的视频在 16∶9 的屏幕上播放，在画面不变形的情况下，则横屏画面的左右两边会出现黑边，整个画面的利用率会变小。

如果将画面长宽比为 2.35∶1 的视频在 16∶9 的屏幕上播放，在画面不变形的情况下，则横屏画面的上下两个部分各出现一条黑带，整个画面的利用率也会变小。

2. 竖屏短视频

与横屏短视频正好相反，竖屏短视频的长宽比通常是 3∶4 或 6∶19。由于时代的发展，竖屏形式的短视频比例开始增多，而且竖屏通常也是人们浏览手机的习惯，这样就不用因为需要看横屏视频而频繁地转动屏幕。

当然，需要思考的是，竖屏与横屏的构图方式会有较大的差别。一般情况下，当要表现广阔的画面时，用横构图；当要表现高大的画面时，用竖构图。例如，横构图适合拍摄广袤的田野、草原以及辽阔的大海等景物；竖构图适合拍摄建筑、树木等（单独的而非成片的）。当画面中的线条主要是横向的时候，用横构图；当画面中的线条主要是竖向的时候，用竖构图。

不过，很多规律可能是用来打破的，而且每个人的感觉是不一样的。因而，是选择横构图的横屏拍摄，还是选择竖构图的竖屏拍摄，还要看拍摄者自己的感觉。

按清晰度划分

通常，当我们在一些短视频平台上播放短视频时，可能会看到不同清晰度的画面选择，其中的选项基本上也是清晰度的类别。

1. 流畅型视频

流畅型视频通常是指 360p 的清晰度画面，即画面的分辨率为 480×360，20 帧 / 秒，画面的长宽比为 4∶3。

2. 清晰（标清）型视频

清晰（标清）型视频通常是指 480p 的清晰度画面，即画面的分辨率为 640×480，20 帧 / 秒，画面的长宽比为 4∶3。

3. 高清型视频

高清型视频通常是指 720p 及 1080p 的高清晰度画面，其中 720p 画面的分辨率为 1280×720，30 帧 / 秒，画面的长宽比为 16∶9；1080p 画面的分辨率为 1920×1080，30 帧 / 秒，画面的长宽比为 16∶9，有时这种画面也被称为“全高清”画面。

4. 超高清视频

超高清视频通常是指 1080p 以上的超高清晰度画面，一般是指 4K 及 8K 的画面。4K 通常指画面的分辨率为 3840×2160。8K 通常指画面的分辨率为 7680×4320，这种分辨率一般被认为已经超过了人眼的分辨程度。目前，能够达到 4K、8K 画面分辨率的短视频还不多。

另外，说明一下，如果清晰度后面写的是 p，则表示有逐行扫描；如果写的是 i，则表示是隔行扫描。在相同行数（或列数）的前提下，后者的存储容量相对小一些，而前者的画面更稳定，更不易闪烁，效果更好。

短视频的叙事策略

短视频的“短”的特性，使得其叙事策略不同于比之更长的视频。前面提到的不同种类、不同复杂程度、不同时长的短视频的叙事策略也各有所不同。

短视频叙事的基本知识

短视频是一种新型的媒体形式。既然是媒体，就必然存在叙事的问题。在拍摄与制作短视频之前，你有必要了解一些关于叙事的基本知识。

1. 故事的常用情节

设计情节是指在故事的发展过程中，当面临无数种发展可能性时作者选择的发展方向。情节就是作者对事件的选择以及对其在时间上的设计。

罗伯特·麦基在《故事：材质、结构、风格和银幕剧作的原理》一书中以“故事三角”的形式将故事的情节分为大情节、小情节和反情节三种（见图 3–3）。

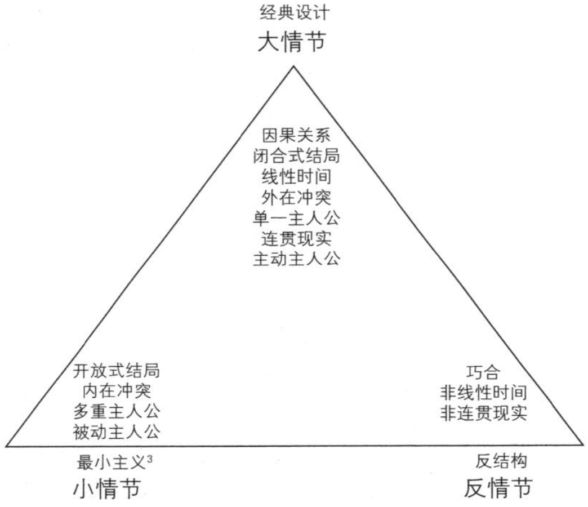

图 3–3 故事三角

资料来源：罗伯特·麦基《故事：材质、结构、风格和银幕剧作的原理》。

大情节为经典的设计形式，通常围绕一个主动主人公，有因果关联，有外在冲突（如与外界力量抗争），有闭合式结局。

小情节为最小主义形式，即对大情节的突出特性进行精炼、浓缩、删节或修剪，通常是被动主人公，反映内在冲突，而有开放式的结局。

反情节则是反结构形式，是荒诞派戏剧的翻版，并没有削减经典，而是反其道而行之，其否认传统形式，以利用甚至嘲弄形式原理的要义，它通常表现为巧合、非线性时间及非连贯现实。

麦基还将故事三角中的形式差异总结为以下七种形式。

- **闭合式结局 VS 开放式结局。**闭合式结局通常用于大情节，故事中的所有问题都得到了解答；开放式结局通常用于小情节，故事中的大多数问题得到了解答，还有一两个问题没有答案，留给观众想象或补充。

- **外在冲突 VS 内在冲突。**大情节主要表现“外在冲突”，故事的重点主要表现在主人公与人际关系、社会机构或自然界的力量的斗争上；小情节主要表现“内在冲突”，故事的重点集中在主人公与自己的思想情感有意或者无意的角斗里。
- **单一主人公 VS 多重主人公。**大情节通常是单一主人公（一个明星角色），小情节可能是多重主人公。
- **主动主人公 VS 被动主人公。**大情节的单一主人公多为主动的和动态的，通过不断升级的冲突和变化，意志坚定地追求欲望；小情节的主人公尽管不是静止的，但相对比较被动。
- **线性时间 VS 非线性时间。**线性时间是指在讲述故事的过程中，各个情节按时间顺序依次发生；非线性时间的故事情节间则有时间上的跳跃。后面的“叙事的基本种类”中将会对这个问题进行详谈。
- **因果 VS 巧合。**大情节常强调因果，一个原因如何导致一个结果，这个结果又如何成为另一个结果的原因。反情节常用巧合取代因果，强调宇宙万物的随意碰撞，打破因果，导向支离破碎、毫无意义和荒诞不经的结果。
- **连贯现实 VS 非连贯现实。**大情节常在连贯的现实中展开，指一个内部连续一致的世界，其本身必须能够自圆其说，通常遵循因果规律；反情节常在非连贯的现实中展开，其中的故事情节经常从一个“现实”跳向另一个“现实”，以营造出一种荒诞感，通常会打破规律。

当然，这些情节的表现方式只是一种习惯性的用法，在进行具体的短视频拍摄中的情节设计时可以作参考。不过，也未必都遵守这些规则，甚至可以有意打破它们，做一些新尝试。

2. 叙事的基本方法

叙事方法也称叙述方法，即记叙和述说。它是一种记人叙事并陈述其来龙去脉的表述方法，它一般包括时间、地点、人物、事件、原因、结果六要素。叙事方法通常分为以下几类。

- **顺叙。**顺叙是按照事件发生、发展的时间先后顺序来进行叙述的方法。
- **倒叙。**倒叙是把事件的结局或某一突出的片段提到前面来写，然后再从事件的开头进行叙述的方法。

- **插叙。**插叙是在叙述主要事件的过程中，根据表达的需要，暂时中断主线而插入的另一些与中心事件有关的内容的叙述。
- **平叙。**平叙即平行叙述，即叙述同一时间内不同地点所发生的两件或两件以上的事。
- **补叙。**补叙是在叙述过程中对前文涉及的某些事物和情况做必要的补充或交代。

若按说话者与听者说话内容的来源划分，还可以有直接叙述和间接叙述两类。

- **直接叙述。**直接叙述是说话者与听者之间的面对面的对话。说话者应当站在自己的角度，用第一人称跟听者表述自己的意思。
- **间接叙述。**间接叙述是说话者转述别人的话给听者听。说话者应当站在第三者的角度，将转述的内容以第三人称的口气说给听者听。

典型种类短视频的叙事

谈到具体某类短视频的叙事，会因为类别不同及同一类别视频的功能不同而有所不同。由于篇幅所限，这里就部分典型种类短视频的叙事加以讨论，其他类型可以举一反三。

1. 知识科普类短视频的叙事

对于知识科普类短视频的叙事，在相对复杂的情况下通常包括以下三个序列（序列属于故事设计的术语，指的是一系列场景）：

- 提出所要科普的问题，并讨论这一问题的意义；
- 对所提出的问题进行分析，可能需要罗列证据、摆出事实或提供调查的结果，也可能需要进行一定的逻辑推理或深入分析；
- 得出问题的结论，并提出建议，或呼应前面提到的理解这一问题的意义；

2. 剧情类短视频的叙事

对于剧情类短视频的叙事，在相对复杂的情况下通常包括前面提到的四个序列：

- 起（开端）。主角出场，并呈现基本的故事背景；
- 承（承接）。故事通过若干个场景逐一展开，为冲突做铺垫；
- 转（冲突）。主角被迫面对或主动承担冲突或矛盾；
- 合（结局）。主角解决问题的办法，并呈现最后的结果。

剧情类短视频与知识科普类短视频有着明显的不同。知识科普类短视频的基本结构类似，只是第二个序列中分析问题的方式有所不同。而剧情类短视频的叙事则有许多变化，可谓五花八门，可以各显神通。

3. 带货类短视频的叙事

对于带货类短视频的叙事，在相对复杂的情况下通常包括以下四个序列：

- 网民在某个场景会遇到某类问题，因解决不了而产生一定痛苦；
- 我有某个产品可以解决此类问题，介绍这个产品的优势和与众不同之处，以及如何更好地解决前面提到的问题；
- 问题解决以后所带来的喜悦或爽快的感觉；
- 如何购买，现在购买有什么优惠。

4. 品牌营销类短视频的叙事

对于品牌营销类短视频的叙事，在相对复杂的情况下通常包括以下四个序列：

- 当今世界存在哪类问题，这类问题一直没有解决好；
- 突然某个品牌横空出世，似乎是为了解决这个问题而诞生；
- 这个品牌的使命、愿景、价值观；
- 这个品牌正在改变世界，或因成功解决某类问题而让世界变得更美好。

有时，品牌营销类短视频中可能包括用创始人的壮举彰显品牌的价值观、使命，此时可以参照下面“励志人生类”短视频的叙事方式。

5. 励志人生类短视频的叙事

对于励志人生类短视频，在相对复杂的情况下通常有四种叙事模式。

- **征服难题。**比如，马云声称解决了体制内的难题——就业、信用等；周鸿祎声称解决了上网的安全问题；等等。
- **白手起家。**比如，任正非背负巨大债务却被辞退，在深圳一步步崛起；董明珠原本只是格力电器的一名销售员，后来因销售业绩相当突出，逐步成为格力掌门人。
- **矢志不移。**比如，百度追求“持续创新，用科技让复杂世界更简单”；阿里追求“让天下没有难做的生意”，并将其作为公司的使命。

- **绝地重生。**比如，乔布斯被苹果解雇，回来后却让苹果比以前更强大；褚时健70岁出狱后再次创业成功打响“褚橙”这个品牌；等等。

当然，具体的短视频拍摄因需求不一样，其叙事方式可能与上面所讲的采用方式有所区别，这是很正常的情况。更何况，许多规律不是一成不变的，需要经常有新的尝试与突破。

由于短视频的“短”的特征，所以上述叙事都提示是在“相对复杂”情况下的叙事模式。不过，多数情况下可能会对其进行浓缩精简，或者将其中的“序列”处降一个层次，变成“场景”。

如果确实要讲述一个较为复杂的故事，那么可以将整个故事切分为若干个短视频系列。此时，除了参照上述叙事结构外，还要注意各集短视频之间的衔接及悬念制造。

不同长度短视频的叙事

按照本书对短视频时长的划分方法，以下分别针对四种时长的短视频的叙事进行讨论。

1. 3~10 分钟短视频的叙事

虽然3~10分钟的短视频是短视频中时长最长的一类，但相比10分钟以上的视频仍然属于短的视频，其叙事亦不同于10分钟以上视频的叙事。通常，3~10分钟的短视频在“起承转合”各个环节不得不相应地精简压缩，整个视频的叙事节奏需要相对较快。

3~10分钟的短视频可以以顺叙、直接叙述为主，也可以根据实际情况适当地运用间接叙述、倒叙、插叙和平叙等方式。无论如何，时间最长的短视频中可以采用的叙事方式要比其他长度的短视频灵活得多。

3~10分钟的短视频通常会有1~3幕，每个幕可能会有1~2个序列，每个序列可能会有2~3个场景 / 事件，每个场景可能有3~5个动作节拍。

2. 30 秒 ~3 分钟短视频的叙事

对于30秒~3分钟的短视频，由于时间更短，所以“起承转合”四个环节可能未必都存在，主要采取顺叙、直接叙述的方式，而倒叙、插叙与平叙等则较少使用。对于部分复杂的情节，则可能使用间接叙述的方式来简述背景。例如，许多“梨视频”中的新闻短视频即采取了这种方式。

30 秒 ~3 分钟的短视频通常会有 1~2 幕，每幕可能会有 1~2 个序列，每个序列可能会有 2~3 个场景 / 事件，每个场景可能有 3~5 个动作节拍。

有时还可采用一镜到底的叙事方式，将若干个场景直接衔接起来，如 YouTube 上曾风靡全球的公益 MTV《一天：爱会传递》（*One Day*）即采取了一镜到底的短视频叙事方式。当然，对于一镜到底的叙事方式，需要在剧本制作及拍摄过程中认真研究相应场景的平滑“无间断”的衔接。

3. 10~30 秒短视频的叙事

对于 10~30 秒的短视频，由于时间比前二者更短，所以通常以顺叙、直接叙述的方式为主，所叙述的内容的复杂度也相对较低，情节较为简化。正如前面提到的那样，你需要仔细琢磨的是：在较短的时间里如何将想要表达的信息表达到位。

虽然此类短视频采用顺叙及直接叙述的方式较多，但也不能过于死板，对其生搬硬套。有时，出于叙事整体的需要，也可以根据实际情况部分采取间接叙述的方式。

10~30 秒的短视频可能会有 2~5 个场景 / 事件（每个场景可能有 3~5 个动作节拍），然后组成 1~2 个序列，基本上构成不了幕的概念。

4. 10 秒以下短视频的叙事

对于 10 秒以下的超短视频，由于时间非常短，所以其叙事通常采取开门见山、直奔主题的方式，且基本的叙事过程趋向于快节奏的顺叙与直叙。短小精悍是这类超短视频的鲜明特点，但如何在最短的视频里突出重点、吸引眼球，却是不小的挑战。

对于 10 秒以下的超短视频，多数使用的是直接叙述的方式。因为时间相当短，所以直接叙述的方式显得更具有现场感与冲击力。

由于时长的限制，10 秒以下的超短视频可能只有 1~2 个场景，其中分别有若干个动作节拍，最多只有一个序列（若有 2 个场景），当然通常也没有幕的概念。

短视频的内容创意思维

短视频的内容创意需要新思维，其背后主要是新媒体的内容层面的思维。这些思维被本书的作者之一陈永东收集于其专著《赢在新媒体思维：内容、产品、市场及管理的革命》中，这里撷取其中一部分对短视频的内容创意非常有用的新思维。

“创意为众王之王”思维

世界“创意产业之父”约翰·霍金斯（John Hawkins）曾指出，创意并不总是被艺术家所垄断，任何人——科学家、商人甚至是经济学家都可以有创意。既然这一节谈短视频的内容创意思维，那么“创意”就值得详细讨论一下。

过去谈到“创意”，人们更多地说的是内容层面的创意。短视频的问题表面上也是内容层面的问题，但是在讨论内容层面的创意时，绝对不能忽视技术层面与营销层面的创意，应综合考虑，形成三驾马车（见图 3–4）。

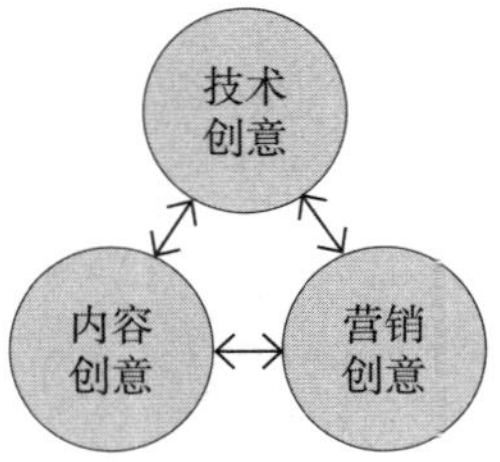

图 3–4　三个层面的创意

本书作者之一的陈永东在 2012 年前后提出了“创意为众王之王”的观点。他认为，技术、内容与营销三个层面都有创意，且相互影响、相互融合、相互支撑，即“技术创意创造基础，内容创意创造生机，营销创意创造持续”。

- 技术创意：是指利用各种技术手段组合后创造出新东西。
- 内容创意：是指利用相应的技术将某种创意以作品的方式呈现出来。
- 营销创意：是指将某些商业的需求巧妙平滑地植入内容中的创意。

短视频创意从表面看是内容创意，但是需要与技术创意和营销创意相结合。一方面，短视频需要利用适当的技术创意来呈现内容，这些技术创意有些是拍摄、剪辑技术，有些是新出现的拍摄技术，有些是短视频平台提供的辅助技术（本章后续部分将讨论）；另一方面，对于品牌营销、电商销售或带货之类的短视频，还需要将相应的商业诉求巧妙地融入内容中，这就涉及营销创意。

这样，你就能理解“创意”的重要性——它渗透在短视频生产的全过程中，也能认同“创意为众王之王思维”的重要作用了。

悬念制造思维

悬念制造原本是小说、戏剧中常用的手法，在短视频内容创意中也经常会被加以使用。悬念可以让受众产生好奇心，激发他们的想象力，引起他们的议论与猜测，这自然就引起了更多人的关注，这对于扩大短视频的传播和其背后的品牌（如果有的话）的影响力颇为有利。

在新媒体上，同类短视频内容众多，要想获得用户的关注，就要充分利用受众的好奇心。从心理学的角度看，好奇心是个体遇到新奇事物或处在新的外界条件下所产生的注意、探究或提问的心理倾向。所谓的“悬念制造思维”，就是要让短视频的内容牵动用户的好奇心。

悬念制造让你的短视频的内容显得新奇、神秘，不仅更容易引起受众的注意，而且更容易引起受众的议论与猜测，前者即是曝光率，后者即是融入度（转发 / 分享、评论与点赞等的数量）。

悬念制造思维不仅对一般的短视频内容创意很有用，还对利用短视频进行营销的营销创意非常有效，我们将在后面的相应章节进行专门讨论。

病毒爆点思维

生物界的病毒往往会在不经意间大范围传播到人群中，有时甚至对人类造成极大的伤害。近些年来的 SARS 病毒及新型冠状病毒已经让人们对此有深刻的体会，其中最重要的过程是“病毒传染”。计算机病毒也有类似的情况产生。能否将这种方式引入短视频的内容创意中呢？答案当然是肯定的。

病毒爆点思维是为了让你的短视频内容在新媒体上出现“裂变式”“爆炸式”或“病毒式”的传播状况。这也是一个奇招，如果成功形成病毒效应，则与那些发完之后转发 / 分享、评论及点赞数寥寥无几的内容形成了鲜明的对比。

病毒爆点思维的核心是制造亮点，预埋爆点，生成病毒。如果你能深谙其道，并大胆地进行尝试，别出心裁地策划短视频内容的亮点、爆点，那么你的短视频很可能就会如同“病毒”一样在新媒体上形成意想不到的传播效果。

如果你有过几个病毒式传播短视频的策划、制作及传播的经验，那么就能真正体验到新媒体上病毒式传播的威力，并会比那些从未有这方面经验的人技高一筹。后面我们将会专门讨论“病毒短视频的营销”，正好与此相呼应。

热点借力思维

虽然一个组织或个人在某个时间段可能在新媒体上传播力量不强，此时其发布的短视频内容的传播量可能大多并不高，但这并不意味着其所发布内容的传播影响力一定微弱。比较常见的让你的内容传播由弱变强的策略思维是借力热点的力量，也称为借势。

新媒体时代，随着资讯传播形式的不断丰富，几乎天天都有热点出现。虽然热点属于别人，但可以为你所用。把热点所散发的力量借势用到你身上，这样你的短视频内容也会有更大的影响力，这在新媒体时代的品牌或产品知名度扩大方面效果非常好。

平时，对于所有的热点都要多加关注，注意热点的趋势，对热点要时刻保持敏感性。当热点出现时，要快速开动脑筋，找到可以利用的地方。然后，尽快着手进行文案策划与提炼，并快速地生成相应的内容，然后将相应的方案发布到不同的新媒体渠道上，让它随着热点的热度也变得热火起来，那样就能吸引来关注的目光。

例如，在2020年初的新型冠状病毒爆发的时候，人们对于这个新的病毒非常陌生，对其没有足够的防范常识，引发了许多焦虑。此时，B站Up主“Ele实验室”发布了“计算机仿真程序告诉你为什么现在还没到出门的时候”，用数据可视化的方式，非常直观地展现疫情传播与爆发的过程，充分契合了热点（见图3–5）。

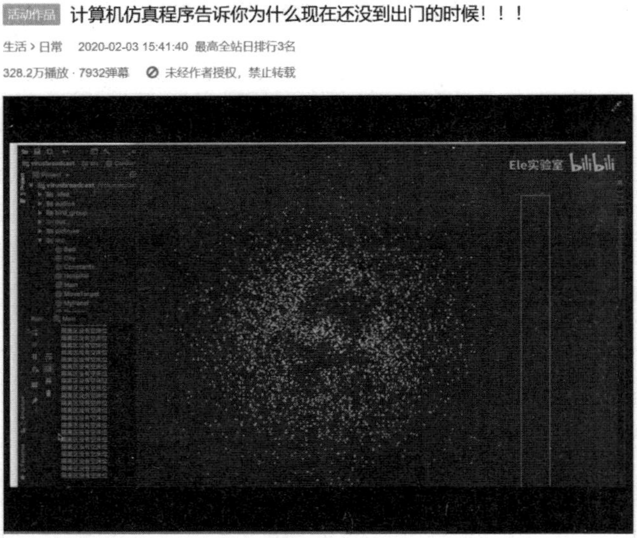

图3–5 B站Up主“Ele实验室”发布的新型冠状病毒仿真视频

大多数正面或中性的热点素材，原则上都可以与你的组织或个人联系起来。新媒体时代，要将快速地借力热点变成一种习惯。当然，这少不了平时足够多的实践与练习，少不了有一个反应快速、策划与执行能力强大的团队。

我们将在第7章继续讨论热点借力在短视频营销中的应用策略。

用户协作思维

在新媒体平台上发布短视频内容时，不一定都由平台方或某个组织来撰写，也可以由多人（如多个网民）共同协作进行撰写。这不仅可以扩大信息的来源范围，也可以减轻平台方的工作量。

用户协作思维是为了调动全体网民的积极性，挖掘集体的智慧，共同将某些信息进行补充与完善，而并非由一个平台或一个机构来包揽。实际上，包揽既浪费人力，还导致信息来源单一，从而导致信息的不完整或不全面。

在新媒体时代，用户协作的工具或平台越来越丰富。在合作创作类新媒体中，百科类及问答类的应用就明显体现了用户协作思维。例如，百科类应用给了所有网民参与撰写所有可能内容的机会，任何网民都可以随时修改之前他人撰写的内容（有时需要编辑审核同意才能修改）。

后面第 7 章中“UGC 模式的短视频营销策略”中还会探讨“用户协作思维”，因为 UGC 的原意是“用户产生的内容”（User Generated Content），所以它也是“用户协作思维”的一种应用模式。

在短视频内容创意中，既可以发动网民一起发布与你的主题或品牌相关的短视频，也可以鼓励网民给你的短视频提供素材或建议，甚至参与创作与拍摄，这些都是“用户协作思维”的体现。

痛点把握思维

虽然“痛点”通常是产品设计中需要关注的重点问题，但如果能在内容创意中也加以重视，那么对于短视频的策划与制作将会有较大的帮助。

痛点把握思维就是要找准用户痛点并彻底解决好它。其实，痛点就是用户最迫切的需求。当然，这种需求有时可以通过市场调查得到，有时可以深入研究内容或产品，预测或制造出某种痛点或迫切需求。前者主要针对已有的内容或产品的已有功能，后者主要针对新的内容、新功能或新产品。

把握痛点的关键在于击中要害，这就要求短视频内容生产者或产品销售者要花足够的时间进行充分且深入的研究，并从用户的角度深入思考问题。只有你比竞争对手更早地找准用户的痛点，并设法解决好它，你才能拥有更强的先发优势与竞争力。

以上讨论了六类短视频内容创意可用到的新思维，还有许多思维也值得借鉴，如短视频的“短”需要体现“小而美思维”及“大道至简思维”，短视频的内容创作与互动要体现“粉丝草根思维”，短视频的内容传播（第 6 章将讨论）还需要体现“全员参与思维”。

短视频的形式辅助策略

图 3-6 抖音的道具功能

短视频除了常规的内容创意外，多数短视频平台还提供了一些便捷的辅助功能，为短视频增添了不少花样，使得其形式显得更加丰富多彩。以抖音为例，其在 Up 主拍摄短视频时提供的相应的辅助功能不少，下面介绍其中几个主要辅助功能。

道具功能

道具功能是短视频平台经常会提供的辅助效果叠加功能。许多新的道具经常采用一些增强现实（AR）技术捕捉画面中的对象（如人脸等），然后将相应的道具叠加（或嵌套）在短视频画面中的对象（如人物等）上，并会跟踪对象（如人脸等）的移动，使得整个短视频呈现出一些新鲜有趣的风格（见图 3-6）。

道具相当于特效。由于相关的道具较多，通常会对道具进行分类。在拍摄一段短视频的过程中，可以先选择一种道具，拍几秒钟，然后再换一种道具，再拍几秒钟，那么一段短视频中就可包括两种或两种以上的多种道具。

《2019 年年度抖音数据报告》显示，有 2418 万个视频使用了宝宝特效，相关视频被点赞数超 2.1 亿次；有 326.5 万个视频使用了变老特效，相关视频被点赞数超 10.2 亿次。可见，道具（或特效）的广泛使用，使得短视频变得更受关注或更受欢迎。

贴纸功能

在拍摄完视频准备发布之前，或直接上传手机上已有短视频在准备发布之前，一般的短视频平台可以允许添加贴纸功能。贴纸功能相当于在短视频上叠加（或粘贴）一些有趣的文字或图形，为短视频增添一些趣味性。

同样，由于相关的贴纸比较多，通常会对贴纸进行一些分类。可以在对一段短视频进行编辑时，先选择一种贴纸，然后可以再叠加几种其他贴纸，那么一段短视频中就可以包括两种或两种以上的贴纸。

短视频上的“创意贴纸”之类的功能也为视频内容增色不少。《2018 年年度抖音数据报告》显示，“创意贴纸”是年轻人表达个性的新方式，前十名中有三个贴纸与动物相关。前三名创意贴纸依次为分三屏、白色小猫咪和控雨。

滤镜功能

短视频平台上的滤镜与 Photoshop 或一般手机相机功能中的滤镜的概念是类似的，只是比 Photoshop 中的滤镜使用起来要简化一些，毕竟是手机拍摄短视频，太复杂的滤镜操作会显得繁杂，只要能进行一些简便的操作，并能够立即看到相应的效果（也称“所见即所得”）即可（见图 3–7）。

图 3–7　抖音的滤镜功能

滤镜也会有些分类，其关键是你在拍摄短视频时希望呈现什么样的风格（包括色调、明暗、氛围等），这使得后期关于色彩、明暗及其他相关调整的剪辑工作可以提前。当然，这一切还需要你不断实验，找到感觉最重要。对于更具个性或特色的风格设置，则将在后面的章节中详细加以讨论。

好在你所选择的滤镜究竟效果如何，你是可以随时看到的。这样，你就可以多花些时间进行不同滤镜的实验。选择某种滤镜，有时是想让风格与内容或设想的气氛相匹配，有时是习惯性地选择某种滤镜，有时也可能是想让自己的短视频呈现统一的风格。

背景音乐功能

背景音乐对于短视频的内容创意功劳不小，它为短视频增添了许多生气。好的背景音乐对于烘托短视频画面的效果将起到不可替代的作用。以抖音为例，当在拍摄短视频时点击上方的“选择音乐”，则会出现背景音乐选择的画面（见图 3–8）。

有许多背景音乐可以供你选择，而且由于一些音乐经常被网民选择，而成了热门歌曲，甚至烧脑歌曲。同时，一些需要进行推广的新歌，也可以借机让网民用于背景

图 3-8 抖音的背景音乐选择

音乐。确实，不同风格的背景音乐，会使得同一个短视频画面呈现出不同的感觉。

在 2018 年抖音中最受欢迎的背景音乐中，《小星星》《我怎么这么好看》《灞波儿奔奔波儿灞》及《学猫叫》等依次位列前几名。在 2019 年抖音中最受欢迎的背景音乐中，《你笑起来真好看》《你的答案》《芒种》及《我愿意平凡地陪在你身边》等名列前茅。

对于更具表现力的背景音乐设置，及背景音乐如何与短视频画面合拍等问题，将在后续章节中介绍。

影集制作功能

影集制作是为制作以静态照片衔接为主的短视频而提供的辅助功能，它针对的是已经拍摄好若干张相关照片，然后想以这些照片为素材制作视频的情况。根据用户所选择的不同影集种类，选择一张或若干张照片，然后用户就能看到相应的影集短视频的效果。

影集本质上也是一种特效，可以降低了以图片为主的短视频的制作难度。《2019 年年度抖音数据报告》显示，有 3071 万人使用了“岁月的痕迹”特效影集，记录匆匆流逝的时光。

当然，更简单的影集类短视频制作方法也可以是：在短视频 App 上进行视频发布前，选择上传照片，然后添加音乐及其相关附加效果，即可以快速生成一段影集。目前，抖音、快手及 B 站等短视频 App 均支持这一短视频制作方法。一些短视频平台已经提供了制作影集时画面与音乐自动配合的功能。

还有一些其他辅助功能（如美颜或美化），你可以自行实验。另外，不同的短视频平台还提供其他的辅助功能，或者随着时间的推移会有新的辅助功能推出，这些都为制作短视频提供了便利，降低了成本。

另外，还有一些其他辅助功能，将在后面有关短视频上传等章节加以讨论。

第 4 章

拍摄：小小短视频也可以拍出大片既视感

虽然从表面上看，短视频的拍摄与传统电影长片或纪录片的拍摄有着相类似的手法和方式，但从长期实践经验的角度看，短视频的拍摄过程与它们其实是有着较大的差别的。在本章中，我们将针对短视频拍摄前的准备、拍摄的过程等进行详细的描述与分析，并与传统电影或纪录片的拍摄形式进行区分。

短视频的拍摄计划

在进行短视频拍摄前，需要做好充分的准备，这是为了避免拍摄过程中因事先没有制订计划或计划不清晰、不合理而导致手忙脚乱。

短视频拍摄计划制订前的线索梳理

在制订拍摄计划之前，我们应当在思考前述章节中谈到的内容的基础上，确定所制作短视频未来的发布平台及观众对象，即视频的受众群体。不同的短视频发布平台和观众对象将在很大程度上影响短视频的拍摄计划的制订。

如果你制作的短视频只是为了自己观看，或是发布在微信朋友圈之类的小圈子，那么视频的质量就不一定要追求极致，相应的制作难度也可能会降低。

然而，如果你想要将制作的视频与更多不同领域的人分享，或者想要传播得更加广泛，那你就应当开始考虑及重视视频的品质问题，其中主要包括拍摄内容的可理解性及画面质量等方面。

对于短视频内容的可理解性，在之前已经进行了解析，即在面向普通观众的普及类视频中不加入过多的专业名词，在面向专业观众的专业类视频中不加入表层废话。

对于短视频画面质量，在这里我们先要明确：不是分辨率越高，画面质量就会越好；同样，也不是色彩越艳丽，画面质量就越高。即使拍摄的是1080p、4k或更高分辨率的视频，当上传到大部分平台的时候也会有巨大的压缩。同时，分辨率设置过高对于最终短视频成品的影响可能是在制作时更加繁杂和卡顿。

此外，还需要从影像的角度理解分辨率对画面质量的影响。单纯地增多像素点不是影响画面质量的唯一因素，它仅仅是在画面放大时依旧可以看到清晰的画面而已，并不能使画面在被观看时有飞跃式的提升。这也是很多手机宣传可以拍摄4K视频，但依然不能成为主要生产工具的原因。

真正影响和能够提高画面质量的是构图、色彩及景深等的运用。关于具体的画质方面的影响还会在后文具体讲述。这里只是提醒，制订拍摄计划时首先要做的就是思考我们的空间需要什么样的画面质量。

在进行了短视频相关的发布平台、观众对象以及画面质量等的梳理与思考之后，我们就可以开始制订一些具体的计划，包括故事线、分镜头剧本，以及设备、人员、时间及地点等拍摄环节中的详细问题。

开始制订拍摄计划

回忆一下，在前述章节中，我们将短视频的策划大类分为有策划性的剧本类短视频和无策划性的纪实类短视频。

对于无策划性的纪实类短视频，这一类短视频在制订拍摄计划时会相对简单。此类短视频拍摄的内容大多是纪实性的，有非常大的随机性，所以在制订拍摄计划时没有办法撰写完整的剧本。因此，前期只能制定大致的结构思路，例如对短视频的长度、配乐和节奏进行一定的规划，而后在拍摄过程和剪辑过程中再形成新的逻辑。但是，这类短视频仍应当考虑人员、器材以及天气等影响拍摄的要素。

对于有策划性的剧本类短视频，则需要认真考虑剧本并为拍摄做好准备，以保证拍摄的顺利进行。其中，会涉及故事线、分镜头剧本及拍摄时间表等短视频剧本的基本问题。多数短视频是有策划性的剧本类短视频，即拍摄前需要较为详细的剧本及相应的拍摄计划。下面，将针对有策划性的剧本类短视频的拍摄计划的制定进行具体讨论。

故事线的诞生

1. 确定短视频的核心情绪

对于一个剧本类的短视频，在制定故事线这一步时，首先应当从视频的核心情绪开始思考。那么，何为核心情绪？核心情绪即指观众在看完这个短视频之后会产生什么样的情绪，它代表着作者的态度。

一个好的短视频应该能够合理地主动引导观众的情绪，在短短数秒或数分钟的时间里，让观众或感动到泪流满面，或喜悦到捧腹大笑。因而，在短视频拍摄前，必须认真思考这一条视频要给观众带来的核心情绪。

2. 确定基本的故事线

确定了短视频的核心情绪后，则可以构建一根以主题为主要引导、简单的“人物 + 事件”的故事线，设计 1~2 个主要人物。

在下笔写故事之前，你必须要想明白，你要讲一个怎样的故事？是朋友之间的友情，还是男女之间的爱情，抑或是生活之间的矛盾化解到最后家庭和睦的情景，或者是一个众志成城抗击疫情最终获得胜利的故事等。

3. 进行故事的转折 / 冲突设计

转折或冲突设计是视频叙事的重要组成部分，只有让观众在看短视频的过程中猜不到结尾，他们才会继续看下去（见图 4–1）。

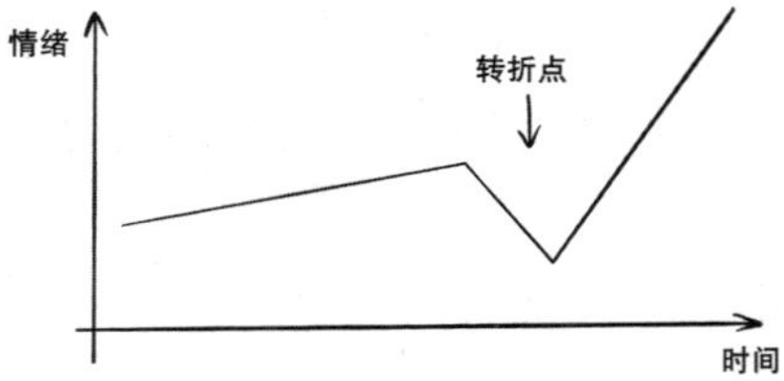

图 4–1　常见视频情绪变化和回落的转折时间线示意图

一般而言，常用的转折方式有两种。一种方式被称为“主角与对手”的冲突，即故事的主角和另一股力量之间产生的矛盾。例如，主角想要出门与朋友会面，而其周围的所有家人都反对，认为控制疫情的重要性远高于与朋友会面，这就产生了矛盾，故事就可以向下发展。

另一种方式被称为“不可分解的关系”，即当角色和角色之间存在冲突，而且有一个不能分开的结把他们联在了一起。同样是刚才的例子，这里的转折在于，主角因为家里没有食物想要出门购物，但是在疫情防控较严的环境下，小区进行了封锁，或者商店都关门了，这就是不可分解的环境因素，导致了冲突的产生。

还有许多其他创造转折和冲突的方式，比如可以是单纯事件上的改变。例如，主角想要出门与朋友会面，但是走到门口，自己意识到了疫情大肆蔓延阶段不适合出门，又返回家中，这样也可以成立。

转折和冲突的设计变化多端，它也是短视频制作过程中最重要的环节，因此在故事线诞生的中间阶段就应对转折进行认真的思考，这会为一条短视频最终的成功奠定了重要的剧本方面的基石。

4. 对短视频故事进行充实

有了简单的故事线和重要的转折设计之后，下一步就是对故事进行充实。对于短视频而言，通常不会拥有太多的故事副线，过于繁杂的人物关系也会使得短视频理解起来变得困难，这实际上和短视频简短和高效的可理解性是存在矛盾的。

对于 30 秒以内的短视频，在上一步设计转折的基础上简单进行深入和完善就可以完成故事线的设计。

对于更长的短视频，则可能需要相对复杂一些的人物规划。此时，通常会结合“起承转合”的基本思路，将整条故事线撰写下来并反复推敲。对于更长时间的短视频，则属于微电影剧本设计的范畴，在此就不赘述了。

在故事线设计上，由于短视频的内容及其特殊性，我们还需要思考是否需要引入旁白。如上节所说，现阶段短视频的形式变得日益多样化，包括很多也采用画外旁白加空镜的方式。

最后，在进行故事线设计时，还需要同步考虑整个短视频的表现形式和风格，为后续的分镜头剧本的撰写提供更多依据和直观的参考。

剧本类短视频的故事线，需要创意和思维，也需要一定的经验作为创作的基础，很多优秀的故事线也多取材于生活本身，也有一些是来自转瞬即逝的灵感，是快速记录故事的重要手段。完成了故事线的设计，接下来就可以进行分镜头剧本的准备了。

分镜头剧本的撰写

1. 分镜头剧本的作用

在开始撰写分镜头剧本之前，我们先从理论上来了解一下分镜头剧本在一般影视作品中的作用和形成过程。分镜头剧本是将文字转换成立体视听形象的中间媒介，一般由分镜头设计师来进行设计，其主要任务是根据上一阶段中的故事线或文学脚本设计相应画面，搭配音乐，设计镜头的长度和拍摄角度，控制片子的节奏和风格等。

换句话说，将编剧撰写的内容变成摄影师、摄像师可以看懂的语言，为拍摄中更容易和直接地进行沟通做准备。故事线为短视频奠定了基础，但它还不能直接用来进行拍摄，导演还要根据剧本内容和自己的总体构思，画成分镜头剧本或故事板。

2. 分镜头剧本的形式

图 4–2　分镜头剧本示例

分镜头剧本是在文学脚本的基础上运用蒙太奇思维和蒙太奇技巧进行脚本的二次补充和再创作，因此应该根据故事线，考虑拍摄现场实际情况，分隔场次或段落，并运用不同的镜头语言、音效、道具来进行书写（见图 4–2）。虽然分镜头脚本也是用文字书写的，但它已经接近视频，或者说它是可以在脑海里放映出来的视频，已经拥有某种程度上的可见性。

以上是对分镜头剧本在一般影视作品中的一些解释和说明，短视频的分镜头剧本创作则没有一个定性的说法。由于短视频不一定有那么复杂，并且摄像师、导演及剪辑人员有可能是同一个人，不需要有过于烦琐的交流过程，因而有些短视频的分镜头剧本非常简单甚至可能不需要书写下来。但是，了解分镜头剧本的创作流程依然至关重要，不论是正式撰写分镜头剧本，抑或是在头脑中构思，这个过程都将在很大程度上影响后续的拍摄。另外，掌握方法对于未来应对更复杂的多人合作的短视频制作会显得较为有条理。

3. 分镜头剧本的主要构成要求

对于短视频的分镜头剧本中的每一个分镜头，在撰写时通常包含一些重要的构成要素，应当尽量加以描述。

首先，从拍摄的镜头语言来说，运镜方式、镜头长度和景别的选择都需要描述清楚。具体的运镜想法和景别的区分会在后续章节中再详细介绍，此处我们先重点解释分镜头剧本中应该包含的因素。

其次，是成片要素的描述，包括这个镜头中需要的对话、音乐和音效。所有的影视作品都是视听语言的结合，因而在拍摄前应规划好最后成片时这个镜头要搭配的音乐和对话，这样拍摄出来的镜头节奏才更容易与后期相契合。

最后，是场景要素的描述，包括镜头编号和其他规划之类的数据。虽然，这些在进行短视频的分镜头剧本设计时不必特别追究，但也需要适当加以标记，来帮助自己做好下一步的规划。

排定拍摄时间表

在完成了分镜头剧本的撰写之后，我们已经拥有了整个短视频在最终成片中的镜头顺序和每个分镜头的拍摄想法。接着，我们就需要开始准备正式的拍摄进程计划。若想让拍摄步骤能够成功落地，单靠分镜头剧本是不够的，还应当制定拍摄时间表（如图 4–3）。

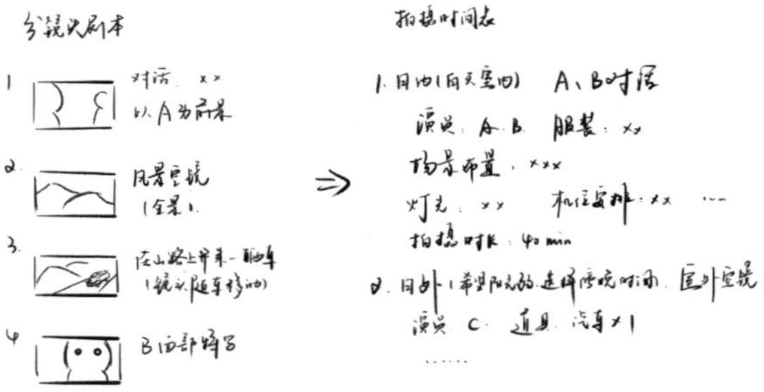

图 4–3　分镜头剧本和拍摄时间表的对比示意

为了简化短视频准备的操作步骤，我们可以将面向演员和片场工作人员的通告单一起合并在拍摄时间表中。也就是说，将拍摄时间表主要的功能定义为：将分镜头剧本中的每一个镜头，按照光线、布景、演员出镜顺序等因素，重新安排拍摄顺序。

分镜头剧本考虑更多的是最终剪辑时每一个镜头连续的画面，如何剪辑在一起可以让观众看得懂这些东西，它更注重视听语言的考虑。而拍摄时间表则更多是用来通知和将拍摄落地的表单，让演职人员知道在什么时候拍什么镜头，需要在什么样的天气情况下拍摄，需要准备什么道具，这也是拍摄前最繁杂但也最重要的任务。

短视频拍摄的场景布置

短视频的主要拍摄环节分为布置、拍摄及确认三大环节。不论是用手机进行无参数化的简单拍摄，还是使用比较专业的设备进行相对复杂的拍摄，都基本遵循这三大环节。

场景布置是短视频拍摄的基本环节之一，也是进行其他具体短视频拍摄环节前必须做好的工作，主要包括背景道具布置和灯光设置。

短视频场景布置的基本方法

短视频拍摄的场景布置是为了营造基本的拍摄环境，通过背景道具布置和灯光设置，来达到突出画面主体的作用。简而言之，就是让画面中必要的东西被看到，甚至被突出显现，不必要的物件不出现，这样产生的画面才能让观众快速感知重点。

在进行场景布置时，需要充分理解有哪些方式可以突出重要的元素，这实际涉及画面层次的构造。主要可以通过色彩的区分、光线的区分和大小的区分三种方法来达到画面层次区分的效果。

1. 利用色彩的区分构造层次

利用色彩区分构造层次的基本策略是，让画面中的背景主色和主要拍摄物的颜色形成对比色，或形成反差较大的颜色，那么主要拍摄物就可以在整个画面中一目了然。

例如，如果我们要拍一个穿着白色服装的人物说话的画面，那么，选择一面咖啡色书架，与只将一面白色墙壁作为背景相比较，前者在拍摄时人物会更加明显。

同样，当拍摄的人物背景有很多颜色层次的时候，要尽量选择让人物完整出现在颜色对比更加强烈的位置，如图 4–4 中，中间的小人儿最容易在画面中被辨识；左侧的人由于有一半在相近的颜色中就会让人产生轮廓的视觉误解，在观看时很容易被认

图 4-4　三种色彩区分强烈程度对比示意图

为是半个人出现在画面中，导致轮廓不清晰；右侧的人则会因为完全处在相近颜色背景中，使得这个画面主体难以被分辨。

2. 利用光线的区分构造层次

在利用光线构造层次时，与色彩的区分构造层次类似，即反差越大的光线会使主要拍摄的物体显得越突出。这与摄影作品中常常利用光线来区分和突出画面主要人物的方法接近。

光线除了可以对人物进行补光和轮廓的勾勒外，也可以对背景中的环境或者道具进行重新创造。其实，光线的作用本身就是重新打造空间。

例如，人物在室内穿着白衣服，周围也只有白墙壁，当遇到这种拍摄的人物服装颜色和背景颜色完全一致的情况时，该怎么办？此时，通常会使用光线的区分来修改环境的布置。我们可以先关闭室内的灯光，拉起窗帘，让整个空间变暗，那么背景就会从视觉上来说，从本身的白色变成了灰色或者是暗色调。这时候再对人物进行灯光的补充，就能够创造出反差的光线，利用光线使人物从背景中得到了分离。

3. 利用大小的区分构造层次

利用大小的区分构造层次的方法比较容易理解，即利用空间差近大远小的特征，可以将主体更加突出，把重要的东西靠前放，把不重要的东西放在较后面的位置。

这个方法使背景在空间维度上创造了层次。在主体靠前的同时，在后面间隙的空间中，插入一些其他需要的道具，就可以展现出一定的空间深度，增加画面的层次感。

当然，在短视频拍摄过程中，为了使主要人物或重点物体被凸显出来，也经常通过前后摆放物体，创造距离上的差别，再利用相机的成像原理，来打造浅景深的效果。这样实则是在前后大小区分的基础上，加入了虚化的效果来达到突出重点的目的。

短视频的场景布置，根据拍摄的需求，有不同的复杂程度。因为拍摄所使用的空间和布置后的拍摄环境没有一个绝对的关系，所以通常可以分为三种常见情况：（1）较复杂场景的布置；（2）工作室中固定场景的布置；（3）室内普通场景的使用。

较复杂场景的布置

较复杂场景的布置通常出现在需要一定剧情和特定场景的拍摄中，此时普通的环境无法呈现出这种背景，需要对整个环境进行较为复杂的布置。例如，在工作室里很难拍摄出一些居家的画面，在家中也很难拍摄出办公场所的画面，为了营造这些特定的环境背景，才需要较为复杂的场景布置。

布置这一类场景时，可能需要比较多的道具。如果借用类似场所进行拍摄，可以减少很大的工作量，这是优先选择的方案。但是，如果一定要利用别的场景进行布置，那么就需要仔细注意准备营造的环境所必需的道具。当然，这并不是说，为了拍一个在家里使用的杯子，就只需要在一张桌子上摆放一个杯子。

要牢记，我们所创造的不是一样东西，而是一个空间。例如布置一个卧室，只有一张床是远远不够的，没有桌子没有衣柜没有墙上的挂饰，就无法达到需要的居家环境的要求。

同时，还需要注意创造好的环境的光线，尽量使场景更真实生动。例如，在一个正常的房间内，光线都是从上方照射的，那我们在布置光线的时候，就要注意对整个画面的所有物品进行正确的光线方向的布置，而不能因某样东西看起来处在昏暗中就随意给它打一盏灯。

这一类场景的布置，目的是为了营造更好的临场感，以满足一些对于画面和剧情要求较高的情况。对于简单剧情类或其他相对简单的短视频的拍摄，则不推荐过于复杂的场景布置，因为过多的场景布置容易导致过犹不及，不仅会加重工作量，而且还会影响团队的出片效率。

工作室固定场景的布置

工作室内固定场景的布置，比较适用于一些个人和小型工作室类型团队的拍摄方式。这种方式大多数是长期处在一个固定的空间中进行拍摄，也就是不论拍摄什么短视频内容，变换的只是内容而不是环境。

通常，工作室内固定场景的布置多数是先布置一个基本完整的场景，然后长期使用这个环境，许多短视频 Up 主也经常采用这种形式，如“大家好我是何同学”的拍摄环境即是如此。他们利用一个工作室或者是家中的一个房间，然后在这个工作空间里布置一个相对固定的拍摄环境。

此类相对固定的场景也有利于加深用户的印象，这实际上是一种通过重复加深印象的策略。一些固定的场景不断地在一期期短视频中重复出现，可以促使观众能将这些场景与这个 Up 主联系起来。观众看到某个环境的布景，就知道这就是谁的视频，这种场景也可以称为某个 Up 主的标志性场景。

既然此类场景可能会成为 Up 主的标志性场景，就应该加以重视，以使这个场景布置得不仅适合于该 Up 主，且显示出自己的特色。此类空间的布置主要涉及道具、设备及光线等方面，并与不同短视频的拍摄类型有较大的关系。

此类场景布置通常不宜过于简单，要进行综合考虑。以美食类短视频拍摄为例，Up 主的短视频主要内容可能是每天坐在一张桌子前分享各种品尝的食物。但是，如果此类场景的布置只是一张桌子及一面墙，虽然可以拍也可以看，但画面会显得过于单薄，需要通过其他方面的综合考量来提升。

首先，需要营造一个适合的环境。如果想要展现明亮一些的环境，则应尽量选择素雅一些的背景及饱和度较低的墙壁颜色，这样不会抢去画面的重心；如果想要展现一些科技感，可以采用深色的背景，但是一定要注意画面中光线的比例，如果一片黑的墙壁中只有人是唯一的亮光点，那么肯定也不太合适。

然后，需要选择一些适合的道具。在选择道具时，应尽量选择一些和视频主题相关的物品，例如美食 Up 主可以放一些自己收藏的餐具，摄影 Up 主可以放一些自己的镜头或者器材，这样就会有一个方向性的引导。即使观众还没有开始看视频的内容，也知道这个频道或者这个账号是什么类型的。

有时，也可以放一些看起来设计感、艺术感强，能够增强画面效果的东西，例如一些玻璃制品、插花等。这些道具不一定会在视频中使用，但是它们一直存在于这个固定场景中，可以在拍摄时时常提及或利用，这样也起到了前面说的重复作用。具体放置的位置可以选择放在人物的侧面或背后，以增加画面中场景的层次感和丰富程度。

最后，设计环境灯光的渲染。画面的层次感单纯靠几个东西摆件是不行的，因为在拍摄的时候产生不了情绪和氛围，最好为环境添置一些灯光。有两种方法可以营造不同的氛围。

第一种是营造绚丽色彩的方式，展现科技和未来感，这种方式可以通过在纯色背景中使用一些跳跃性的颜色展现对比或者渐变的效果。

第二种方法则是利用一些隐藏的光线照射道具物件，使画面中的氛围变得温馨。这种方式大多数使用暖色灯光，照射一些本身具有气氛的道具，使道具散发更多的颜色。道具通过这样的光线打造，不仅自身拥有颜色，同时还能够照亮周围的环境。这样的方式可以营造更佳的气氛，使观众更加能融入视频中。

室内普通场景的使用

室内普通场景更多应用于类似于简易短片的场景。这一类的短视频对于画面没有非常细腻或者苛刻的要求，只需要在一个场景中拍摄该场景发生的事情。大部分的抖音、快手上的短视频都是这样拍摄的。

室内普通场景选择的基本策略是，拍摄需要什么样的场景，就去找这样的场景拍摄。或者，只需要在当前拍摄场景下修改一下联想到的东西，然后拍摄下来，就完成一次创作。总体而言，此类场景的布置以简单、实用及高效为原则。

相比前面两种场景布置，普通场景的要求和布置的难度大大降低。在这种情况下，也许短视频制作团队需要更加重视内容本身。当然，如果内容及场景布置都比较到位，都比较重视，那么相应的短视频的总体质量也会更高。

另外，可能还存在室外场景布置等情况，此时除了充分利用室外已有的建筑、物体或物品，及相应的天气场景（如晴、雨、雪、雷、雾等）和室外光线外，其他的补充布置则类似于上述室内场景的布置。

需要提醒的是，拍摄阶段的场景布置应以剧本中的描述为依据，不论是哪一种布置方式都应以剧本中已经构思好的场景为基础。场景的布置主要由道具和灯光组成，利用好和视频内容相关的道具，同时利用灯光给环境进行必要的层次创建，不断调整才可以打造出我们所需要的短视频拍摄场景。

短视频拍摄的服装与化妆

服装与化妆是任何具有表演性质活动中造型的两个基本方面。对于要求相对较高的短视频，在拍摄之前，相关角色的服装设计与化妆设计是其中较为重要的两个方面，它们会影响到角色的表现力。其中，剧情类、时装类及美妆类短视频的服装与化妆要求相对更高，其他类的短视频要求则相对较低。

一般类别短视频的服装与化妆基础

多数短视频在拍摄中都会涉及服装与化妆问题，相关人员需要掌握一些基本的原则、方法与技巧。如果需要拍摄剧情类（或带有剧情的其他类别）、时装类及美妆类短视频，则需要在此基础上增添了其他的要求。一般类别的短视频拍摄中的服装与化妆设计，接近于节目主持人及网络直播中主播的服装与化妆设计。

我们先来讨论一般类别短视频拍摄中的服装策略。虽然一般类别的短视频中所需要的服装不尽相同，但是多数情况下仍有类似的地方，其中需要考虑到以下几方面基本问题。

第一，服装选择与不同类型的短视频内容相匹配。不同类型短视频中主要角色的服装选择与搭配需要考虑短视频内容的性质，其中有一些规律可循。例如，搞笑娱乐类及流行歌舞类短视频角色的服装会更活泼，时尚类短视频角色的服装会更前卫，母婴类或儿童类短视频角色的服装会更亲和，知识普惠或商业策略类短视频角色的服装会更知性。

第二，根据剧本的设计选择合适的服装风格。前面谈到过，吃透剧本、理解角色对于服装及其他相关的设计很重要，服装的总体风格应该围绕剧本想要呈现的韵味。例如，李子柒的美食及其他中国传统文化相关的短视频想呈现一种传统的“中国风”，那么其中的服装选择则会相对复古，并向一些典型的古装剧中的女侠及朴实的农村女性的服装形式进行了借鉴与学习。

第三，相对固定的服装选择有利于强化人物标签。一个短视频 Up 主的形象标签可能源于多个方面，但是其相对固定的服装选择，可能使人不断加深印象，例如安迪·沃霍尔、乔布斯等个人形象标签都由标志性的服装及形象搭配而成。一个有足够影响力的 Up 主也需要不断强化个人形象标签，服装及相关饰物是强化个人形象标签的重要方法之一。

第四，根据脸型选择服装有利于美化形象。脸型不同，所选择的服装也有所不同。短视频中女性角色要特别注意这个问题，例如：圆脸型最好选择 V 字领、U 字领衣服，这类服饰对脸部起到拉长的效果，使圆脸从视觉上来说变得修长一些，缩短脸的横向比例；长形脸最好选择开口高一些的圆形或船形领衣服，以增加脸部的横向距离，显得圆润丰满一些；倒三角脸型应尽量选择开口浅的方一些、宽一些或船形领型的衣服，使较尖的脸型下部显得圆润柔和；菱形脸应该选择一字的或线条较平滑较舒展的领型的衣服，可以柔化脸部线条偏硬的感觉；三角形脸最好选择 U 形领款衣服，这样就比较容易使脸型的线条显得柔和圆滑一些；而方形脸则适合选择开口稍低一些的桃心领衣服，这可以改变脸型过于方正、偏短的感觉。

第五，注意相关角色服装颜色的选择。不同的色彩会带给人不同的心理感受，男生衣服颜色不求鲜艳，女生衣服颜色要求比较亮丽，但是不要过于花哨。

接着我们来讨论一般类别短视频拍摄中的化妆策略。一般情况下，短视频中角色的化妆可以借鉴节目主持人及网络直播中主播的服装与化妆设计，学过化妆的人通常可以应付，除非有特别专门的化妆造型要求。当然，多数情况下化妆还是以自然、清新、健康及阳光为更佳。

在针对类短视频进行服装和化妆设计时，需要注意以下事项。

第一，注意服装选择与背景环境的关系。在自然环境下，短视频中的角色要注意其服装色彩与环境色的搭配，比如在阳光强烈照射下，不穿浅色服装，因为强光会使服装的色彩消失不见，因此适合穿颜色稍深、较鲜艳的服装。

第二，注意服装选择与灯光布景的关系。在室内要考虑布景的颜色、灯光与服装的关系，三者明暗反差不宜过大，否则在交界处会产生漫反射现象，使轮廓不清晰。不能采用强反光特别是发亮的面料，会产生耀光，损失色彩的层次感；而过于吸收光线的面料则会使所有接近暗色调的层次感丧失，因此应该避免使用与背景反差过大的色彩，避免使用反光性特别强的面料，应采用色彩柔和纯度较低、反差较小的面料的服装。

第三，注意服装与化妆造型设计的相互配合。不论是什么类型的短视频，服装、化妆及其他设计都是相互配合的，其中也有以下的一些规律。

- 色彩鲜艳明快、装饰性较强的服装：相配的妆色也应浓艳，层次感强，脸部还可以加上亮粉，形成光彩照人的效果。
- 色彩亮度高而纯度低的服装：即色浅并偏灰，包括米色、白色、栗色等，这些服装颜色显得淡雅而高贵，相配的妆色要柔和、自然，不宜化浓妆，应以浅色为主。
- 深暗色彩的服装：对于这类色调偏暖的服装，可以配以浅棕色调的妆色；偏冷的服装色彩可选择灰棕为主的妆色。
- 黑、白、灰色的服装：妆色应用中性色。
- 对于男性角色而言，不宜化浓妆，妆色多以健康色如琥珀色为主，接近自然本色为好，可以适应各种服装色彩。

第四，注意服装和化妆要服从短视频拍摄的大局。虽然服装与化妆是短视频拍摄中的重要环节，但是仍然要服从短视频拍摄的总体要求，听从导演的调度，并与其他各环节做好沟通协调，在相互配合的原则下，保证整个拍摄活动的顺利进行。

第五，重视服装和化妆人员在短视频拍摄现场中的作用。由于拍摄现场可能会发生各种可能的问题，通常需要服装及化妆人员一定要在拍摄现场，便于随时处理可能发生的问题，如某些角色服装的局部调整，或临时进行补妆等等。

剧情类短视频拍摄中的服装与化妆

相对于其他类型的短视频，剧情类短视频拍摄中的服装与化妆设计较为复杂，类似于电影、电视剧及话剧等。虽然相对于影视话剧的服装与化妆，剧情类的短视频的要求可能低一点儿，但它们的基本要求是接近的。

在进行剧情类短视频服装与化妆设计时要注意以下几点。

第一，注意认真研究短视频的相关角色。如果想让服装及化妆设计符合短视频相关角色的特点，那么就必须研究短视频对应的剧本，充分理解相关角色的背景、经历、情感、相关情节及其感受，这样才能更准确地把握角色，进而用最合适的服装及化妆来加以表现。

第二，服装、化妆设计环节与其他设计环节相互配合。短视频的服装、化妆设计是拍摄中的两个环节，并不是独立于其他环节，必须与演员的表演、场景 / 环境、灯光、声音等设计环节相互配合，相辅相成，将各环节有机地融合起来，进而使整个短视频达到最佳的效果。

第三，广义的服装、化妆设计还包括饰物设计。广义的服装设计不仅指衣服、裤子及裙子等，还包括靴子、袜子、背包及其他相关饰物，甚至在必要时包括内衣、内裤的设计。服装设计与化妆设计通常也会紧密配合，并与相关饰物配合，如眼镜、手表、项链珠宝及其他用品。

第四，注意服装设计可能影响拍摄的地方。如果不是必须的话，角色的服装尽量不选用那些窄条纹、小细格或小碎花的服装，因为在拍摄时它们可能会产生“摩尔纹”，这是一种视觉现象，是在有一定间隔的物体上发生的干涉的彩虹色条纹。如果必须使用此类服装，那么可以试着改变相机的角度，或改变相机的位置、焦点或镜头焦长。如果已经拍好了无法补拍，那么可以使用相关软件进行处理。

第五，注意化妆设计可能影响拍摄的地方。有的化妆效果可能会影响拍摄，要注意避免或进行相应处理。例如，角色在拍摄时显得“油光满面”，而又不是想要的效果，则可能需要使用消光粉底、控油面奶等，并配合柔光罩等设备。

第六，注意服装及化妆的经济性与实用性。由于短视频的拍摄及制作成本通常不高，所以在基本保证服装及化妆效果的前提下，应该尽量使用最易得到的接近角色特点的服装及化妆设计，尽量达到既经济又实用的目的。

值得注意的是，许多剧情类以外的其他类型的短视频也在尝试通过简短的故事情节来进行叙事与拍摄，那么上述的许多策略、方法与注意点就可能在各类短视频的拍摄中用到。

时装类短视频拍摄中的服装与化妆

由于时装搭配类短视频的重点是展示相关时装的风采、特点与优点，并可能展示不同服饰的合理搭配，及与其他饰物的配合，此时其服装及化妆设计则有一定的特殊之处。

时装类短视频服装与化妆需要注意以下基本事项。

第一，注意服装搭配方面的基本原则。掌握一些基本原则至少不会犯大错。例如，黑、白、灰为无色系或百搭色系，无论它们与哪种颜色搭配，都不会出现大的问题。又比如，有图案的上衣不要配相同图案的衬衣和领带，有条纹或者花纹的上衣需配素色的裤子，鞋子的颜色要与衣服的色彩相协调等。还有，当上衣有横向花纹时，裤装不能穿竖条纹的或格子的；当上衣有竖纹花型时，裤装应避开横条纹的或格子的；当穿内外两件套时，色彩最好是同色系的或反差大的，搭配起来会更有味道。

第二，注意服装色彩搭配的常用技巧。色彩搭配是服装搭配中的非常重要的一个方面，其中一些技巧值得注意。例如：上深下浅显得端庄、大方、恬静、严肃；上浅下深显得明快、活泼、开朗、自信；突出上衣时裤装颜色要比上衣稍深；突出裤装时上衣颜色要比裤装稍深；绿色难搭配，在服装搭配中可与咖啡色搭配在一起；上衣有杂色，下装应穿纯色；裤装是杂色的，上衣应避开杂色；上衣花型较大或复杂时，应穿纯色下装；等等。

第三，有时可以不出现模特的脸部，化妆的重点是其他皮肤。在某些情况（如模特不适合露脸，或不愿意出镜，或不想将模特的脸部当成重点）下，可能不需要拍摄模特的脸部，那么就可以着重将其四肢裸露的皮肤作为化妆的重点。

第四，注意鞋帽等饰物与所展示服装的配合。为了更好地展示服装或相应的搭配，那么相应的鞋子、袜子、帽子、背包、项链手饰等饰物的配合也要跟上。只有将服装、化妆及其他的各类鞋帽饰物都配合好，才能最好地体现服装的价值。

第五，设好相关同款服装的网店链接。一些短视频所展示或搭配的服装是有商业合作或需要促进相应款式服装销售的，那么就要注意将视频中对应的网店链接设置好，避免出现错误链接或死链的情况。

美妆类短视频拍摄中的服装与化妆

美妆类短视频中服装问题相对少一些，化妆问题则要相对更加突出，不过仍然需要根据短视频的性质或主题选择相应的对策。

在进行美妆短视频的服装与化妆设计时，需要注意以下事项。

第一，服装与美妆用品及相关角色的配合。服装与化妆不是割裂的，而是应相互映衬。在美妆类短视频中，虽然美妆用品是重点，但是服装搭配也不能太低俗或太“掉档次”，同时要兼顾角色在短视频设计中应该表现的气质。

第二，所谓美妆用品使用前后的“反差”不能造假。虽然有不少美妆用品使用前后差别很大，但是不能故意夸大效果，让观众误解一些美妆用品的使用效果会“立竿见影”，或短时间内立即产生神奇效果。如果控制不当，可能会引起投诉。

第三，美妆用品使用前后可以围绕着“痛点”如何解决展开。美妆用品的特点或效果往往针对着观众（潜在用户）的某个痛点（如皮肤粗糙、眼角皱纹或顽固性暗斑等），使用前相关角色被其所困，并可在言语行为中流露出此“痛点”，然后展现使用后“痛点”如何得以解决，并因此而提升了生活品质。相关的“痛点”思维及营销策略在本书其他相关内容中也有讨论。

除了注意以上三点，相关角色的表演与台词配合也很重要。为了突出美妆用品使用前后的“反差”，使用前后的服装及化妆造型的差异固然重要，但是仍然需要相关角色的临场表现力及台词的相配合。例如，美妆用品使用前后神态的“反差”往往与相关角色的“表演”紧密关联，同时台词往往会在其中起到重要的穿插与衔接的作用。

需要提醒的是，由于篇幅原因，这里除了基本的服装与化妆问题外，专门探讨了剧情类、时装类及美妆类短视频的服装与化妆，但不可能穷尽所有类别。在其他相关类别的短视频拍摄中的服装及化妆问题，则应该从实际需要出发，在短视频团队充分沟通的基础上，采取相对灵活的策略。

短视频的拍摄技巧

在场景布置及演员的服装和化妆设计完毕后，即可以进入第二个拍摄环节——正式开机进行拍摄。对于拍摄画质要求较高的短视频，摄影师或者导演应该都有一些拍摄基础（如光圈、快门速度等参数基本调节）。对于刚刚开始拍摄短视频的团队，可能需要了解一些具体使用拍摄设备的操作细节，并对基础参数有初步的理解。当然也可以先从手机的自动模式拍摄开始。

不论是利用手机进行拍摄，还是使用相机或摄像机拍摄，都会涉及和应用到一些类似的拍摄技巧，如基本参数设定、不同景别选择、构图方式及运镜方式等。

基本参数设定的技巧

拍摄短视频的每一个片段，参数的调节和设定都是决定画面呈现结果的重要因素。保证一个正确的曝光度，并且通过正确的参数设定来为后期留出足够的空间。随着相机本身对影像细节的保留程度越来越高，后期技术的实力也越来越强，但与其将大量时间花在后期调整上，来解决掉一些拍摄时就可以解决的问题，不如在前期拍摄时设定正确且合适的参数，使它直接一步到位。

图 4–5　曝光及直方图的关系

1. 曝光设定

对于曝光而言，一个基本的问题是：什么才是正确的曝光？最直观的答案是：看着舒服不难受。从视觉上来说，画面中不应出现一片白的天空和什么细节都没有的死黑；或者从直方图来看，应避免触碰到最左最右的黑、白两区，例如图 4–5 中，第一张属于曝光正常，第二和第三张则分别出现了欠曝和过曝。

关于曝光的设定，对于使用手动调整模式下的单反相机或者摄像机来说，与拍摄照片一样，是通过光圈、感光度（ISO）和快门速度最基本的曝光三要素来控制曝光的情况。如今的相机在有了可调节感光度的感光元件的前提下，参数调节的难度已经大大降低。

三大要素对于拍摄视频的影响主要包括以下几方面。

- 光圈：光圈越大，进光量越大，就会得到更亮的画面，同时会影响景深，从而产生更强烈的虚化。
- 感光度：指的是感光元件的感光强弱，数值越高画面就会越亮，但是负面影响就是在较高的感光度下会产生更多的噪点。
- 快门速度：即每一帧画面的曝光时间，时间越长进光量越大，同样会得到更亮的画面，但是如果快门速度过慢，就会出现视频画面掉帧的现象。例如，使用1/25的快门速度，一秒只能得到25帧，那么在拍摄25帧以上视频画面的时候就会因缺少帧率而导致掉帧。

另外，手机拍摄会用到自动曝光。通常，大部分手机在没有点击屏幕时默认是全局测光，也就是保证整个画面尽量都处在合适的曝光区间。如果点击某一地方，则会变成局部或者点测光，即优先将点击部分的某块地方进行正常曝光。

相机也是一样，可以选择测光的方式。一般来说，如果拍摄视频时光线比较平均，那么可以选择点测光，将人脸保证在一个最合适的曝光情况；如果光线比例过大，那么可以选择全局测光，以保证画面的平衡。

对曝光参数的基本调整，假设处在一个光线比例平均且较为柔和的环境之中，例如室内经过布光布景的环境，那么此时优先选择将感光度控制在较低的范围内，以保证通过减少感光元件带来的噪点得到最好的画面质量。然后通过光圈和快门速度的调整，来使相机中直方图位于合适的区间。一般来说，在有太阳光直射的情况下，可以把感光度控制在100，阴天或者室内场景下，也尽量控制在800以下。

假设处在光线较差的环境之中，并且想要表达的就是这样的光线程度（如夜晚的小巷街头），应尽量选择使用灯光辅助，来将画面打亮到一定程度之后再进行拍摄。调节参数时，先控制感光度在800左右。如果拍摄以人为主，尽量开大光圈以保证快门速度不会过低，可以通过稍微欠曝来使得画面呈现出本身的昏暗实景。这样设定既可以在昏暗中展现画面的细节，又不至于因为过高的感光度而导致噪点过多。

最后，需要注意在画面光线比例变化非常大的情况下（如太阳直射下的背光场景）的参数设置。此时，最好通过反光板利用太阳光对人物或者被拍摄物的正面进行补光，同时开启Log模式以记录更多的细节。然后选择一个折中的曝光，即光线强的地方略微过曝，光线弱的地方略微欠曝，在后期再进行曝光的调整。这种拍摄在自动曝光的时候，可以利用全局测光来保证画面的平衡。

需要提醒的是，光圈的变化会导致画面景深的变化。通俗地说，越大的光圈越会使画面呈现显著的虚化。一味地进行大光圈虚化背景的拍摄，不一定会呈现非常好的效果，不仅会审美疲劳，还会在很多时候缺失背景的细节，所以在选择使用什么样的光圈、得到多深的景深上要非常谨慎。当拍摄电影感很强的特写镜头时，不需要很杂乱的背景，就可以使用大一些的光圈；当需要交代环境特征和人物的关系时，可以考虑使用小一些的光圈。光圈的掌握情况会在很大程度上影响画面的成像结果和曝光，需要多加尝试积累经验。

2. 色彩和白平衡设定

前期拍摄过程中的参数，除了对于曝光的调整和控制，另一方面则是对于色彩和白平衡的调整。短视频画面的基础是由良好的曝光决定的，而画面所呈现出的情绪和升华则需要色彩的控制，一个平衡且具有风格化的色彩可以在很大程度上润化视频的质量。尽管大部分的色彩调整都是后期操作完成的，但拍摄时要做的各种设定也非常重要，利用相机的参数设定，保证一个良好的色彩空间，以防止后期过多的烦琐操作或者由于调整过度导致色彩断层。

关于白平衡的设定，要先了解色温，以及色温与白平衡的关系。通常人们会觉得蓝色等冷色色温低，红色等暖色色温高。然而，在以开尔文（K）为色温计算单位的计算中，红色的色温值最低，而越往蓝色等冷色色调则色温值越高。白平衡则和色温值的关系正好相反，因为它是为了将颜色还原到尽可能平衡的温度，所以在数值越低的时候越趋向蓝色，数值越高的时候越趋向红色（如图 4-6 所示）。

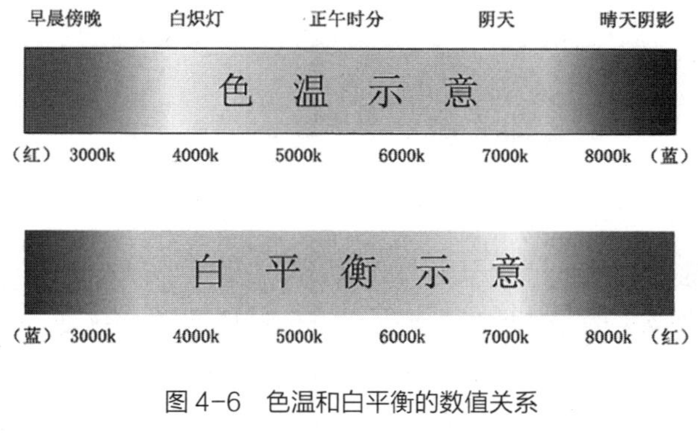

图 4-6　色温和白平衡的数值关系

那么，为什么要调节白平衡呢？其实，调节白平衡这项参数有两个目的：其一，为了让画面中的颜色展现出事物本身的颜色，最基础的是让画面中的白色呈现白色；

其二，在一些环境中利用白平衡来实现一些风格化。

例如，在非常昏暗的环境中，可能因为周围的环境呈现一点点的红光，使用自动白平衡时就会使整个画面被自动降低了白平衡参数，变成了非常偏冷色的画面，这就可能需要提高白平衡，使它恢复到正常的颜色。又比如，在拍摄夕阳时，通过调节白平衡，可以让本身没有那么鲜艳的颜色，经过提升白平衡使画面整体呈现暖色，仿佛夕阳照耀了整个画面一样，这就是基础的利用白平衡的风格化和情绪化。

调节白平衡有手动和自动的方式。对于单机位来说，在环境光线不定的情况下，可以使用自动白平衡，帮助得到一个折中的白平衡参数。但一定要锁定白平衡，在拍摄过程中不要让其自动变换。如果要想达到一些风格化的白平衡效果，可以利用手动白平衡进行调整，当然这也可以留到后期再调整。对于多机位的拍摄，用两台或两台以上相机拍一个画面，一定要统一白平衡的数值，建议先用一台相机调整好白平衡后，再将数值输入其他机器中。

3. 关于色彩空间的问题

通常，对于进行手机拍摄这个级别的视频，没有考虑色彩空间的必要，只需要保证颜色的白平衡正常就可以了，因为大多都在后期调色时进行一个 Lut 套取就结束了。

然而，对于画面要求高的视频，想要拥有更大的后期调整空间，就应该考虑好色深和色度采样的问题。如果拥有可以拍摄 10bit 色深的设备，就可以得到更顺滑的色彩空间。如果需要抠像，则尽量使用 422 色度采样，并根据画面的要求来考虑调整拍摄的参数。

另外需要注意的是，在设置色彩空间时需要同步考虑存储卡的容量问题。如果拍摄的片段很多，就不要选择太高色彩空间的格式，否则不仅容量占据大，而且后期处理时难度也可能会非常大。

景别选择技巧

1. 景别基本知识

对于短视频拍摄来说，不同景别的选择可以提供不一样的画面信息和不一样的关注重点。我们在本章“分镜头剧本的撰写”部分曾经提到，在进行分镜头剧本的撰写时需要为每个镜头设计景别，以便在最终剪辑时能够有一个良好的镜头语言。拍摄的时候也应当遵循分镜头剧本中的景别来进行拍摄，以保证在剪辑时能和剧本匹配上。

卡茨在《电影镜头设计》一书中提到，镜头间的叙事逻辑和视觉关联性一同创造了一个连续的空间感，这两个概念造成并影响了对空间的辨识，为剪辑风格提供了组织上的基础。

一般来说，很多影视作品将构图景别分为五大景别，分别是远景、全景、中景、近景和特写镜头，细分开来还有大特写、中全景等理论名词。但拍摄短视频不一样，它不像电影制作的时候，一些镜头语言上的错误会被专业观众认为是理论错误，短视频没有那么教科书般的要求，也不会有挑剔的人对镜头语言有过度解读。

2. 短视频常用的三类景别

对于短视频而言，可以在撰写分镜头剧本时把景别分为三大景别来进行构图，分别是全景、中景和特写。尽管景别的区别和应用场景在短视频拍摄时或是拍摄前所做的镜头设计中没有拍摄电影设计镜头那么复杂，但是也应当遵照这些基本的景别，它可以帮助我们理清镜头连接的脉络，使短视频的逻辑更加清晰。

首先是全景，全景指的是人物完全处在画面之中的镜头，引申出来的远景则是指画面中人物比例较小的镜头。这些都很好理解，全景的作用主要就是交代背景环境、人物所处的位置，以及人物的一些肢体语言。开篇、收尾，或是转移地点时都可以利用全景来重新渲染或者强调故事发生的地方。全景镜头的信息量很大，所以要避免画面的杂乱，更多的是利用全景帮助画面进行情绪的酝酿。一个都市车水马龙的环境或者一个电闪雷鸣的雨天的环境的交代，都可以很快将观众带入这样的场景中。但是具体人物在这个环境中做了些什么，说了些什么，还需要搭配其他景别的镜头。

其次是中景，中景一般指拍摄人物膝盖以上部分的镜头，人物也会在画面中占据不少的比例，是整个视频通常来说运用比例最高的镜头，也是对话场景中最主要的形式。中景镜头可以拍摄大多数短视频需要的场景，在不知道怎么运用景别时，选择中景镜头是保险的选择。除了展现人物的动作和肢体语言，也可以捕捉人物脸上的表情和语言等。其实对于拍摄短视频，不管是之前提到的固定场景内的个人叙述镜头的拍摄，还是人物的故事情节的拍摄，大部分都是利用中景镜头，这种方式保证了基本的环境要素，也保留了人物的动作，是容错率较高的景别选择。

最后是特写，特写镜头顾名思义，就是将某样物品或者人物的器官或肢体充斥画面的镜头，可以快速拉近我们与物体和动作的距离。吕克·戈达尔曾说过，最自然的剪辑是视线剪切，也就是利用眼神所能掌控的语言，表达强烈的暗示效果。眼神、动作或者物品的特写，在短视频中可以拥有快速推动剧情转折变化的作用。例如，通过人物的眼神方向转变，随着视线就可以转化到下一个场景或者人物；通过一个动作的特写，快速展现人物的行动意图；通过道具的特写，为接下来的剧情做铺垫。这些都是特写镜头极其重要的运用方式，利用好特写镜头，在拍摄短视频时就可以更加流畅地叙述内容。

3. 短视频景别的使用技巧

上述的全景、中景和特写基本就涵盖了在拍摄短视频时常用的三种基础景别，它们之间的互相搭配，可以满足画面中内容的说明和剧情的推演。搭配的方式没有什么固定的套路，一般都是将与内容有联系的镜头，或者画面之中有相同元素的镜头拼接在一起。

具体的拼接搭配需要按照短视频的内容来调整，但有一些技巧是比较通用的。例如在短视频的结尾可以选择用一个全景，给观众留下深刻的环境印象，同时为其留有遐想空间；在一个特写镜头后，很快切入下一个场景的镜头，可以避免切换场景时通过远景逐层推进的惯用套路；再或者是全景后直接切换到特写镜头，可以起到聚焦重点的作用，利用景别差距比较大的镜头的搭配也可以产生较强的视觉冲击感。另外，由于拍摄特写镜头所需要布置的场景较中景和远景要少，所以短视频可以多拍摄一些特写镜头，来进行衔接和作为补充镜头。

构图技巧

关于短视频构图，要将短视频分割成帧的形式来分析。这与摄影中的构图方法和技巧有类似的地方，可以从照片的角度对构图有一个基本的了解。再结合短视频构图的其他技巧，利用不断积累的短视频构图经验，得到一些构图思维的进阶。

1. 短视频的基本构图方式

通常，短视频的构图与一般意义上的摄影或影视拍摄的构图是基本接近的。构图是一个造型艺术术语，即在绘画、摄影、摄像或平面设计时根据题材和主题思想的要求，把要表现的形象适当地组织起来，构成一个协调的完整画面。

构图的基本原则讲究的是：均衡与对称、对比和视点。均衡与对称的主要作用是使画面具有稳定性。对比不仅能增强艺术感染力，还能鲜明地反映和升华主题。视点是为了将观众的注意力吸引到画面的中心点上。

基本的构图方式包括以下几类（见图 4–7）。

图 4-7　主要构图方式（上排从左至右：九宫格构图、对角线构图、三分法构图、水平构图；下排从左至右：垂直构图、框架构图、引导线构图、三角形构图）

- **九宫格构图法。**水平及垂直各三等分的四条线组成九个格子，其中有四个交叉点，当主体放在这四个交叉点中的一个时，可突出画面的主体，且较为美观。
- **对角线构图法。**让画面中的一些元素组成对角线，可以从左上角到右下角，也可以从右上角到左下角。
- **三分法构图法。**画面水平可以分为三等份（也可以垂直分为三等份），把一些事物的边界放在三等分线上，会较为美观。
- **水平构图法。**画面中一些事物有多条水平的线条，形成一种水平的态势或节奏。
- **垂直构图法。**画面中一些事物有多条垂直的线条，形成一种垂直的态势或节奏。
- **框架锁定主体。**画面一些事物中有一个明显的形状（如矩形、圆形或椭圆形等），会使画面的焦点集中到这个形状内的事物。
- **引导线汇焦点。**画面中从无限远的焦点出发，一些事物有多条明显的线条延伸出来，对画面的态势或景深起到明显的引伸作用。
- **三角形构图法。**画面中有三个彼此呼应的事物，构成一个三角线。

当然，构图方式并不能生搬硬套，还需要灵活运用。同时也不能千篇一律，还应综合考虑其他因素。总而言之，构图并无定法，以上所述的构图方法也只是从万般构图中总结的一些思路。

2. 短视频构图的其他技巧

上面提到的各类常见的构图方式，都可以应用到拍摄短视频中。只是除了一般的构图应用外，短视频拍摄的构图在某些方面会有一定的不同。相对而言，短视频在基本构图方式应用基础上，还有几个方面有所侧重。

- **竖屏比例不低的短视频构图需注意画面的表现手法。**在影视作品中，几乎不存在竖屏构图，但短视频中竖屏构图的比例却不低。不同的画面比例，导致表现手法和内容有较大的不同。例如，表现自然景象画面时，在同样的距离下，横屏的画面显得更开阔；反之，表现人物为主的画面时，利用竖屏构图，则可以大大减少背景的空间。

- **在观看短视频时屏幕大小有限，这就促使拍摄时更要注意突出视觉主体。**任何视觉构图中，都需要掌握的核心要点之一，即之前在布景时提到过的视觉主体。然而，由于人们主要使用手机观看短视频，屏幕的面积有限，此时就需要在应用基本构图方式的同时，将画面的视觉主体适当放大，进而使观众可以较为容易地看清主体。

- **注意尽量避免切割人物身体的关节。**由于上述提到的短视频观看屏幕有限，而可能为了突出主体将主体拉近，那么对于拍摄主体是人物的画面，出现身体关节被切割的概率则增大。短视频在拍摄时，还可能有镜头的移动，此时，就需要有意识地尽量保证主体人物关节的完整性，或者快速地由全身切换为半身。

基于上述几点短视频构图中的技巧，可以发现，需要根据所拍摄对象及主题，来选择横屏还是竖屏拍摄。例如，拍摄一些旅拍短视频，可能会更多选择横屏。综合上述第二点、第三点还可以得出一个方法：在拍摄人物为主的画面时，如果要更多展现人物与环境的关系，则可以利用横屏拍摄；而如果要更多展现人物的动作和表情，则可以利用竖屏拍摄。

另外，需要注意的是，构图操作往往不是孤立的，它与景别及运镜等操作是相关联的。在拍摄构图时，要根据不同的景别及运镜方式，思考更合理的构图方式，并综合考虑整个短视频画面的体验。

同时，短视频不同于摄影作品。后者是静态的画面，只要考虑一个独立的画面，而前者是动态的画面，需要考虑多个画面的前后连接。因而，在进行短视频构图时，应该在应用基本构图方式的同时，同步思考画面衔接的流畅性，结合接下来所说的运镜技巧，进而提升单帧画面和连续画面的协调性。

运镜技巧

对于构图和景别的探讨，实际上是将短视频逐帧来分析的方式，本质是分析每一个静态的画面。短视频作为一个连续的画面，虽然其中不乏使用三脚架的静止镜头，但为了呈现更丰富的画面语言，还需要利用运动的镜头来表达更多的内容。

1. 基本运镜方式

基本的传统运镜主要可以用“推拉摇移跟”来概括，所有的运镜其实也都是在这个基础上进行修改和变化的，理解这几个基础运镜的方式和意义，可以帮助我们在拍摄时自己组合和构建合适的运动轨迹。

对于基础运镜，可以先理解一下“推”和“拉”。“推”顾名思义，是使镜头向前推进到画面中的一个局部的运镜方式。可以帮助变换景别，从一个中景逐渐推进到一个特写，把重要的元素从画面中分离出来。“拉”则相反，同样变换景别，从小的景别变换到大的景别，强调主体和环境之间的关系。

推和拉其实有两种不一样的运动方式，在过去更多使用三脚架进行摄像机固定拍摄的时候，大多数的推拉是通过摄像机的焦段变化，从近拉到远或从远推到近。变换焦段会引发视角的变化，前后景的压缩感也会不同，是一种艺术化的处理方式，可以烘托紧张或者突然放松的气氛。

而另一种方式，则是在不变换焦段的情况下，将摄像机向前或向后平移以达到推和拉的效果。这种方式视角是不变的，更加符合人眼的真实视觉感觉，也会更加具有临场感。短视频大多数是记录一些真实的事物内容，而不是通过情绪来表达，所以更多使用第二种方式，移动相机，可以实现更加真实和视觉效果更好的推拉镜头的变换。

接着探讨一下“摇”镜头。“摇”一般指相机固定时，以自身为中心进行向左或向右摇摆的镜头，可以理解为环视的一个效果。这个镜头在引导视线方面有一定的作用，例如随着一个人的走动，将画面从一个方向摇到另一个方向，来展现新的画面构图。在进行短视频拍摄的时候，可以多利用这种方式来完成人物动作的表达。但是，如果摇镜头的速度过快，则容易产生很糟糕的视觉眩晕，所以尽量要放慢速度，并且注意不要在没有主体的情况下使用摇镜头的方式拍摄空景。

最后探讨一下“移”和“跟”。这些名词很好理解，但却是短视频拍摄中最重要的运镜方式。拍摄移和跟一般都需要借助辅助的稳定装置，移镜头大多采用滑轨来进行辅助，可以起到巡视或展示的视觉效果。跟则是保持人物处于画面中央的拍法，使得视线一直被同样的事物引导，会起到模拟拍摄者第一人称的感觉，拍摄跟镜头的时候，由于需要大幅度走动，所以还可能需要三轴稳定器或是其他稳定装置来保证画面的稳定性。

以上探讨的是基础的运镜方式，深刻理解这些运镜方式后，就可以开始创造一些组合式的或者特殊的运镜方式。

2. 两种运镜类别

对于短视频拍摄而言，运镜需要一定的经验，并且有许多技巧。首先需要记住的是，一切运镜的目的都是为了引导观众的视线。对于一张静止的图片，通过构图、光线来使它拥有主要的视觉落脚点，所谓的引导线构图就是为了让观众的视线聚焦于我们想让他看到的重点。运镜也起到同样的作用，通过镜头运动的方向来时刻引导观众的视线落于画面的重点。所以，一定要注意，在进行镜头运镜设计的时候，不要做过多无谓的运动，这会使镜头的语言错乱，并且显得运动非常刻意。

在记住运镜目的基础上，可以将所有镜头的运动分为以下两类。

一种是用以过渡作用的视线引导式运镜。用以过渡作用的视线引导式运镜是为了将一个场景或者画面通过镜头运动转移到接下来的东西。前文提到的推拉摇其实都是用以这样的作用。推拉摇是运动的方法，但它不是目的，比如推拉，是为了将镜头引导到一个更小的细节或者更大的视觉范围。它的目的就是，在一个场景下，通过变换构图，将画面换成了特写或者全景，从而交代了不一样的东西。这是为了和接下来拍摄的东西进行联系，从而起到一种过渡的作用。

摇也是类似的原理，摇镜头通过一个画面中的物体的移动，帮助交代到下一个场景，这就是画面的过渡。理解了这个作用，我们知道当画面需要变化场景或者变化重点的时候，用的是这种起过渡作用的视线引导式运镜。

如此，为了达到一个景别变化到另一个景别的目的，便可以来构建新的运镜方式，如在其中加入旋转或者环绕，为更好地完成运镜目的来设计运镜。这样设计的运镜就不是单纯为了完成推拉摇这些动作来死板地进行某一个单方向直线的基础运镜。

另一种是对于事物交代的描述式运镜。对于事物交代的描述式运镜和前一种类别起到的作用完全不一样。对于事物交代的描述式运镜通常用来展现某一个场景或者某一个画面中的重点。

此类运镜的典型方式是固定镜头，围绕主体的环绕镜头，或者是跟镜头、手持带有略微呼吸颤抖感的镜头，这种类型的镜头是为了突出画面的重点，可能是艺术化的处理也可能是直白的展现，它不能起到过渡的作用。下面用一个例子区别这两类运镜。

在拍摄一个人喝一杯饮料的场景时，可以先拍人物的全身，逐渐推进到水杯的特写，那么这个镜头就利用了第一类思维，起到了引导作用。然后，我们拍摄这个水杯内果汁的特写，那这就是第二类思维，是用来交代某样东西的。接下来拍摄人物喝水时的表情变化，然后逐渐后拉镜头出现旁边桌上放置的果汁盒，那这又是第一类思维。最后，定格拍摄一个果汁盒的大特写，展现果汁品牌，这又使用了第二类展现思维。这两类镜头穿插使用，就可以实现交代、过渡、再交代、再过渡的循环，那么视频就可以很快流畅起来。

3. 短视频拍摄中的运镜技巧

短视频拍摄中经常利用“推拉摇移跟”五种基本运镜方式，及通过上述“引导式运镜”及“描述式运镜”创造的其他运镜，但还需要不断地在实践中体验、思考来了解其中的搭配关系。

在设计镜头运镜时，有一个重要的技巧，就是利用一致的运镜方向，来串联不相连的画面。之前拍摄的喝饮料场景，展现的是一个场景中的内容，大多是通过画面语言来连接的。如果要切换到其他毫不相关的场景，通常还需要利用空镜过渡，重新渲染环境。利用空镜头时，通常会注意景别的变换，以此来达到视觉上的差距，除此之外，就可以利用镜头运镜方向的一致性来进行衔接。

在短视频拍摄的运镜技巧训练中，需要区别不同方式及不同类型的运镜，了解“推拉摇移跟”五种基本运镜方式，并在仔细思考和理解过渡式和描述式这两类运镜的区别之后，在撰写短视频分镜头剧本时将短视频的内容更有机地串联起来。

运镜和构图的经验，是需要一定的实战积累的，在不断地拍摄和剪辑过后，才可能形成一些独特的个人运镜思维。在积累短视频拍摄中的运镜经验时，可以选择在拍摄了一定数量的短片以后进行一些回顾，探讨使用的运镜方式是否合理与恰当。这样，会对过去设计的运镜有更深刻的理解，从而在未来拍摄类似镜头时能够激发更多的创意。

当然，这些只是在创建短视频过程中的一种思维，它永远不是一种固定的思路，最终的目的是为了能够正确地表达内容。理解这些思维，再结合“推拉摇移跟”这些基础运镜的语言，得到真正能够串联和表达我们所需要的画面语言的镜头。

基于新技术的短视频拍摄

新技术的日新月异，使技术创意为短视频的内容创意带来了许多契机，创造了许多新的可能性。虚拟现实（Virtual Reality，VR）、增强现实（Augmented Reality，AR）、航拍、第一视角（First Person View，FPV）、高速摄影、慢动作、延时摄影及互动等新技术可以运用到短视频拍摄中，并可以在时空拓展及互动方面为短视频的内容创意带来新手段。

其中，虚拟现实、增强现实、航拍及第一视角拓展了短视频的空间，高速摄影、慢动作、延时摄影拓展了短视频的时间，而互动性质的短视频则可以结合相应的程序设计、虚拟现实 或增强现实等技术，拓展短视频观看之外的体验方式。

基于虚拟现实的短视频拍摄

目前，已经有一些类型的虚拟现实（VR）视频。虚拟现实视频让场景的表现力更丰富，让用户的体验更全面，可以用于一些短视频的制作。

1. VR 全景图的制作

VR 全景图有更全面的视觉体验，让你置身于完全的虚拟空间，四面八方都有相应的视觉画面。制作此类全景图包括素材获取、处理及分享等主要环节。

素材获取环节可能通过拍摄或手工拼贴的方式完成，但通常有一定的规格。例如，通过米家全景相机可以拍摄相应的 VR 全景图，或拼贴出相应的全景图，但是长宽之比必须为 2：1，且不同于普通的图片，如图 4–8 所示。

图 4–8　VR 全景图的素材

（以《凡 · 高的世界》为例，来自米家全景相机，由 @ 麦田里的草帽人 分享）

如果要拍摄 VR 全景图素材，若干年前要靠相机拍摄多个角度的画面后进行手工拼接，目前则通常使用全景相机或多数运动相机（如 GoPro MAX、Insta360 ONE R、米家全景相机、理光 Theta SC 等），就可以得到较完整的 360 度全景图素材。

如果要编辑 VR 全景图素材，有时可以通过相应的软件进行拼接，有时则需要进行较为复杂的图像拼接、修补。特别是对于一些非拍摄场景（如上述《凡·高的世界》中的若干张绘画的拼接），则需要进行平滑合理的画面、色彩及亮度的过渡。

在图像处理环节，可能需要导入相应的 App，然后可以设置相应的呈现方式。以 iPhone 版的“米家全景手机”App 为例，可设置的呈现方式有球面、平面、小行星及全景等几种，还可以设置是否支持“手机陀螺仪”及“VR 模式”，如图 4-9 所示。

图 4-9　全景图的设置

2. 非交互式全景短视频的拍摄

从某种意义上讲，非交互式全景短视频的拍摄与 360 度全景图的拍摄类似，只是后者是静态的全景图像，前者是动态的全景短视频（见图 4-10）。

图 4-10　非交互式全景短视频的拍摄

资料来源：米家全景相机网站。

通常，前述的360度全景图拍摄设备（如GoPro MAX、Insta360 ONE R、米家全景相机、理光Theta SC等）也支持非交互式全景短视频的拍摄。只是，全景短视频对于各方面技术参数的要求与全景图像有所不同。

区别于全景图像的拍摄，全景短视频的拍摄还需要有较好的稳定功能，如防抖及水平控制功能。此时，运动相机或支持稳定的云台可以发挥更好的作用，只是有的是以物理设备防抖为主，有的则是以电子防抖为主。

当然，拍摄全景短视频时还需要看设备可支持的最大分辨率、存储的格式、视频允许的最长时间、最大的存储空间、支持的最大fps数（及在不同fps下所支持的最大分辨率）及电池续航能力等方面的性能。需要注意的是，运动相机通常都有防抖功能，但是却不一定支持全景视频拍摄，但能够拍摄全景视频的相机必须有一定的防抖功能，只是其防抖功能未必有运动相机那么出色。

另外，全景短视频的拍摄设备还分为消费级与专业级两种级别，二者不仅在售价上差别很大，在相应的各方面性能上当然也有很大的差别。例如，Insta360出品的ONE R其实是消费级产品，而Insta360的Pro、Pro2、TITAN等则为专业级设备。以TITAN为例，它有八个专业级摄像头，采用10 Bit色彩采样格式，内置九轴陀螺仪，最高可支持11K的全景图像与视频。

3. 可交互式虚拟现实短视频制作

虚拟现实视频的空间不是限定在一个屏幕上，而是由水平360度与垂直360度构成的空间。当然，目前由于制作的成本较高，虚拟现实视频在短视频中的比例不高。

基于增强现实的短视频拍摄

比较容易上手的基于增强现实短视频的拍摄可以通过相关的短视频平台或相关App进行。目前最新版本的抖音及其他短视频平台在拍摄直播短视频时都可以应用一些AR元素，一些相关的App（如CamAR及B612咔叽等）也提供了一些AR元素，如图4-11所示。

此类短视频通常是用手机上的短视频平台或App直接进行拍摄的。在拍摄前，一般是在“道具”或“贴纸”区域先选定相应的VR元素（有的会有“VR”标志）。有的App（如CamAR等）可能还需要先由系统通过摄像头识别环境，并允许选择VR对象的放置方式（如放在空中或水平放置等）。

一些好的提供AR功能的短视频平台或App会使得AR的效果更逼真。特别是，

图 4-11　基于增强现实的短视频拍摄（从左到右分别为抖音、CamAR、B612 咔叽）

相应的 AR 道具或贴纸会通过摄像头捕捉对象或用户的头像，并自动计算大小、方向或角度，以使视频中添加的 AR 道具或贴纸会随着被拍摄对象或头像进行相应的调整，进而使短视频的效果显得更加完美。

其他类型的基于 AR 的短视频较复杂，需要与相关的程序设计人员配合才能完成，本书无法完整加以叙述。如果需要，则建议进行专门的学习与实践。

基于航拍的短视频拍摄

如果说虚拟现实、增强现实视频的制作成本相对较高，那么航拍的拍摄成本现在则下降了许多，一些小团队也可以在短视频制作中利用航拍。航拍最大的优势之一，是可以通过和日常人眼完全不一样的视角，在另一个更开阔的空间进行画面的捕捉，让短视频呈现一些大视野的画面空间。

航拍技术归根到底只是一种技术手段，不应当作为一种短视频的炫耀标签，我们不是为了展现航拍这种技术而去使用它，而是因为某些场景下，航拍可以给我们的画面视觉感带来真正的提升，我们这才使用航拍。理解适合航拍的场景和环境，才可以让航拍从无谓的技术展示变成一种具有意义的画面，那么什么样的场景适合并可以使用航拍呢？

航拍被运用最多的地方，一定是壮丽的山河，梯田、雪山、海湾等，说到这些我们都能从脑海中很快映出类似的画面。那种远离城市喧嚣的自然风景，加之上升到几百米高空的视角，谁又能不感叹这世界的魅力呢。

如果我们刚开始上手航拍，那么选择辽阔的景象去先尝试感受航拍的视角是最好的选择。一是因为那种山河磅礴的气势与飞行的感觉非常契合，二是因为这些场景一般人烟稀少较为空旷，可以提高航拍的飞行容错率，同时降低风险。

在旅拍短视频中，航拍的使用是非常频繁的（如图 4–12 所示），可以单纯展现旅行所见的风景，也可以将人物与环境结合，使画面更加充满生机。旅拍中加入航拍，可以使短视频变得别出心裁、与众不同。

图 4–12 旅拍中的航拍镜头

另一类非常适合航拍的广阔景观便是现代都市中的繁华景象。现代都市常常有密密麻麻高耸入云的摩天大楼，穿梭于这些高楼大厦、繁华街道之间，加上各种交通工具，有时还有河流、桥梁，从空中俯瞰，则有一种凌驾于城市之上的感觉（见图 4–13）。

图 4–13 上海城市航拍

在利用航拍记录繁华的都市景色时，可以充分结合城市霓虹的夜景，或者是高架桥上穿梭的车流，以及造型各异的建筑等。在具体制作时，有时还可以适当地借用延时摄影的方式，有时可以通过快节奏与慢节奏结合的方式，并通过音乐渲染氛围。

用航拍所展现的城市景象，不仅视野开阔，将众多景象尽收眼底，而且可以将城市的灯光璀璨、流光溢彩、斑离繁华等更直观地以令人超级震撼的方式加以完美呈现。

使用无人机航拍时的技巧

如前所述，开阔视野的航拍场景应注意捕捉点缀元素，辅助运镜的航拍场景要注意主体元素的表现。在此基础上，还需要针对所使用的航拍设备，理解与实践短视频拍摄时的构图、运镜及后期的操作技巧。

1. 无人机航拍的基本技巧

在前述章节中曾提及无人机的设备选择，不论是消费级无人机还是专业级无人机，它们的飞行一般都通过操作遥控器来进行。我们可以控制的永远是飞机的运动状态、飞行器朝向以及云台的俯仰调整。有些无人机（如大疆“悟”系列）可以支持双人双控，即一人控制运动状态，一人控制相机，这是为了能够分别控制来达到更好的效果。

无论是什么样的飞行器，都必须先掌握飞行的基本操作，并且逐步理解每一个操作对于画面的运动的影响，这样才可以顺利地进行创作。掌握基本操作的一个重要评判标准是，可以在目视无人机的情况下，让飞机按照自己的预想路线进行飞行。能够熟练操作的评判标准则是，可以在目视图传画面的情况下，按照自己的运镜想法进行飞行。

在刚开始接触航拍飞行的时候，可以通过先目视飞机，再逐步通过目视图传画面的方式进行飞行练习。当掌握了基本飞行技巧之后，即可以开始创作想要的镜头。目前的航拍无人机有许多智能飞行的功能，这些跟随、定点飞行、环绕等功能对于刚刚入门的飞手是非常友好的，不同的无人机可能拥有不同的智能功能，巧妙地运用这些飞行辅助功能，可以简化飞行的操作难度。

任何飞行辅助功能都有其利弊。例如，当使用智能跟随选定画面中的某样物体时，进行复杂的运镜可以避免主体丢失，让主体保持在画面的某个位置。但是，这同样也是智能飞行的弊端所在，一旦锁定跟随，镜头就不再完全受操控者的控制，就可能和他心中想要的飞行镜头有所偏差。因此，在需要精细航拍时，还要学会完全手动去操控飞机。

2. 手动飞行的操作技巧

对于手动的飞行运动，需要反复训练，积累体验与经验，总结方法、技巧与规律。这里分享一些手动飞行方面的技巧。

- **关于控制飞行速度的技巧。**在操作飞行运动时，可以通过使用两根手指拨动控制杆的方式来进行精细的控制，能够做到收放自如，对于飞行的速度控制至关重要。在进行拥有前景的飞行时，可以放慢速度，来避免画面由于速度过快而产生令人眩晕的视觉体验；但我们在进行画面中前景很少的飞行时，由于短距离的移动很难产生视觉上的变化，可以选择快速飞行来让画面产生运动趋势。

- **关于运镜丰富化的技巧。**通常来说大部分的飞行都是单一的方向，如在俯仰轴固定的情况下前进、后退，或对主体保持一个等距离的刷锅（环绕），或镜头朝正下方的情况下进行无人机的升降等，虽然这些拍摄的镜头都可以达到不错的效果，但是若观众看到的航拍永远如此，便会觉得索然无味。提升无人机的运镜丰富程度，则可通过飞机运动的方向和镜头的俯仰轴搭配来结合进行。

- **关于航拍画面主体选择的技巧。**前面我们提到了要丰富运镜，但我们也知道画面中如果缺少主体，再复杂的运镜也可能于事无补。但对于旅拍或者没有计划性的航拍，找到一个画面的灵魂至关重要。最简单的方法就是降低高度，通过寻找到前景来构建画面的层次。例如，图 4–14 中前景中的雪松可以作为画面的主体，如果没有这些雪松，画面中就是白色的一片，再美的雪景也失去了粉妆玉砌的感觉。如果再通过飞跃前景的方式，则又会产生一种向前一步海阔天空的感觉，这样的航拍就不会显得杂乱无章。

上面总结了一些航拍的技巧，通过对飞行速度的控制、主体的选择和运镜的丰富性可以帮助航拍的镜头上升一个层次。然而，航拍还有很多可以发挥的空间，它的操作方法与视角相较于地拍的相机有较大的区别，需要反复练习，反复体验。

图 4–14 航拍雪景时的前景利用

基于第一视角的短视频拍摄

第一视角，也称作 FPV，是一种通过在可遥控的航空模型或者车辆模型上加装无线摄像头，在地面通过图传信号操控模型的一种方式。如果将第一视角相关的图像进行记录，保存为短视频，则可使画面呈现出飞行员驾驶飞机时所看到的空间感觉与体验。

第一视角拍摄非常适合以下发挥第一视角的优势进行短视频片段的拍摄场景。

第一，利用穿越机高速的优势，进行一些高速物体的拍摄。例如，在拍摄行驶中的跑车、游艇等一类物体时，可以充分利用穿越机的跟随、环绕拍摄方式，以及近距离的拍摄，较好地展现高速物体的动感画面。

第二，利用穿越机的高机动性，拍摄极限运动。例如，在拍摄滑雪、跳水和运动中的山地自行车时，由于这些极限运动都有幅度比较大的动作，可以结合穿越机的机动能力，与这些运动保持一样的运动方向来达到一致的移动趋势，进而呈现较好的视觉效果。

第三，利用穿越机小巧的优势，进行视觉感不一样的风景拍摄。穿越机可以让我们深入到更多无人机飞不到的地方，因而就可以拥有更多不一样的风景。如果说无人机展现的风景航拍显得更加大气和唯美，那么穿越机展现的风景航拍则因更贴近地面而更加突显动感和视觉冲击。

尽管第一人称视角的短视频拍摄有不小的上手难度和非常多的困难需要面对，但是当充满刺激的高速动感的画面出现时，那种苦尽甘来的欣喜绝对超乎想象。

另外，需要说明的是，第一人称视角的短视频的拍摄不仅只是对于穿越机的一种应用，也可以有其他一些方式，如将相机设备绑在穿行的小车上，甚至是家里养的小狗的头部，也可以进行第一视角的拍摄。如果理解了这一点，那么未来的某些拍摄任务也许可以尝试和发现更多拍摄方式及不同的应用场景。

基于延时摄影的短视频拍摄

高速摄影、慢动作及延时摄影等新技术的不断出现与普及，为拓展短视频的时间带来了许多可能性。虽然过去这些手法在传统影视作品中早已被采用过，但是目前新的摄影摄像设备或手机相比过去可以更简单地实现类似的效果。

延时摄影是拓展时间的一种方式，可以让短视频画面的时间被压缩，相当于在较短的一段时间里放置较长时间的内容。

对于延时摄影的拍摄流程与技巧，有以下几方面经验可以参考。

1. 手机延时摄影的拍摄流程和技巧

使用手机拍摄延时摄影时，主要包括以下几个步骤:（1）打开手机相机，在拍摄前选择延时摄影模式;（2）设置好拍摄时的角度、亮度等，然后开始拍摄视频;（3）结束拍摄，进行后期处理。

手机拍摄延时摄影技巧的重点在于注意保持手机的稳定。需要注意的是，一点轻微的移动都可能会导致加速后形成不适的抖动，因此可以选择利用手机三脚架或者依靠一些固定的物体来保证画面稳定。

由于手机延时摄影功能通常较为简单，所以有时也可以配合一些专门的手机延时摄影软件，其功能会更多一些，如设置相应的时间间隔、后期处理等。

2. 相机间隔照片式延时摄影的拍摄流程和技巧

对于拍摄间隔照片然后组成视频的延时摄影，其基本流程是:（1）需要先确定好构图，找到最佳角度，并且避免周围出现光线的突然变化;（2）设置相关的参数，选择合适的曝光模式;（3）安装并设置好辅助设备（如滑轨等）的相关参数;（4）连接好快门线，并设置快门时间间隔;（5）检查设备，进行相应的延时摄影拍摄;（6）结束拍摄，进行后期处理。

进行此类拍摄时需要注意曝光模式的选择，如果拍摄的内容是日转夜延时，则应尽量选择用 A 档（光圈优先模式）拍摄，以保证每张画面的曝光都正常；如果拍摄的内容不涉及太大的光线变化，则可使用 M 档（手动模式）拍摄，以保证每张画面的曝光一致。

3. 大范围镜头移动延时摄影的拍摄技巧

在进行延时摄影的镜头运动时，如果要拍摄大范围的移动延时摄影，可以采取两种方法:（1）利用无人机的移动延时摄影功能;（2）利用相机与三脚架进行地面上的拍摄。

其他短视频拍摄

1. 基于慢动作的短视频拍摄

如果延时摄影是将画面的时间进行压缩的话，那么高速摄影与慢动作则可以将画面的时间拉长，二者正好相反。由于高速摄影或慢镜头可以让画面呈现时间被放慢的效果，有时也会被用于一些场合下短视频的拍摄。

虽然慢动作可以运用的拍摄场景很多，甚至说任何镜头都可以用慢动作来拍摄，但是恰当地运用慢动作可以起到提升画面质量的效果，而滥用慢动作则会导致短视频节奏紊乱。

2. 基于互动的短视频拍摄

传统意义上的短视频与影视剧类似，都只能是以观众观看为主。然而，随着时代的发展，具有互动功能的短视频不断涌现，值得关注。

短视频的互动是视频领域的新方式，其主要可以有两方面的理解：一方面，UGC（User Generated Content，用户产生的内容）短视频的内容制作会受互动的影响，即 UGC 短视频内容的创作过程不仅仅是个体对内容素材的加工和发布过程，更是其发布前后与观察者、观众互动的过程，这一过程是其他角色对演员行为的社会支持，是鼓励其进行短视频内容创作、发布和互动的重要精神力量；另一方面，由于虚拟现实、增强现实、可触摸屏幕及多场景互动等新技术的出现，为拓展短视频的互动功能带来了许多可能性。这里所说的主要是后一种情况。

多场景互动视频是一种综合的新型互动视频，是指在视频内部的某些画面允许用户进行相应的交互，进而出现不同的场景或情节。在进入每个场景后，可能出现若干个可以互动的画面。在商业类的多场景交互视频中，此处常常是某样商品的性能选择，并且在选择后会出现不同的视频片段。

短视频拍摄的注意事项

前面的小节中介绍了短视频拍摄中的主要环节和一些技巧，但是在短视频拍摄现场还有很多需要注意的方面，需要在不断实践与总结的基础上加以理解。

短视频拍摄必须有一个综合的考量

短视频拍摄涉及的问题很多，需要有一个综合的考量，需要注意以下事项。

第一，不同质量要求的短视频应该选择不同的技法。短视频对质量通常有不同的要求，对于一个对画面质量要求不算太高的视频（如大部分使用手机直接拍摄的短视频），如果过多地随意使用一些所谓的增加电影感的技巧（如划过前景、低角度拍摄或者是手持镜头呼吸感），不仅不会使得画面有良好的效果，甚至可能会弄巧成拙；对于对画面质量要求较高的视频，则需要更多注意镜头语言的运用，适当地利用前面提到的技巧，注意提升画面的综合表现力。

第二，通常情况下，短视频的内容永远优先于技术。在绝大多数情况下，所有的拍摄技术都是为了更好地服务于短视频的内容，而不是凌驾于内容之上，更不需要在拍摄某些内容时，刻意表现某种技术。例如，一镜到底的拍摄手法拍摄难度大，如果没有进行很好的规划和画面中的视线引导，就很难表达出所拍摄的内容。

第三，拍摄需要在充分理解剧本的基础上进行。拍摄短视频的人必须吃透剧本，真正完全理解剧本中所要表现的画面、所要突出的重点、所需要的氛围、所希望的风格或调性等，然后使用合理的技法去如实且准确地表现剧本所要表现的东西。

第四，应该尽量选择合适的运镜语言。不论是什么类型的短视频，只有利用正确的运镜语言，才能在不提升设备的情况下有效地提升短视频的水准。如果不能进行特别有意义的运镜，那么宁可去选择一些正确的基础推拉运镜，也会比一些强加于画面中的特效呈现出更好的视觉效果。

第五，所有的环节都是为了合理且高效地进行拍摄。不论是短视频拍摄前各个环节的准备工作，还是场景布置、服装选择、化妆造型、具体拍摄（参数设置、景别、构图、运镜等）技巧、录音技巧等，所有这一切都是围绕高效率地制作高水平的短视频内容这一目标，包括为后续工作及形成最终作品做好各种铺垫，而不是为了刻意突出哪一个环节。

短视频拍摄中的场景配合的注意事项

虽然场景布置的方法与技巧在前面已经提到，但是这里仍然需要强调一些注意事项。

第一，提前了解或实地考察拍摄场地很有必要。短视频拍摄者对于拍摄的选景应尽量做到提前踩点，特别是对于不熟悉的场景，一定要提前去现场实地考察。

第二，根据实际场地调整相关的拍摄设备准备。如果能够提前对拍摄场地踩点或实地考察，那么就会更了解环境，对于拍摄设备的准备就会考虑得更周到。例如，很多狭小的空间中可能要展现出很大的空间的效果，那么就必须提前了解，从而带上广角镜头。

第三，根据场地情况确认拍摄权限及版权问题。在具体拍摄短视频时，可能会涉及周围环境的拍摄权限问题，有很多室内外场景是不允许拍摄的，例如地铁站、星巴克咖啡厅，那么提前沟通和确认就非常必要；有时还会遇到被拍摄内容的版权问题，要注意提前了解。

第四，场景布置需要综合规划各方面的配合衔接。场景布置可能涉及许多设备、道具与灯具，需要根据现场进行详尽的布置规划，需要提前确认好该环境需要多少盏灯，可能会放置在什么地方，甚至是插线板应该从什么地方接入电源，所有设备、道具与灯具还不能影响拍摄。

短视频拍摄中的分工协调及应急处理

既然短视频拍摄中涉及多个环节及多种职责岗位，那么就需要在明确各岗位职责的同时注意协作，注意各环节的衔接，注意各方面工作的沟通协调，统一调度。

第一，要注意拍摄过程中的分工协作和协调统一。剧组中的每一个人都应该明确自己的职责，应该做好自己的事情，同时要尽量相互帮助、相互补台。导演要尽量在开机之前就把自己的想法传达给灯光师、摄像师、场务人员及其他相关人员，大家齐心协力，劲儿往一处使。

第二，要选择合理的协作与协调机制。短视频拍摄的协作与协调机制类似于电影的拍摄，有导演中心制和制片人中心制两种。导演中心制更加注重影片艺术风格以及样式的完整统一，而制片人中心制则可以实现影片的商业价值的最大化。不论是哪一种机制，拍摄现场一定要实行某个人的中心制，所有剧组人员可以交流，但遇到分歧时一定要有一个人可以站出来敲定方案，做到当机立断。

第三，要提倡积极、快速及清晰的沟通理念。世界上有许多矛盾或误解往往是因为人与人沟通不畅所导致，短视频拍摄也不例外。因而在短视频拍摄过程中，需要在所有人员中树立充分沟通的意识，并且要提倡积极、快速及清晰的沟通。积极是一种主动沟通的态度，快速是为了避免拖延，清晰是为了避免沟通中表达含糊其辞。

第四，要不断积累拍摄现场的应急处理经验。短视频拍摄现场可能会出现各种各样的问题，其中许多问题需要立即加以处理，否则就会影响到整个拍摄的进行，因而需要不断积累现场快速处理问题的经验。甚至，在很多时候需要提前有相应的应急预案，并进行过应急演练。同时，对一些存在不确定性的环节，可能需要准备不同的备选方案。

重视短视频拍摄中的备选镜头的拍摄

备选镜头的拍摄在短视频拍摄中也是较重要的一件事，也许这可以用“镜头用时方恨少”来形容。备选镜头主要分为两大类，第一类是指分镜头剧本中所需镜头的备选镜头，第二类是指剧本之外的备选镜头。

短视频拍摄都是运用数字化拍摄手段，备选镜头不会增加太多的存储成本，但却能够备不时之需，发挥大用场，其中需要注意以下问题。

第一，加拍或补拍认为已经成功的镜头。当一个镜头拍摄成功之后，尽量再加拍或补拍一条成功的镜头，以避免出现后期审查素材时发现画面中的问题导致无法使用的情况。

第二，利用补拍不同景别的方法预留备选镜头，弥补前期构思的不足。可以有意补拍一些画面动作中的不同景别的镜头，例如，原来剧本中写的是一个动作的全景镜头，那我们可以再补充一个做同样动作的特写镜头或中景镜头，说不定剪辑时就派上了用场。

第三，利用补充场景空镜的方法预留备选镜头。例如，在一个室内环境中，可以补充一些对于周围的道具的展示性镜头，这样一旦在剪辑时出现节奏空隙，就可以插入这些空镜，在不打乱本身画面顺序的情况下，对节奏空隙进行补充。

短视频拍摄前后的素材审查与备份

在短视频拍摄的开始、中途和结束时，都需要认真做好相关素材的审查和备份工作。这是一项听起来容易实际操作却经常被忽略的地方。

第一，在拍摄开始时一定要仔细检查拍摄画面的格式。保证达到我们的拍摄要求，以避免开始拍摄时相关的格式就不符合要求的情况出现。

第二，在拍摄中期要做好素材的可用性审查。素材的可用性非常重要，它关系到画面是否已经达到了可以处理的程度，这需要导演和后期人员一起检查，同时要特别注意检查声音是否同时录制了，以避免只有画面没有声音的情况发生。

第三，在拍摄结束以后建议在现场就进行素材备份。在拍摄结束后，建议在现场立即直接将素材导入电脑，并在硬盘中进行备份，以降低素材丢失的可能性。将来在剪辑到最终生成完整的短视频的过程中，也经常需要做好备份工作，且要分别保存多份在不同的移动硬盘上。

总之，我们的最终目的是顺利地完成拍摄，减轻后期处理的压力，因而紧密合作、认真严谨处理拍摄现场的各种问题是非常必要和关键的。

第 5 章

剪辑：专业的后期处理为短视频增光添彩

在前面几章中，本书已经从为短视频撰写剧本到拍摄前的场景布置，再到进入拍摄现场完成了素材的采集。现在将坐回电脑前，准备开始后期的拼接、剪辑以及创作工作。其中涉及在素材准备基础上的粗剪、声音处理、字幕处理、画面处理、色彩处理、成品合成等环节，可以笼统地称之为剪辑或后期处理。

如果从未剪辑过视频，建议可以自己先用手机或简单易懂的软件试着拼接几段视频，以理解视频剪辑的基本环节。然后，就可以参考本章的内容，进行更细致的关于剪辑各环节的相关制作。

短视频的素材准备及粗剪

理论上讲，短视频的剪辑或后期处理是一个流程化的操作。整体的处理流程可以分成三大部分：第一部分是素材的挑选和粗剪；第二部分是短视频素材的整体性处理和精剪；第三部分是调色和润色部分。

短视频相关素材的筛选和匹配

在前期的短视频拍摄中，可能积累了数十小时甚至数百小时的素材，如果直接进行剪辑那么工作量会非常大，因此我们要先进行素材的筛选和匹配。这样，在进行粗剪时，就不需要一边剪辑一边大海捞针般寻找素材，进而可避免重复的工作，以提高效率。素材的准备大致可以分为三个步骤。

第一步，先进行素材的备份和整合。可以选择先将所有的素材保存在工作站或者服务器中同一个位置，以方便接下来的筛选。然后，将同一场景下的素材放在一个文件夹，或将同一个机位的素材放在一个文件夹。这样就能够在查询和确认素材的时候实现快速定位。

第二步，进行素材的第一次挑选。对于前期有剧本的短视频的拍摄，我们要做的是按照场记的内容，将每一个分镜头的可用镜头挑选出来。例如，若某一个镜头进行了 10 次拍摄，对应的素材号码是 0602 ~ 0611，而据场记中记录 0610 是拍摄成功的镜头,0611 是成功的备选镜头，那么要做的就是，将 0610 和 0611 这两段素材先标记星号，或保存到新创建的挑选素材文件夹。

对于没有前期剧本的短视频，素材的筛选就会繁杂一些。此时，要完整审查每一段素材，然后从中挑选出可用片段，并将其标注出来或者拖动到新的素材挑选文件夹中去。必要的话，还可以标注可用素材的秒数，或者用素材内容的名称来重命名素材。最优的方式是由摄影师本人进行挑选，因为他在拍摄瞬间产生的想法会在审查素材时重新在脑中浮现，那么就可以顺着思维找到自己满意的片段。对于持续时间较长的片段，在挑选时可通过跳帧或者快放的方式快速审查素材。

第三步，进行素材的第二次挑选。这一步对于项目复杂的短视频是非常必要的，尤其是对于一些没有剧本且素材容量庞大的短视频。可能此时已经挑选了上百小段的素材，但这依然是一个非常大的数量。可以在上一步挑选时观看素材的基础上，决定一个素材分类的方向。例如，如果素材中有大量的运动镜头，那么我们可以通过素材的运动方向来进行分类，横向移动的放在一起，向前推进的放在一起。又比如，如果素材是杂乱的风景，那我们可以通过景别来进行分类，远景镜头放在一起，细节特写放在一起。

当然对于一些简单的短视频项目，可以省去第三步。总之，这一阶段的目标是能够对于素材有一个大致的把控和了解，同时挑选出可用的素材。此时，要使整个短视频项目的所有内容都在脑海中留有一定的印象，以便在粗剪时快速找到适合和匹配的素材。

短视频剪辑的基本软件

在挑选素材时，我们大部分时间都不会用到剪辑软件，只需要通过在文件夹中查看或预览即可完成。而完成了素材的挑选，短视频的剪辑就正式开始了。

常用的剪辑软件有很多，对于刚刚开始做短视频的团队，或者快速制作不会产生复杂效果的短视频，可以利用一些比较容易的软件，例如会声会影、爱剪辑，或者手机端的剪映、VUE 等。

在进行复杂的短视频的后期处理，或希望拥有更多相关处理功能时，可能就需要更多的工具来满足一些创意，此时就需要一些更专业的非线性剪辑软件，例如 PC 端的 Adobe Premiere，Apple Final Cut Pro X，BlackMagic Davinci Resolve，或手机端的 Enlight Videoleap。

好在，这些软件的基本功能大同小异，只要有一定的剪辑基础，都可以很快上手。但是需要注意，团队工作时团队成员尽量选择同样的软件，这样工程文件才可以互相通用，否则就必须频繁地导出、导入，使用视频文件才能够联通。

短视频的粗剪

短视频的粗剪可以分为有前期剧本和无前期剧本的两种短视频的粗剪，二者在方法上有相似点，但也不尽相同。这里将针对不同的粗剪方法进行讲解。

在整个操作的开始，需要先创建项目，这将决定所创建轨道的质量。创建项目时涉及的基本问题是设置视频的长宽比例和分辨率。如前所述，目前的主流横版视频比例是 16：9 或 2.35：1 等，而主流的竖版视频比例主要是 3：4 或者 9：16 等。短视频的分辨率可以按照输入品质需求设定，如高清画质的 720p 或 1080p 分辨率，或目前主流视频网站已支持的超高清画质的 4K 分辨率。

1. 有剧本短视频的粗剪

对于在前期进行了剧本撰写，同时按照剧本进行拍摄的短视频，剪辑其实是一个相对简单的过程，更多侧重的是对于画面的优化和调整。此时，短视频的粗剪可以先堆积时间线，然后拼接成画面，再进行配乐，并注意对其中节奏的把握。

堆积时间线指的是按照剧本将刚才挑选的素材都放在时间线内。同时要做的是，将素材里前后多余的部分剪掉，按照剧本中画面的持续时长，保留在时间线内。

在进行堆积时间线的具体操作时，建议将成功拍摄的素材片段放置在主时间线上，而将备选片段放置在上面的时间线上然后隐藏。在连贯播放时，若发现有情绪不合的地方，则再采用备选片段，以挑选更合适的片段覆盖至主时间线。

完成时间线的堆积后，即可为视频进行画面拼接及配乐的选择。然后，通过从头至尾地通看观察视频的节奏问题。通常，由于前期的剧本是在没有进行拍摄的情况下创作的，对每一个分镜片段时长的把握会有所欠缺，可能会出现有些片段时间持续太长，或者有些画面内容过多，没有完全看完就换到下一个镜头等情况。因而，需要通过通看全片理清画面的顺序，同时搭配配乐，保证每个镜头和场景中的内容能够工确且恰到好处地被呈现。

2. 无剧本短视频的粗剪

对于前期没有剧本的短视频的剪辑，其粗剪则是对于短视频导演创作的开始．类似于一个后期导演的角色及步骤。此时，主要目标是从很多凌乱的素材中寻找到一些画面中的相互逻辑，理清一条思路，依据可用的素材逐步形成剧本线索。

这一类短视频的粗剪重点分为两个层次，第一个层次是对于时间线的建立，构建恰当的时间线以保证短视频的完整性；第二个层次是对于节奏的把控，利用好一些技巧，提高短视频的视觉效果和连贯性。

相较于有剧本短视频直接将片段堆积于时间线，然后搭配音乐的方式，无剧本短视频在构建时间线时方法恰恰是相反的。一般会利用上一步中观看素材的过程，确定整个短视频的基调，然后去寻找一段适合的音乐作为视频的基底。这虽然表面看起来容易，但却很重要，决定了整个短视频的走向。

选择好背景音乐以后，即可将这段音频作为我们的主时间线，因为这将贯穿整段短视频。然后，基于此背景音乐，再重新观看素材，将与音频更加契合的素材逐渐拼凑在音频上方，从而基本构建出时间线。但是，这样的短视频很可能是支离破碎的状态，还需要对短视频的节奏进行调整。

3. 建立时间线的一些注意事项

在建立短视频的时间线时，需要注意以下几点。

- **时间线的建立应该先确定一个大致的片长。**我们可以通过将可用素材堆积然后以大致一半的时间来确定片长。例如，所有的可用素材堆积有 3 分钟，那么就可以考虑成片时长在 1 分 30 秒左右，这样可以保证有足够的素材可用。
- **时间线的建立应该考虑视频的剪辑方向。**所谓的剪辑方向，即想要传递给观众的是一种怎样的感觉，是能够让观众舒缓解压，还是能让观众感受到视觉震撼，又或者是传递轻松愉悦的欢快气氛。
- **注意时间线上相关素材与背景音乐的配合。**不论是有前期剧本的短视频，抑或是无前期剧本的短视频，音乐的选择都至关重要。通过时长的确定和剪辑方向的思考，寻找合适的音乐。利用好音乐的情绪走向，就可以在很大程度上控制好视频的情绪走向。

短视频的声音处理

完成素材的挑选和粗剪后，即进入短视频素材的整体性处理和精剪阶段。作为视频中的灵魂所在，短视频的声音起着烘托气氛、连接转场以及调动情绪等重要作用。对于音频部分的处理，也在很大程度上影响短视频最终成片的质量。

声音的处理和衔接

背景音乐在短视频中一般不需要进行太多的处理，只需要铺在音频轨道中调整好响度即可。而视频的音频不仅只有背景音乐，还有人物声、自然声以及画外音。那么在做后期处理时，这些声音都需要一起被考虑。

首先，是人物声的处理。如果人物声是同期使用外置设备录制的，那么关键就在于与口型的对应精准度。可以利用视频轨道中的音频波形图与外置设备录制的音频波形图对应，来匹配音、视频的时间。

其次，是自然声的处理。自然声的作用是为了让画面更加真实，通常也会利用自然声来转场。利用声音的转场是视频剪辑中最重要的转场方式之一。简单来说，这种方法是将画面中的自然声提前和延续，以使画面相对平滑地切入和切出。

图 5–1　利用地铁自然声衔接画面

举一个简单的例子，第一个画面拍摄的是人物走路的镜头，第二个画面拍摄的是等待地铁的镜头，第三个画面是站在地铁中的镜头（如图 5–1 所示）。那么，地铁的声音就可以在第一个镜头快要结束时，逐渐引入，在切入第二个画面时，恢复到正常响度，切入到第三个画面以后，再逐渐消失。这样，地铁的声音非常顺滑地连接了三个镜头，并且增加了画面的真实感。

最后，是画外音的处理。在短视频中，既可能需要旁白配音的画外音，也可能需要利用一些电子模拟人声的画外音。为了让这些声音可以从画面的声音中被清晰地分辨出来，可以有意断开句子，将句子穿插在背景音乐的重音之间。

音频处理的其他问题

如果对于音频的响度和衔接问题能做到熟练控制，那么短视频中的音频问题已经基本可以被处理好。不过，音频本身还可能存在一些优化的空间，主要涉及降噪及空间问题。

1. 降噪问题

由于前期拍摄也会有一些不确定的因素，那么音频可能还需要进行一些降噪操作。一般来说，日常的嗡嗡声在 50Hz 到 60Hz 这个区间内，降低这个频段的声音，可以减少一些嗡嗡声。在大部分视频软件中，对于音频也有自动降噪的功能，可以利用这些功能尝试简单的音频优化。

有时候噪音的处理问题比较复杂，此时可以通过专业的音频软件来处理，如可以利用 Adobe Audition 来优化音频。通常，音频软件降噪的主要方式是通过分析空隙音频得到噪音样本，然后再在整段音频中去除噪音。

其他的音频降噪处理方式牵扯更复杂的音频操作。由于篇幅关系，此处不过多阐述，有需要的读者可以参考更专业的资料。

2. 空间问题

声音的空间问题会较为明显地影响视听的整体体验。声音空间处理需要抓住一个基本原则，即应尽量保证声音从正确的位置在正确的空间中发出。

- **是声音位置的设置。**在佩戴耳机时，左右耳听到的音频与双声道有关。这意味着，音频也可以通过后期调整改变其出现的位置。如前文中提到的地铁声音，画面中的地铁是从右侧往左侧开来的，那么地铁的声音也应当从右侧逐渐往左侧偏移，这样就可以形成更加真实的位置感。通常，多数剪辑软件中都会提供声音位置的调整功能。

- **是声音所处空间的设置。**大部分声音录制都是在现场空间中录制的，但是有时有些声音会在后期录音棚内录制。此时，处理后期就一定要注意声音所处的空间。在狭小的空间环境中，声音应尽量压缩，反之空旷的环境中的声音还应该拥有回声。有些手机后期音频处理也会提供一些相应的音频空间选择。如果能够熟悉且合理地处理好声音空间的问题，则可以让声音显得更真实立体。

总之，短视频是兼顾图像与声音的一种媒体表现形式，就必须在剪辑中重视声音的处理。同样的画面，配以不同的声音则可能产生完全不同的体验或感觉。

短视频的字幕处理

字幕是短视频后期处理中必不可少的一个环节，它主要分为三类，第一类是人物声或者画外音的基本字幕，用来辅助声音的识别；第二类是在画面中的特殊字幕，用来重点突出或者作为画面中的说明部分，例如片名、小标题等；第三类是利用手机 App 的快速字幕制作，可以用于补充字幕。

普通字幕的制作

普通字幕的制作有两种方法：第一种是利用剪辑软件直接制作；第二种是利用字幕制作软件合成。第一种方法的制作对于短视频相对容易，但是字幕与视频画面是合为一体的；第二种方法需要利用多个软件，但优势是可以输出字幕文件，字幕与视频画面是可以分开保存的，更适用于需要运用不同字幕分享在多个平台的短视频。

第一种方法是利用剪辑软件中的基本字幕制作功能。剪辑软件中一般会留有字幕轨道来放置字幕，字幕轨道上的东西默认处在画面的最上方。通过创建字幕文件，将每句话逐句输入，对应到声音的相应位置，就可以得到基本的字幕。

尽管基本字幕的文字大小没有统一的标准，但作为一个长期出品短视频的团队，应该拥有自己的默认字体和默认字号大小，形成一定的字幕风格。通常来说，画外音或者人物声的辅助字幕以白色的无衬线字体，放置在画面的下方正中间（如图 5–2 所示）。字幕的主要目的是为了在听不清楚音频时能够通过字幕看懂，因此应尽量选用适宜阅读的字体，尽量不要选择复杂的花式字体。

第二种方法是利用字幕软件。字幕软件的工作原理主要是按照确切的时间点，将预先保存好的文字，一行行对应时间点制作成字幕文件，然后可以与视频合成字幕。现阶段一些字幕软件（如 Arctime 等）可通过音频识别自动生成字幕再手动修改，这可以为字幕制作节省不少时间。字幕制作软件对于需要大量制作字幕的短视频更加适用，可以提高工作的效率。

图 5-2 基本的画外音字幕

特殊字幕的制作

除了基本字幕，短视频还有可能需要一些特殊的字幕。有时候可能是需要一个吸引人的特效标题，也有可能是为了让一些重点词语在画面中着重出现。这里介绍两种方式，第一种适用于复杂的动态字幕，第二种则适合快速制作静态字幕。

1. 利用特效软件的字幕制作

对于一些重要的标题，可能还需要一些特效软件来进行字幕制作。当然，剪辑软件中也会有一些字幕的预设可以利用，例如，苹果视频剪辑软件 FCPX 中的一些字幕预设，可以帮助我们快速添加一些效果。

对于更复杂的字幕效果，例如一些爆炸或者粒子的效果，可以使用 Adobe After Effects 或者 Apple Motion 一类的软件来进行制作。

制作完一些特殊的字幕效果，可以利用工程文件直接转换进剪辑软件进行拼接，也可以以视频格式输出后再拼入剪辑软件。这些是电脑端处理特效字幕的方式，对于手机端也可以利用类似剪映中的一些特效预设进行制作。对于短视频 App 的字幕制作稍后专门进行讨论。

如果能善用一些模板化的特效字幕，那么也可以产生不错的效果。然而，要形成独特的风格，还需要有创意的加持。特效字幕的制作可以给视频的视觉效果润色，但也要注意不宜喧宾夺主。

2. 利用图片格式的字幕制作

相对特效软件中的字幕制作而言，利用图片格式的字幕制作会相对容易很多。这也是短视频特殊字幕制作中添加相对简单字幕时常用的方法之一。

图 5-3　图片特效字幕效果示意

图片格式字幕制作的主要方式需借助图片处理软件。首先，通过 Adobe Photoshop 等图片处理软件制作据有特殊字幕效果的图片（如图 5-3 所示）；然后，以图片格式导出，进入剪辑软件，将其放置在视频时间线上方；最后，根据需要添加一些简单的转场特效，即可以得到一些效果不错的特殊字幕。

在此类图片字幕的制作过程中，可以充分利用一些广告字体的风格以显得更醒目，如选择笔划较粗的字体，加上字符的描边，得到的字幕从视觉上感觉会显得更加突出。利用这样的图片字幕，可以在画面中很快夺取观看者的视线，帮助增加画面的视觉落脚点。

短视频的画面处理

在短视频的整体性处理和精剪阶段，可能还需要对画面进行一些处理，包括画面本身的一些构图和速度的处理。画面的处理问题其实不一定需要将每一个问题都分开理解，关键在于理解核心的一些处理方法，然后思考想要的画面处理如何实现。本节将就一些核心的画面处理要素进行讲解，理解这些重要的概念就可以基本处理好短视频的画面问题。

画面的基本处理

关于画面的基本处理，主要包括比例画面的裁切和速度的问题。这些处理的目的是让画面能够占据整个画幅，避免出现黑边，或者是以适合的方式呈现。

一是关于比例裁切问题。这个问题包括了画面的大小比例、裁剪及二次构图等方面。我们可能会对一些画面进行调整，有时会有一些与我们设置的轨道比例不一样的视频素材，此时需要通过放大或者裁切的方式来保证画面时刻保持不出现黑边。如果画面的比例一直在变化，会显得短视频非常不专业。比如，有时由于拍摄角度问题，短视频的画面可能需要进行一些角度的旋转，那么画面就会因为旋转在角落中形戒小黑三角，此时也需要通过放大画面的方式来解决。

二是关于速度问题。在前面的短视频拍摄中我们曾经提到过，短视频经常会利用压缩或者延长时间的方法，来得到一些速度不一样的画面。那么在后期处理中，速度的精细调整可以帮助短视频达到错落有致的效果。在调整短视频画面的速度时，可以利用速度曲线、时间重映射等工具。

关键帧的运用

在进行短视频画面的基本处理时，还需要掌握关键帧这个概念。理解并应用关键帧的概念几乎就可以完成所有的画面效果的处理。理解关键帧其实非常简单．任何的效果在添加关键帧的位置都可以设定需要的参数，如果设定两个或更多关键帧，那么就可以在设定的参数之间平滑地过渡。这非常类似于动画制作软件中的关键帧功能。

关键帧的运用非常广泛，例如最基础的画面缩放，就可以利用关键帧进行后期制作。在需要开始放大的地方打上 100% 比例的关键帧，在需要停止的地方打上 200% 比例的关键帧，就可以完成一段时间内画面的线性放大。

又比如，视频之间常用的转场、交叉叠化等一类的方式，其实这些转场也是由关键帧所导致的。这种转场方式可能在开始变化时，第一段视频由 100% 的不透明度到结束变化的时候，变成 0% 的不透明度；而第二段视频则反之，从 0% 到 100% 的不透明度，那么这就是关键帧的应用。

任何的特效，包括在 After Effect 之类的软件上可能需要制作的特效在内，都需要利用关键帧，先设定一个数值，然后逐渐到下一个关键帧设置新的数值。许多需要的效果都可以在关键帧的辅助下，结合各种工具实现。

视频的转场处理

关于片段与片段之间转场的问题，其实在之前粗剪中已经提到过，可以利用画面之间的类似元素或者动势来进行转场，但这些属于转场的思维问题。转场的思路一般是在粗剪过程中确定的，而转场的方式则是在精剪中再进行优化。转场有点儿类似于 PPT 制作时各张 PPT 之间的切换方式，主要分为硬切、软切和特效转场。

第一，硬切式转场。通常来说，硬切指的是，画面与画面之间不经过任何的效果直接在时间线上连接，完全是利用画面逻辑或者是声音来进行的。硬切在视频创作中技术难度最高，需要的视听语音知识非常之多，电影中镜头的大部分切换也都是使用硬切，但好的硬切也是视觉逻辑最完整的转场方式。短视频的制作不一定需要完全展现极致的硬切，还可以利用软切和特效的方式来进行画面的衔接。

第二，软切式转场。软切指的就是交叉叠化的方式，也就是前文提到的利用透明度变化等方式进行的转场。这一种方式在一些唯美的 MV 视频片段中经常被使用，可以比较缓和地串联视觉变化较大的片段而不产生太大的卡顿。

第三，特效式转场。特效式转场是在一些特殊情况下使用的转场方式，一般不建议在短视频中过多使用，否则会显得较为杂乱或浮夸。但是，短视频特效转场也有其可以发挥功效的场合，例如当我们运用动势转场的时候，如果动势欠缺或者幅度欠缺，可以加入一些辅助的动势特效。

短视频的色彩处理

接下来，将进入到剪辑的最后阶段，也就是画面的色彩处理问题。对于大部分普通短视频来说，色彩处理也是一个比较重要的部分，其关系到了最终的短视频的视觉总体效果。

短视频色彩处理的基础

在进行短视频色彩处理时，应该从作品意图表达的思想和情感出发，巧妙地运用色彩对比等手段。短视频的色彩处理一般分为两级，第一级以校准色彩为主，将所有画面的色彩恢复到正常原色。第二级则是风格化的调整，会进行整体色彩的调整，给予短视频一个主要的情感方向。

一级调色的方法

对于一级调色，可能不同的调色师对它的定义存在一些细微的差别，但一级调色的主要定义和目的大致可以被认为是：将画面的曝光、色彩校正至正常水准。简而言之，让画面的颜色还原至正常的色彩范围，是一级调色的主要目标。

如果短视频的素材是利用 Log 拍摄的，那么一级调色的第一步，是利用对应的还原 Lut 将素材还原至 Rec 709 色彩。一般来说，还原的颜色会和普通模式拍摄的素材的颜色类似。如果素材不是使用 Log 拍摄的，则可跳过这一步。

接着，需要进行色彩的手动校准。由于我们的肉眼在观看画面时，会受到周围颜色、屏幕色偏等各种因素的影响，因此直接使用肉眼查看画面容易产生调色的偏差。对此，通常会借助矢量示波器以及 RGB Parade 示波器来辅助调色的进行。

调色一般遵循先反差后色调的方式，均可利用 RGB 示波器进行。RGB Parade 本质上是波形示波器，只不过分别显示 RGB 三通道的波形。和波形示波器一样，RGB Parade 的波形也是对应一幅图像从左至右的调性。只不过波形示波器显示的是亮度信息波形，这里显示的是 RGB 三通道信息的波形。

可以先利用 RGB 示波器进行反差调整。一般情况下，一个普通的正常画面的高光部分大约在示波器 90 左右。可以利用画面中存在的高光部分的点，通过调整曝光来调整高光。阴影部分一般在 0 以上，否则就会出现画面中的死黑现象。示波器中纵向的跨度越大，与此对应的对比度也就会越高，第一步的调整就是通过示波器进行反差调整，拉出合适的对比度，保证每一个画面的对比度相同。高光和阴影也需要避免出现过曝和欠曝的部分。

然后，可继续利用 RGB 示波器观察色偏的问题。可以通过红绿蓝三个通道是否基本重合来判断画面的整体偏色。当然，我们也需要考虑本身拍摄的画面的内容，如果本身拍摄的是大海的话，那么蓝色一定会相对比红色和绿色要多很多。尽量选择画面中本身是白色的物体来判断画面的白平衡问题。可以利用色轮和色条对高光、中间调以及阴影部分的偏色进行调整。

矢量示波器则会显示画面的色相和饱和度方面的信息。从圆心向外放射的方向代表某一色相，从圆心向外放射的距离代表该色相的饱和度。通常软件自带的矢量示波器都会有原色和次生色的标记，可以利用矢量示波器中的放射程度来观察色偏。另外，矢量示波器还有一个重要用途就是确认肤色，一般矢量示波器中都会有肤色指示线，在进行色彩调整的过程中（包括二级调色结束）一定要注意肤色靠近指示线。

一级调色不仅是对于每一个画面的颜色还原，也是对于画面相互之间的调色。如果已经设想了有一定特殊需要的调色风格，也可以不完全遵守上述的调色过程。总之，使画面相互之间呈现相似的示波图，可以使画面的匹配度更高，也会为二级的风格化调色留有更好的空间。

二级风格化调色的方法

进行过一级调色的短视频，其实流畅度已经非常高了，基本上已经可以达到从头至尾通看而不感到有突兀的程度。对于一些普通的短视频，此时可以选择简单套用一些风格 Lut，也就是所谓的滤镜，就可以完成调色，进入下一步。然而，对于一些复杂的短视频，二级风格化调色却不仅仅只是套用一个 Lut 就可以呈现出能够达到更高要求的效果。

二级调色的主要目的是为了形成短视频整体的颜色情感走向，每种画面的色调感觉各有不同。通常，蓝色代表未来科技感；红色代表爱情、热辣、活力；粉色代表浪漫；黑色则代表罪恶、阴谋，以及专业、商务、严谨，等等。当然也不是只有颜色情感，小清新风格、低饱和风格、青橙风格等都可以在二级调色过程中得以体现。

二级调色通常的方法是在时间线上方统一添加调节层，然后在调节层上进行调节，来达到整个短视频一起向某个颜色的方向靠拢的效果。但是，精细的色彩调整不单单如此，还可能需要对单个画面，或对单个画面的某个部分，乃至单个画面中的单个物体进行细致的调整。调色的过程有着很多的道路需要探索，需要不断在大量实践中积累经验，此处因篇幅所限无法做详细的介绍。

总之，一级调色以调整和校对颜色到标准颜色为目的，二级调色则赋予画面更多的情感方向。不经过一级调色就直接套取滤镜进行二级调色的短视频，虽然会出现一定的色彩倾向，但往往会导致出现画面中的色彩跳跃情况。因此，如果短视频需要进行调色，则应尽量按照先一级后二级的次序进行。

短视频的成品合成

完成了短视频的粗剪、精剪以及调色后，短视频的后期处理已经基本接近尾声，最后就进入关于所有东西的合成和输出环节。为了避免出现意外，在完成最终项目发布之前，请尽量保存所有的原素材以及处理素材。本节将针对时间线的合成以及短视频的输出问题进行说明。

短视频的通常格式

前面的章节曾经提到过短视频的通常格式，这里简单回顾一下。短视频的格式通常为 mp4 或 webm。不过，许多短视频是用手机直接拍摄的，而通常情况下多数短视频平台对主流手机操作系统（如苹果的 iOS 系统、安卓系统等）拍摄的视频格式都是支持的。

短视频的容量大小主要受制于带宽及短视频平台服务器的总容量等因素。随着时间的推移，短视频的容量上限预计将会不断放大。短视频的容量大小也与格式及分辨率有一定关系。在相同压缩比的情况下，容量越大，分辨率越高，反之亦然。

需要提醒的是，不同平台支持短视频的格式、码率、分辨率及时长等，是不完全一样的。在进行短视频的合成与输出时，应根据不同短视频发布平台的要求或限制进行一定的处理。

- 在抖音上，直接拍摄并发布的短视频时长分为 15 秒和 60 秒两类；上传类的视频发布建议是：为了实现更好的观看体验，推荐上传 9∶16 的竖版视频；支持常用的视频格式，推荐使用 mp4 或 webm 格式；视频大小不超过 4G，时长在 15 分钟以内，分辨率为 720p（1280×720）及以上。
- 在快手上，直接拍摄并发布的短视频时长上限分为 11 秒和 57 秒两类；上传类的短视频的时长上限则可达 10 分钟。
- 在 B 站上，视频投稿基础参数的要求时长不超过 10 个小时，大小不超过 8G。同时，B 站已经开始支持互动视频。

通常，利用短视频 App 直接拍摄的短视频可直接在手机上进行简单的剪辑并发布，复杂的剪辑则需要在保存后通过专门的剪辑软件进行。上传类的短视频通常支持的时长更长，当然也往往经过相关的剪辑处理，并在发布时选定相应的格式。

时间线的合成

时间线从短视频后期项目的开始就已经被建立了，短视频作为一样有持续时间的东西，与照片最大的区别就在于此。这就意味着，即使是一张照片，在进入视频工程文件中时，也会拥有持续时间。

理解这个概念之后就不难想象，之前所做的一切处理，不论是音频、字幕还是特效文件或者是图片，在时间线中都可以被认为是可以持续一段时间的东西。可以把它们都当作一个个视频素材，如果是音频，就视作没有画面的视频素材；如果是字幕，就视作没有音频，大部分空间是透明的视频素材；如果是图片，就视作一直保持静止的视频素材。

这样，在时间线中的所有东西都被视作视频素材，以帮助我们在处理它们时解决很多无法理解的问题。例如，在 Pr 中，有一些效果的操作和其他的效果会冲突，那么可以通过将处理了第一层效果的素材和原素材合并，生成新素材的方式，来添加新的效果。

时间线的另一种应用就是，很多短视频可能会有非常繁杂的时间线，有可能会在处理过程中意外调整了别的部分而没有注意到，这时候又无法通过撤销回到原来的部分，这时可以通过不断合成已处理素材形成复合片段的方式，使时间线尽量简单。当然，创建的复合片段依然可以进行编辑，这是为了提高工作的效率以及容错率。

短视频的输出

短视频处理的最后一步，就是关于短视频输出选项的设置。如果是用手机剪辑的短视频，要注意在输出时，避免软件自动上传到网络，导致提前发布，注意保存到本地相册中查看。

对于电脑端剪辑的短视频，要注意其输出的编码格式、分辨率以及码率等问题。

第一，编码格式问题。大部分的主流视频网站几乎都支持各种编码格式，但是目前常用的格式是 mp4 格式，对应的编码是 H.264；而 mov 格式，对应的编码是 ProRes。当然这些编码还有细分，不过短视频的输出一般选用默认的 ProRes 442 或者标准的 H.264 就足够了。

第二，分辨率的问题。分辨率也和我们开始设置项目的分辨率有关，只可以输出同等分辨率或者更低的分辨率。对于有商业用途或者不只是在网络上发布的短视频，建议使用最高的分辨率输出。对于普通的短视频，也建议保留最高的分辨率，或者至少保留 720p 以上的分辨率版本，以满足未来所需。如果仅仅只是发布在抖音等平台上的一些会被压缩的短视频，那么就可以适当降低分辨率，以节省空间。

第三，关于码率的问题。视频码率是视频数据（视频色彩量、亮度量、像素量）每秒输出的位数。码率一般使用的单位是 kbps。理论上讲，码率越高，输出质量就越好。可以参照表 6-1 中的建议码率来设置码率，也可以按照需求调整输出。

表 6-1　短视频的视频码率建议

视频大小	分辨率	建议码率
480p	720×480	1800Kbps
720p	1280×720	3500Kbps
1080p	1920×1080	8500Kbps

第 6 章

引流：高效、精准吸粉的传播策略

短视频拍摄、剪辑及制作完毕后，还需要上传到相应的平台，并扩大其传播力度，其中有不少策略值得关注，因为每一个 Up 主心里都会想：自己发的短视频的传播量越大越好。

短视频的上传及相关设置策略

一些人认为，短视频的上传不是什么大事情。然而，懂得短视频传播规律的人却会比较重视上传这一环节。短视频上传除了格式等问题外，主要集中于平台的选择及相关设置。

短视频上传的平台选择

如果你本来就在使用某一个支持短视频的平台或App，那么你可以即拍即发，也可以将过去某一时间曾经拍摄好的视频（当然可能已经经过精心的剪辑制作）进行上传。

即使是即拍即发的视频，多数也可以保存在手机里，还可以进行剪辑调整，然后再在相应的平台上传后发布。

或者，你可以在 PC 机或笔记本电脑上，使用那些支持网页方式打开的网站，然后再上传自己已经剪辑好的短视频。

1. 短视频可以上传的平台

短视频上传的平台主要分为三类：(1) 专门的短视频平台：如国内的抖音、快手、西瓜、梨视频及秒拍等。如果要在国际市场形成影响力，可以选择国外的 TikTok、Likee、Biugo、Kwai、VStatus 及 VMate 等。我们应该首选这些短视频平台上传内容。这类平台多数只支持手机上传短视频；(2) 支持短视频的传统网络视频网站：如国内的优酷、土豆、爱奇艺、哔哩哔哩等。如果要在国际市场形成影响力，则可以选择国外的 YouTube 等。短视频上传时也完全可以选择同时上传到这些平台上；(3) 支持短视频的社交网站：如国内的微信、微博、QQ 空间等。如果要进军海外的短视频市场，那么可以选择国外的 Facebook、Instagram、Snapchat 及 Twitter 等。

2. 在更多平台发布以扩大传播

如果你的时间和精力充足的话，那么上述平台都选择也是可以的。或者，你可以根据自己的喜好与熟悉程度，选择自己认为合适的平台上传。

只是，你应该理解，选择更多的上传平台，则要为短视频内容提供了更多的火种或传播渠道。每多上传一个平台，就多了一个传播的渠道。当然，应该选择那些有一定影响力，且相对来说有更多与你的短视频相匹配的潜在人群聚集的新媒体平台。

图 6–1 短视频的速度及方向设置画面

短视频上传前的基本设置

不论是即拍的短视频，还是上传以前存在设备中的短视频，在准备发布之前，都可以进行一些基本设置。虽然可以通过第 5 章所介绍的剪辑做成更完美更精致的短视频，但是一些较为简化的短视频也可以利用短视频平台提供的一些简便工具快速完成。

1. 设置短视频的速度及方向

短视频的基本设置中有许多方面，其中速度及方向是基本的两项设置。在上传以前存在手机中的短视频时，打开视频后，最开始会出现如图 6–1 所示界面。

短视频的速度设置，通常分为五种：标准、快、极快、慢和极慢（见图 6–2）。

- “标准”为系统默认的速度。
- 选择“快”时，速度会是标准速度的两倍。
- 选择“极快”时，速度会是标准速度的三倍。
- 选择“慢”时，速度会比标准速度慢一半。
- 选择“极慢”时，速度会是标准速度的三分之一。

在选择“慢”或“极慢”速度时，如果时长超过所支持的短视频时长的上限，后面的一些内容则会被剪掉。

短视频的方向设置是为了让短视频的整个画面进行翻转，如抖音中通常可以允许每次顺时针翻转 90 度。

2. 设置短视频的背景音乐

不论是即拍的短视频，还是上传以前存在手机中的短视频，都会有一步用以设置配乐、特效、文字、贴纸或表情，如图 6–3 所示。

在“选配乐”的功能中，其中通常有“配乐”选择及“音量”设置两方面子功能，前者是选择音乐，后者是设置声音的高低（见图 6–4）。

图 6–2 短视频的基本设置中的五种速度选择画面

图 6–3 短视频的基本设置中的“选配乐”等功能设置画面

图 6–4 短视频基本设置中的“选配乐”设置画面

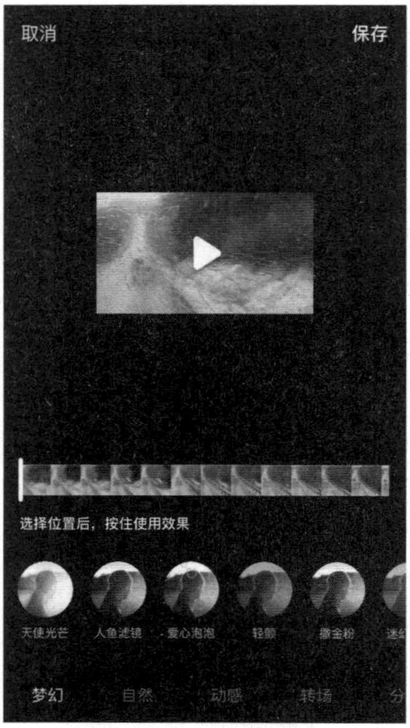

图 6–5 短视频基本设置中的“特效”设置画面

对于配乐的选择，通常会有“推荐”与“收藏”两种，可以根据自己的需要与感觉进行设置。以抖音为例，其中的“推荐”功能显示出一定的智能判断能力，如果你上传的短视频是冬天的场景，其推荐的声音可能也与冬天相关。

3. 设置短视频的特效

谈到特效，许多人想到的是电影中那些难忘的特效。不过，短小精悍的短视频的特效则要简单得多，关键是相关的特效设置要尽量简单。

以抖音为例，在图 6–3 所示画面中选择“特效”后，会出现图 6–5 所示的画面，其中有若干种不同的特效可供选择，设置好后需要保存下来。

选择短视频画面的相应位置后，按住可以应用的相应特效。可使用的特效有很多，因此通常需要进行一些分类。由于特效设置是“所见即所得”，所以主要的特效可以边实验边选择。随着时间的积累，你可能就会对选择哪种特效逐渐变得更有感觉。

4. 设置短视频的文字

你的短视频可能会需要添加一些文字，一般的短视频应用都会提供文字添加及编辑功能。当然，究竟是否需要添加文字，以及究竟添加哪些文字，添加在哪些画面，以及所欲旋转的位置等，最好能够事先有一个规划或设想。

以抖音为例，在图 6–3 所示画面选择“文字”后，会出现图 6–6 所示的画面，其中有经典、现代、霓虹、青年、颜宋及卡通等字体风格可供选择。

短视频的文字设置，与我们通常对文字的设置类似。除了添加具体的文本后，主要可设置的方面包括字体、对齐及颜色等，还可以对文字的大小进

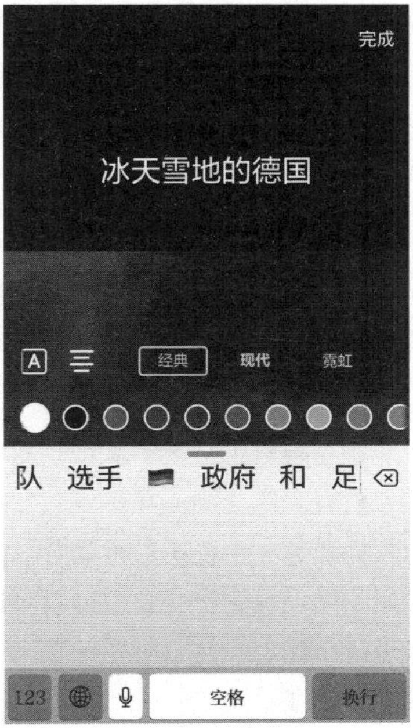

图 6-6　短视频基本设置中的“文字”设置画面

图 6-7　短视频基本设置中的“贴纸”设置画面

行设置，甚至对文字的位置及旋转方向进行设置。有的短视频应用中还可以设置文字的背景色。

除了根据需要设置相应文字的字体外，还应考虑所选的文字效果与画面内容的匹配与谐调，以及与画面原有颜色的对比，以避免画面上的文字出现看不清楚的情况。

5. 设置短视频的贴纸与表情

前面曾经提到过，目前的短视频应用为了提高人们制作短视频的兴趣，降低编辑相关效果的难度，专门提供了创意贴纸与表情功能，让短视频显得更生动好玩。

以抖音为例，在图 6–3 所示画面选择“贴纸”后，会出现图 6–7 所示的画面，其中有若干种各式各样的贴纸供你选择。选择贴纸之后，还可以设定其位置、大小及旋转等细节。

在贴纸功能的设置画面中，还有另一个标签为“表情”（见图 6–8），其中有若干种五花八门的表情供你选择。选择表情之后，也可以设定其位置、大小及旋转等细节。

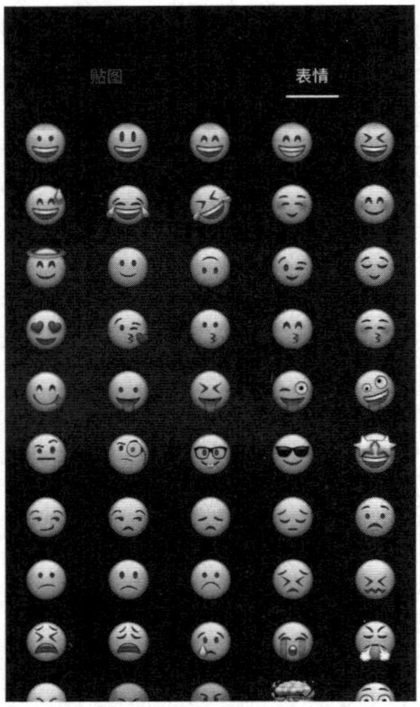

图 6–8 短视频基本设置中的“表情”设置画面

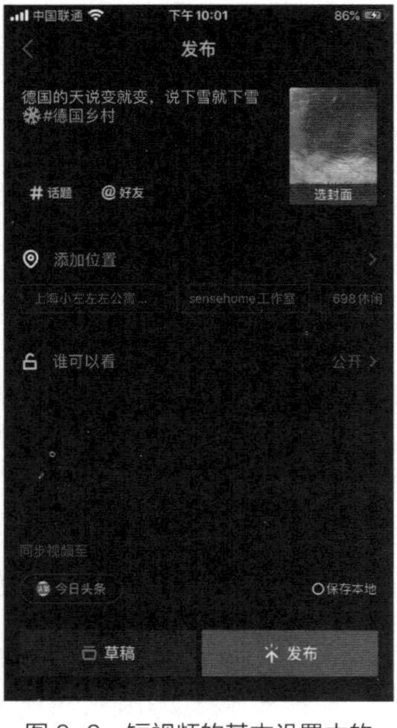

图 6–9 短视频的基本设置中的“标题与关键词”设置画面

6. 设置短视频的标题与关键词

在短视频发布前的设置中，有一类设置是必不可少也是相当重要的，即短视频的标题及关键词设置，它对于说明短视频、传播短视频及搜索短视频都比较重要。

在短视频应用中通常会有一个环节是设置标题及关键词等。以抖音为例，其设置标题及关键词的画面如图 6–9 所示。

在一些网页版的短视频平台上，其标题通常是单独存在的，然后附有文字说明。在手机版的短视频应用平台上，其标题与文字说明通常是合二为一的。通常，在标题或文字说明中，我们可以对短视频的内容及栏目进行描述，当然也可以加上一些带有感情色彩或感叹性质的文字。

关键词也称“话题”，在进行手机设置后，会以“# 话题”或“# 话题 #”的方式出现。一方面，话题的设置使得短视频的主题或关键词较为突出，有利于同类话题的讨论、传播与分享；另一方面，话题的设置会方便网民的搜索（特别是网页版的搜索）。如果需要，你还可以 @ 某个好友，以引起 Ta 的注意。

7. 设置短视频的封面

与传统网络视频类似，除了标题与关键词外，短视频也需要设置一个封面（见图 6–9 右上角）。可以选择短视频所有画面中的任何一个画面（或称为“帧”）作为封面。

当然，选择作为封面的那一帧通常可能有以下几个标准：

- 最有代表性；
- 最有视觉冲击力；

- 最能突出你的短视频的重点；
- 最能吸引观众的眼球。

如果你的短视频的哪一个画面都能符合这几方面的标准，或符合其中的两个或三个标准，那么你就选它做封面吧。当然，不排除你会有更好的选封面的标准，这个还真是见仁见智的事情。

短视频上传前的辅助设置

当今主流的短视频平台或应用都推出了更多方便短视频相关设置的辅助功能，使 Up 主可以更快速、更容易地进行一些相关设置。

1. 设置短视频的发布位置

发布位置的设置，可以让短视频 Up 主为粉丝们呈现出更强烈的现场感，例如你的短视频发自安徽黄山，或者发自法国巴黎……这些信息可以立即让粉丝联想到你的发布现场。

以抖音为例，在图 6–9 所示的画面上，即可以“添加位置”，其中系统既列出了一些可能离你最近的地点（含一些商业场所），也可能允许你搜索相关的地点。当然，如果为了保密，那么你也可以选择“不显示我的位置”。

2. 设置短视频的公开方式

虽然，通常多数人发布的短视频是向所有网民全公开的，因为毕竟短视频 Up 主往往希望让更多的网民看到自己的短视频，但是也有一些特殊的或相对私密的情况，你可能会选择不向所有网民公开。

以抖音为例，在图 6–9 所示的画面上，即可以选择公开的方式，通常有以下三种公开方式：

- 公开：即所有人可见，这是默认方式；
- 好友：即只有互相关注的好友可见；
- 私密：即只有你自己可见。

3. 增强短视频的画质

除了上述辅助设置外，多数短视频应用平台还在上传视频的一些环节中，提供了其他相关的设置功能，以提供更多的细节设置或额外的功能。

以抖音为例，该平台额外提供了一些辅助设置功能，如图 6–10 右上角所示。

图 6–10 短视频的辅助设置

短视频的“画质增强”设置功能，通常是为了让短视频的画质感更强烈，它通常有两种设置：

- 画质增强 On：即应用画质增强功能；
- 画质增强 Off：即取消画质增强功能。

4. 为短视频进行变声

许多短视频为了达到某种声音效果，可能会对相应的配音进行变声。例如，Papi 酱的短视频通常都进行了变声，这也成了她短视频的独特风格之一。不过，有趣的是，当 Papi 酱真人以平常的声音讲话时，许多粉丝却未必习惯。

目前的短视频应用通常会提供一些特定的变声效果。以抖音为例，当 Up 主在图 6–10 所示的画面中选择“变声”后，即可进行相应设置。其中有花栗鼠、小哥哥、颤音、电音等若干种特效变声可以选择（选择前可能需要下载）。

另外，需要提醒的是，变声功能主要是使配音对原声生效。是否需要使用变声功能，及如果需要的话究竟使用哪种变声，还要看 Up 主对自己短视频风格的定位与需求。

5. 为短视频增加滤镜

多数短视频应用会在手机上提供滤镜功能，且希望操作时更简单方便（至少要比 Photoshop 容易很多）。以抖音为例，在上传视频前，当 Up 主在图 6–10 所示的画面中选择“滤镜”后，即可以进行相应设置。其应用效果仍然是“所见即所得”，设置相对简单。

6. 为短视频生成自动字幕

如今，随着语音识别技术水平的不断提升，一些短视频应用则提供了一些相对智能的功能——自动生成字幕，可以基本满足简单字幕的需求。以抖音为例，在上传视频前，当 Up 主在图 6–10 所示的画面中选择“自动字幕”后，即可进行相关的设置。

在自动字幕功能的使用过程中，一个关键环节就是将画面中的语音转换成文字。那么，这就需要讲话者的发音相对标准。在另外一个环节中，需要使转换出的文字与画面播放时讲话的时间相符合。

未来，预计可能有更多、更方便、更实用的短视频相关设置功能会出现，让我们拭目以待。

短视频上传的注意事项

虽然短视频上传本不是很复杂的事情，但由于上传之前有上述这么多的设置功能，就需要注意一些基本事项。包括：（1）上传前要认真做好检查以避免差错；（2）效果设置应尽可能与短视频内容相匹配；（3）逐步形成自己短视频的统一风格；（4）避免过度使用一些特效或贴纸。

基于视频平台的短视频传播策略

在短视频的应用中，普遍存在重制作轻传播的问题。一些创意独特、制作精良的短视频却无人问津，没有多少播放量与互动量。不少短视频制作团队对这种现象有较多疑惑，不清楚形成这种现象的主要原因，甚至还觉得自己“怀才不遇”，实际上其中有不少策略可以应用。

假设你已经在短视频平台上发布了相关的内容，那么如何使这些短视频获得最大的传播量呢？这也许是众多 Up 主最关心的事情之一，因为好的短视频只有获得更多的传播量才能充分发挥其相应的价值。一位短视频发布者（Up 主）发布的多数内容在获得了足够的传播量后，才能显示出其足够的影响力。

在众多的短视频传播策略中，首先可以利用的是传统的网络视频平台。

传统的网络视频平台的价值

关于短视频有一种说法，即“短视频只是网络视频的一个子集”，这句话并不是完全没有道理。虽然短视频近年来热火朝天，并在互联网上掀起了一股热潮，且其短小精悍的表现形式，很是抢眼，但是它的本质仍然是一种网络视频。

前面提到过，虽然传统网络视频网站听起来比短视频平台要老一些，但是它们既然能支持时长更长的网络视频，对于时长更短的短视频也不在话下。只是它们并没有刻意地或专门地做短视频这块业务，也许它们认为它们理所当然地包含了所谓的短视频。

其实，一些相对老一些的传统网络视频网站在短视频领域里同样做得风生水起，例如哔哩哔哩（B站），它可能在传统网络视频及短视频领域都表现得较为突出。当然，为叙述方便，本书还是将它暂且归入传统网络视频网站。

同时，优酷、土豆及爱奇艺等传统网络视频网站仍显示出了不容轻视的影响力，它们的背后还有阿里、百度等互联网巨头投资站台。由于腾讯视频、搜狗视频、网易视频及新浪视频等传统网络视频业务依托于过去曾经在互联网叱咤风云的门户网站，其实力也不容小觑。

因此，玩短视频的人需要理解，一切有利于扩大短视频传播的其他平台都可以利用。实际上，不少知名的短视频 Up 主除了在抖音、快手等专门的短视频平台上开设账号，往往也在一些传统网络视频网站上占有一席之地。

当然，由于国内与国外的网络视频平台的情况有所不同，故接下来将两者分开，以分别讨论如何利用传统网络视频网站扩大短视频的传播。

利用国内网络视频平台扩大短视频的传播

前面已经谈到了在专门的短视频平台（如抖音、快手、秒拍、梨视频等）上面上传短视频，这里要说的是，你也可以花些时间将你的短视频同时上传到传统网络视频平台上。

在国内，可供选择的用于上传短视频的传统网络视频网站主要包括：

- **专门的网络视频网站。**主要包括优酷、土豆、爱奇艺、哔哩哔哩等；
- **主要门户的网络视频子网站。**主要包括腾讯视频、新浪视频、网易视频、搜狐视频、凤凰网视频等。

由于历史原因，以上传统网络视频平台多数同时提供手机 App 及网页版的上传页面。在具体上传时，传统网络视频平台所涉及的相关设置与上述短视频上传中的问题类似，只是可能设置的项目会相对少一些。

有趣的是，在传统网络视频网站上传视频时相关设置的选项少一些，或许是因为传统网络视频网站通常没想到那么丰富的设置功能，这或许正是近年来传统网络视频网站被抖音、快手等短视频平台抢了风头的主要原因，因为那些丰富多彩的设置功能确实吸引了不少年轻网民。

需要提醒的是，传统网络视频网站在上传视频时主要是设置标题、内容介绍、关键词（也称“标签”）及封面等，其作用类似于前面在短视频上传中所介绍的作用（见图 6–11）。

图 6-11　B 站创作中心中视频上传时的相关设置

其实，虽然传统网络视频网站在上传视频时效果设置少一些，但其内容管理后台却可能有更多细致的统计与管理功能，如数据中心、内容管理（含稿件管理、申诉管理及字幕管理等）、粉丝管理、互动管理（如评论管理、弹幕管理等）等。

利用国外网络视频平台扩大短视频的传播

由于国外专门的短视频业务发展相对滞后，所以其多数的短视频业务平台属于国内企业进军海外推出的，如 TikTok、Likee、Biugo、Kwai、VStatus 及 VMate 等，在本章完稿之时，单独的影响力特别强的国外短视频平台还很少。

国外可利用的传统网络视频平台也不是很多，通常主要是指谷歌旗下的 YouTube。从全球市场看，YouTube 的影响力要远远大过优酷、土豆、爱奇艺及哔哩哔哩等。

如果想让你的短视频在全球产生影响力，首选的上传平台还真的要属 YouTube。不过，这也可以让短视频的 Up 主在面向海外市场时可以相对集中精力。实际上，知名短视频 Up 主李子柒就曾经成功地进军 YouTube，并在向全世界传播中国传统文化方面产生了相当大的影响力。

在 YouTube 平台上，上传视频涉及的设置问题与在国内的传统网络视频平台上传时类似。另外，由于 YouTube 在国外的巨大影响力，在选择进军海外市场的短视频平台时，该平台可能成为首选，然后才是前面提到的专门的海外短视频业务平台。

基于社交平台的短视频传播策略

社交网站是世界影响力最大的一类平台，既可以利用社交平台直接上传短视频来增加一个短视频的上传与传播渠道，也可以通过社交网站来分享短视频平台上的内容，以扩大其传播力度。

网络社交平台的价值

前面曾经提到过，网络社交平台有着巨大的用户量。不论是国内还是国外，网络社交平台上的用户量排名都是相当靠前的。巨大的用户量不仅意味着巨大的影响力，还意味着超强的人流量，因此短视频的传播就完全不应该忽略网络社交平台。

值得注意的是，随着短视频的日益普及与走热，多数网络社交平台自己也开始支持短视频的上传发布。例如，国内的微信、QQ空间及微博等主流社交平台，都已经支持短视频的直接上传，甚至微信与微博等还在尝试独立的短视频功能，如微信的视频号及微博故事。甚至，腾讯与新浪很早就单独上线了短视频平台，如腾讯旗下的微视、火锅视频，以及新浪投资的秒拍。新浪还曾经在国内首推为声音配视频的平台——小咖秀。

在国外，最主流的社交平台Facebook、Instagram、Snapchat及Twitter等也都开始支持短视频的直接上传。同样，这些社交平台本身也在尝试独立的短视频应用，例如Facebook旗下的Lasso，Instagram旗下的Reels，Snapchat旗下的Lens Challenges。

曾经，Twitter还拥有过世界上最早的短视频平台Vine，只可惜没有运营好。目前Twitter暂时以自己平台上的短视频为主，类似于微博上的视频/短视频功能。

无论如何，不可小视网络社交平台巨大的用户池与超高的人气。可以从两个方面利用网络平台的这种价值，一是直接在社交平台上传短视频，二是利用社交平台转发短视频平台上的内容。

通过在社交平台上传短视频扩大传播

在社交平台直接上传短视频，可以使短视频的“种子”直接撒到社交平台上，无疑扩大了一些短视频生根的土壤。多一个上传短视频的平台，就多一次传播的机会。

有时，一些热门的短视频在网络社交平台获得的播放量比在短视频平台上的播放量还要大。

在国内，可用来直接上传短视频的平台主要包括微信、QQ 空间与微博等。

- **微信。**在微信上，应用与分享短视频主要有两类方法。一类方法是在用户的朋友圈或视频号直接发布（即拍或上传）短视频，另一类方法是通过微信公众号的文章来分享短视频（需要先在腾讯视频上传相应的短视频）。
- **QQ。**在新版 QQ 中，已经开始支持 20 秒的短视频，其玩法类似于抖音与快手，也有许多特效与贴纸之类的功能可以设置。另外，新版的 QQ 已经将“微视”嵌入其中，这也说明了 QQ 对短视频的重视。
- **微博。**在微博里，短视频的直接上传既可以通过手机进行，也可以通过电脑网页进行。微博自己还支持一种专门的短视频功能——微博故事。而且，微博与秒拍有紧密的投资关系及应用对接。另外，微博视频及新浪视频也与微博有着紧密的应用对接。

在国外，可用来直接上传短视频的平台主要包括 Facebook、Instagram、Snapchat、Twitter 及其独立的短视频应用平台。

- 在世界上最大的网络社交平台 Facebook 上，可以直接上传短视频内容。另外，Facebook 也在尝试独立的短视频应用 Lasso，可以适当利用。
- 在世界上最大的图片分享社交平台 Instagram 上，可以直接上传短视频。另外，Instagram 也在尝试独立的短视频应用 Reels，与音乐相关的短视频也可以利用它进行上传发布。
- 在世界上最著名的“阅后即焚”式图片分享社交平台 Snapchat 上，可以直接上传短视频。另外，Snapchat 也开始尝试独立的短视频应用 Lens Challenges，对此也可以考虑加以利用。
- 在世界微博鼻祖 Twitter 平台上，可以直接上传短视频。虽然 Twitter 玩坏了曾经的世界短视频鼻祖 Vine，但我们相信它不会轻视短视频，而是会在已经支持短视频的情况下，继续加大对短视频的重视。

需要说明的是，由于社交已经成为绝大多数平台的标配功能，所以广义的社交平台非常多。例如，通常 YouTube 可以算是网络视频社交平台，今日头条可以算是新闻分享社交平台。如果这样理解，那在它们上面上传短视频也算是本节提到的“通过在社交平台上传短视频扩大传播”。

关于各个社交新平台在上传短视频时的有关设置，通常与前面提到的各类平台类似，只是各平台的功能多少及操作方式会有所差异。

通过社交平台转发短视频平台上的内容

网络社交平台的另一个传播短视频的作用，体现在它可以转发或分享已经在短视频平台上存在的内容。更多的转发或分享，就意味着更多的传播。

从原则上讲，只要原始的视频或短视频没有版权问题，那么它在其他平台传播时就没有版权问题。更重要的是，视频或短视频在网络社交平台传播时，通常可以直接播放，而且在该平台上短视频的播放次数会累加到短视频平台上。

通常，将短视频转发或分享到社交平台上的方法有两种：一种是在社交平台上发布一条信息，然后添加短视频的网址链接；另一种是在短视频平台上，使用相关的分享按钮，直接分享到相关的网络社交平台上。

在主流的短视频平台上均有将短视频直接分享到社交平台上的通道。以快手为例，其目前的版本可以将短视频分享到微信好友、微信看一看、微信朋友圈、QQ 好友、QQ 空间及微博等社交平台（见图 6–12）。

图 6–12　快手的短视频分享界面

同样，以抖音为例，其目前的版本可以将短视频分享到微信朋友圈、微信好友、QQ 空间、QQ 好友、今日头条、微博等网络社交平台（见图 6–13）。

较为可惜的是，出于自我保护等原因，有些网络社交平台可能不允许转发（或屏蔽）其他平台的视频或短视频。此时，应对的办法就是参照上面提到的方法，将短视频直接上传到网络社交平台上，或上传到与这些平台有紧密合作关系的短视频平台上，问题就可得到解决。

另外，在网络社交平台转发或分享短视频还有一个好处是，该平台上的用户可以在社交平台上再转发，以及进行评论、点赞等，使短视频的内容得到更广泛的讨论，这也可以算得上短视频传播的一部分。

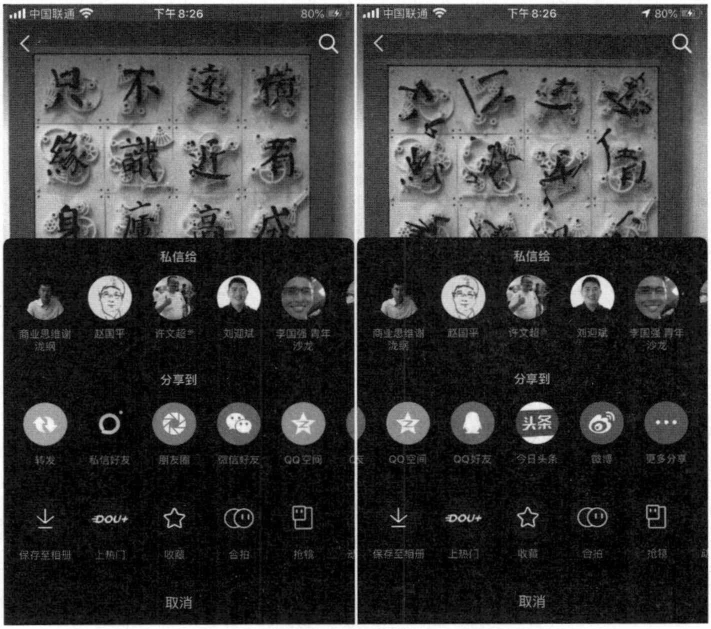

图 6-13　抖音的短视频分享界面

基于其他平台的短视频传播策略

如前所述，多一个上传或分享的平台或渠道，就可以让短视频多一次传播的机会。在讨论了利用传统网络视频平台及网络社交平台传播短视频之后，我们还可以利用许多其他平台。

相关的其他平台

前面提到过，只要视频或短视频在上传时没有版权问题，那么它就可以在各种不同的平台上分享并传播。只是可以利用的平台很多，至少目前还可以利用有一定影响力的小红书、知乎、豆瓣、YY 小视频、陌陌，以及其旗下的“对眼”、VUE、美拍、百家号及头条号等。

- **小红书。**小红书是展现年轻人的生活方式的平台，用户可以通过短视频、图文等形式记录生活点滴，分享生活方式，并基于兴趣形成互动，这些还常常会影响用户的消费决策。

- **知乎。**知乎是网络问答社区，联结各行各业的用户。用户分享着彼此的知识、经验和见解，为中文互联网源源不断地提供多种多样的信息。目前版本的知乎已经支持直接发布短视频。
- **豆瓣（douban）。**豆瓣是一个社区网站，该网站以书、影、音起家，提供关于书籍、电影、音乐等作品的信息。
- **YY 小视频。**YY 原本是音频直播的早期应用之一，后来开始支持视频直播，再后来支持发布小视频。实际上，YY 所属的企业欢聚时代在国外的短视频领域发展的势头更好。
- **陌陌（MOMO）。**陌陌是一款基于地理位置的开放式移动视频社交应用。陌陌允许用户在发布动态时即拍即发短视频，也可以上传手机相册里的短视频。另外，陌陌也在尝试独立的短视频应用“对眼”。
- **VUE。**VUE 是一款 Vlog 社区与编辑工具，允许用户通过简单的操作实现 Vlog 的拍摄、剪辑、细调和发布。看到 Vlog，你就明白它也是正宗的短视频应用平台，且集拍、剪、发于一体。
- **美拍。**美拍是一款可以直播、制作小视频的应用平台，当然可以用于直接发布短视频，有时“小视频”“微视频”与“短视频”相差并不大。
- **百家号。**百家号是全球最大中文搜索引擎百度为内容创作者提供的内容发布、内容变现和粉丝管理平台。百家号目前支持发布文章、图片和视频作品。
- **头条号。**头条号的曾用名为“今日头条媒体平台”，是今日头条旗下的媒体/自媒体平台，支持直接发布小视频。另外，今日头条旗下还有抖音、西瓜视频、抖音火山版（原火山小视频）等独立的短视频平台。

许多其他平台也开始逐步支持直接上传短视频。同时，多数的短视频平台与传统视频平台除支持将内容分享到社交平台之外，还支持不少其他平台的分享。这也构成了这两类其他平台主要的短视频传播策略。

除了专门的短视频平台、传统网络视频平台及多数大型网络社交平台外，许多有影响力的其他平台也支持直接发布短视频，比如，在知乎和 YY 上比较适合知识分享与教育培训类的短视频；陌陌、VUE、美拍、百家号、头条号没有明显的短视频类型倾向，各类短视频均可尝试。不过，在头条号直接发布短视频的平台对接着西瓜视频。抖音上发布的短视频默认同步到今日头条上。

在以上其他平台上传短视频的步骤与在一般的短视频平台或社交平台上传的过程类似，相关设置也较为类似。

图 6-14　VUE 中短视频分享界面

在其他平台转发短视频平台上的内容

其他一些平台在一些领域的影响力不小，如果不支持直接发布短视频，则可以通过分享的办法，将短视频的链接复制过来，粘贴在相关的文字内容中即可。例如，豆瓣在书籍、电影、音乐等领域有一定影响力，但暂不支持直接发布短视频，则可以通过复制相关短视频的链接来进行分享传播。

对于其他各类平台（知乎、YY、陌陌、百家号及头条号等）而言，当然也可以采取这个方法，把短视频平台上相关短视频的链接复制过来，放入文本内容即可。

对于集制作、剪辑与发布于一体的 VUE 及美拍等应用，实际上也是专门的短视频应用平台，它们也可以在发布短视频之后将其分享到微信对话、微信朋友圈、微博、QQ 对话、QQ 空间等（见图 6-14），还可以将其短视频链接复制到其他平台上。

总之，对于那些影响力大的平台，无论是传统的网络视频网站，还是用户超多的网络社交平台，抑或是其他有一定影响力的平台，都有一定的利用价值。

扩大短视频传播量的其他策略

短视频的影响力往往是通过其传播量得以显现的。在进行了前面的各类短视频的传播策略的讨论之后，这里还要讨论其他一些扩大短视频 Up 主影响力及其短视频传播量的策略。

建立短视频类的微信公众号

这是扩大短视频 Up 主影响力及其短视频传播量的基本策略之一。一个有影响力的

图 6-15 “一条”微信公众号

Up 主，可能不仅在短视频平台（如抖音、快手等）及网络视频平台（如 B 站、YouTube 等）上有影响力，而且很可能还在微信公众号上有相当大的影响力。

许多知名的短视频 Up 主都开设有微信公众号，如李子柒、李佳琦 Austin、回形针 PaperClip 及 Papi 酱等。微信公众号为他们的短视频扩大传播提供了另一个平台。需要注意的是，在利用微信公众号传播短视频时，通常需要先将视频上传至腾讯视频，然后在文章里才可以插入视频。

一些专门的短视频制作方甚至将微信公众号变成了最重要的阵地，其影响力的发端主要来自微信公众号平台，例如以“每天一条原创短视频，每天讲述一个动人的故事，每天精选人间美物，每天来和我一起过美好的生活”为公众号简介的“一条”，其包含了短视频的公众号文章的超高阅读量，让它在短视频制作领域迅速崛起（见图 6-15）。

还有一些短视频制作方不仅将微信公众号作为重要的阵地，还为其公众号专门开发了播放视频的微信小程序，以方便粉丝们更方便地浏览过往的短视频，比如“二更”，见图 6-16。

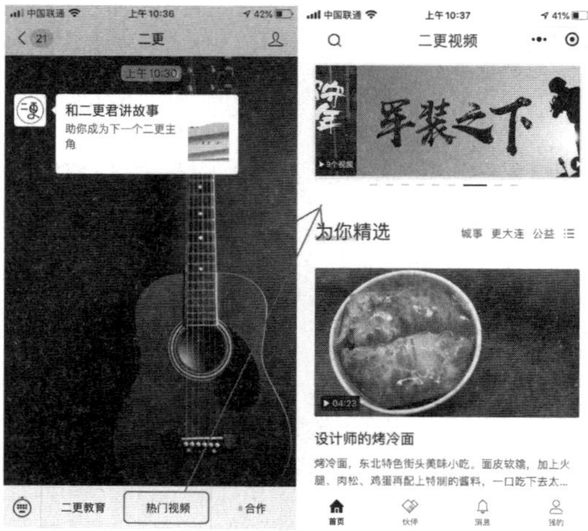

图 6-16 “二更”及其播放短视频的微信小程序

“一条”与“二更”等在短视频形成足够影响力后，甚至开始进军其他领域。此时，它们在微信公众平台上的短视频相关账号反而成了其后续拓展、发展的 IP。

建立短视频类的微博账号

在微博上建立短视频 Up 主的账号是扩大短视频 Up 主影响力及其短视频传播量的又一个有效基本策略。不论是知名短视频 Up 主（如李子柒、李佳琦 Austin、回形针 PaperClip 及 Papi 酱等），还是短视频制作方（如一条、二更等），抑或是各类新闻短视频方（如“梨视频”及其旗下的“老板视频”、澎湃新闻旗下的“澎湃视频”、界面新闻旗下的“界面 Vnews”及“箭厂视频”等），在微博上都开设有自己的账号。

微博作为一个公开、传播特点非常明显的平台，且以“短（短小）、平（平等交流）、快（裂变式传播）、碎（碎片化内容及时间利用）、即（即时信息发布与查询）、开（开放式讨论与传播）”为特色，当然也就非常有利于短视频 Up 主提升影响力，并扩大其相关短视频内容的传播量。

短视频 Up 主的微博账号的作用表现在多个方面，不仅可以分享或转发自己的短视频，还可以在其短视频下方与其他用户进行互动，同时还可以发布其他相关的信息，包括通知、话题讨论、投票及开展活动或报名等。

对于微博账号的短视频的分享与转发，微博还有其独特之处，即它可以在转发时将包含短视频的原帖一起转发，同时可以在一个用户转发评论后，后面的用户在包含其评论的基础上继续加上新的评论，而这种连续的微博评论既可以连续呈现多条精彩的辩论观点，又像多句相互衔接的戏剧台词。

有时，影响力较大的短视频团队可能还会建立一个微博矩阵，即建立若干个相关的微博账号，如 Papi 酱相关的账号就有好几个，包括 Papi 酱、Papi 家的大小咪、Papitube、Papi 的小师妹、Papi 小师弟、Papi 酱全国后援会等。这些账号可能在短视频及相关内容的传播与互动中实现相互配合。

如果要进军国外的短视频市场，也可以在 Twitter 及 Facebook 建立相关的账号。

扩大短视频传播的全员参与策略

在短视频被分享到微博、微信及其他相关社交平台上进行扩散传播时，短视频团队的全体成员都应该参与其中，即“全员参与”思维或策略。

有的短视频团队发布完短视频之后就对其传播情况不管不问，或者传播过程中只依靠一两个兼职的员工，这些都存在或多或少的问题，并且违背了全员参与策略，那么其短视频相应的传播效果也不会特别大。

在实施短视频传播的全员参与策略的过程中，最好能由团队中的高管带头进行分享与传播，然后带动副手及中层传播，再发动团队的其他骨干成员及普通成员进行更大范围的传播。这样，团队所有成员的力量可以得到充分发挥，并形成“星星之火”，那么其燎原的可能性就增大了许多。

在将短视频平台上的内容向其他平台传播时，团队所有成员应尽量将相关短视频分享到更多的渠道，并在分享时加上一些精彩的评论。

在微博平台转发短视频时，团队所有成员要对相关微博进行至少一次转发，并发表一些精彩评论，然后带动一个以上的他人转发。如果已经有人在这条微博下面有过精彩点评，也可以转发这条点评，再加上你的精彩点评，以便让连续的精彩评论去打动粉丝。

在分享包含了短视频的微信公众号文章时，团队所有成员可以将这篇文章分享到自己的朋友圈，同时分享到若干个相关的聊天群，建议在分享时加上你精彩的点评。如果引发了好友或群成员的讨论，那么也应该积极地参与讨论，并可能引发好友的分享与扩散。

扩大短视频传播的精准分享策略

在上文中的图 6–12（快手的短视频分享界面）、图 6–13（抖音的短视频分享界面）及图 6–14（VUE 的短视频分享界面）上，都可以选择分享给微信好友（或微信对话）、QQ 好友（或 QQ 对话）。实际上，分享给微信好友时，不仅可以选择分享给某个具体好友，还可以选择某个相关的聊天群。

针对某个具体的好友或某个相关的聊天群的分享，其实就是某种意义上的精准分享。当然，其中的逻辑是，你分享的短视频正好是某个好友特别关心的，或者与某个聊天群的兴趣类型相匹配。

在进行短视频分享时，新版本的快手与抖音还支持选择只分享给短视频平台中的一个好友或者多个好友。以抖音为例，在其平台内部分享短视频时，可以选择一个或几个好友的头像，以精准地分享给他们，并可以建立相关的聊天群（见图 6–17）。从某种意义上，这些正是非常重要的“私域流量”的一部分。

如果有软件系统可以帮助你筛选用户或聊天群，可能效率会更高。当然，再次提醒：你要确定你分享给某些好友或某些聊天群的短视频一定是他们感兴趣的，否则几次之后你就会被讨厌，或被屏蔽、拉黑，甚至被踢出聊天群。

互动评论促进短视频传播的策略

需要注意的是，无论是上面哪种短视频传播，若在传播过程中引发了其他人的讨论，在时间允许的情况下，你都应该积极地参与互动，或者说积极参与相关的讨论。

之所以建议积极参与他人对你的短视频的讨论，一方面是出于对他人热情的尊重，总不能人家对你的短视频很感兴趣，你却像个旁人不予理睬；另一方面是因为在互动讨论中，你或者其他人都可能发表精彩的点评，这可能会引发更多人的关注，并可能使得你的短视频因此而引发更大的传播，说不定会使你的某个短视频突然变成热门短视频。

图 6-17　抖音短视频分享时的用户选择

在许多时候，一群人在讨论某个短视频时，很可能因为其中一些人的点评很有水平，从而引发更多的讨论与转发，也有可能会启发更多的人发表更多高水平的评论。在微博之类的平台上，一些网民还可能因看到某个精彩评论，而对这条评论进行新一轮的转发。

从广义角度上讲，互动评论也是短视频传播的一部分。后面在探讨短视频效果评估时，我们将会看到评估指标中不仅包括短视频的播放量、点赞数等，还包括了短视频引发的转发、分享、评论等指标。

Up 主与 MCN 合作扩大传播的策略

MCN 的概念与价值

1. MCN 的概念

MCN 是 Multi-Channel-Network 的缩写。这个外来词最早诞生于国外视频网站 YouTube。MCN 的本质是一个“多渠道网络”（也是其英文本意）的平台，它可以将平台中生产不同类型内容的优质 UGC（用户产生的内容）、PGC（专业内容生产）联合起来，以平台化的运作模式为内容创作者提供运营、商务、营销等服务，帮助 PGC、UGC 变现，同时平台获得相应的收益。

对于短视频 Up 主而言，如果你只是一个普通的 Up 主，那么基本上可以算是 UGC；如果你已经有了一定的影响力，成为专业的短视频 Up 主，那么就可以算作 PGC；如果你的影响力足够大，还可以算作短视频领域的 KOL（意见领袖）。

相对而言，单个的 UGC 或 PGC 可能在内容生产、传播与变现方面效率不高，而与多个 UGC/PGC 合作的 MCN 则拥有更丰富的资源、更专业的包装与内容打造能力，可能会使包括短视频 Up 主在内的网红或网络达人更快速地提升影响力。

从另一个层面看，MCN 更像是一个中介平台，因为它可以将众多的 UGC/PGC 与广大广告主通过自身的平台联系起来，即为广告主找到更好的 UGC/PGC，也为 UGC/PGC 找到更多拓展与广告主的需求匹配的内容生产及变现的机会。

就目前的情况看，短视频平台、微博平台、微信平台、传统网络视频平台及其他大的平台都会与众多的 MCN 合作。有时，这些平台也可能自己来做更大的 MCN。

2. 中国的 MCN 现状

作为平台与中介，MCN 上游对接优质内容，下游寻找推广平台变现。早期国外的 MCN 以经纪模式为主，帮助包括短视频 Up 主在内的网红或达人变现。国内的 MCN 模式则不大相同，国内 MCN 机构通常只需要和内容生产者对接上，内容生产者专心做内容，而对他们的包装、营销、推广和变现则可能主要由 MCN 来完成。

据克劳锐指数研究院于 2019 年 3 月发布的《2019 年中国 MCN 行业发展研究白皮书》显示，中国 MCN 行业已经从 2015 年的 160 家发展到 2018 年的超过 5000 家。同时，报告还认为，2019 年 MCN 的数量还会大幅增加。

无论如何，由于中国的网民数量居世界第一，在催生大量网络平台的同时，也催生了大量包括短视频 Up 主在内的网红与达人，当然也催生了大量 MCN，从而大大促进了中国网红经济、粉丝经济、直播与短视频等的发展。

从另一个角度看，MCN 机构与短视频 Up 主互相成就，大量短视频 Up 主促进了 MCN 的成长，MCN 反过来也帮助了不少短视频 Up 主获得成长，提升影响力。

值得注意的是，一些原来的短视频 Up 主或制作方因其影响力不断提升，在发展自己和提供优质内容的同时，也衍生出了自己的 MCN 平台，如 Papi 酱衍生出了 Papitube，二更也演变成了提供综合性内容的平台。

3. MCN 的价值所在

MCN 也许正如其英文全称翻译过来的名字——多渠道网络，其中的“多渠道”既反映在其平台与中介作用，同时也反映出其联系着多个渠道：

- 内容生产渠道：UGC、PGC 及其他内容生产方；
- 媒体传播渠道：各种传播媒体及其运营方；
- 广告接入渠道：各类企业、组织对应的广告投入方及广告代理方。

能把这么多渠道联系在一起，形成网络平台，这是 MCN 的基本价值所在。

通过 MCN 的价值还可以观察其作业链条。据克劳锐指数研究院发布的《2019 年中国 MCN 行业发展研究白皮书》，MCN 机构的基础作业链条分为七个环节（详见图 6–18）。

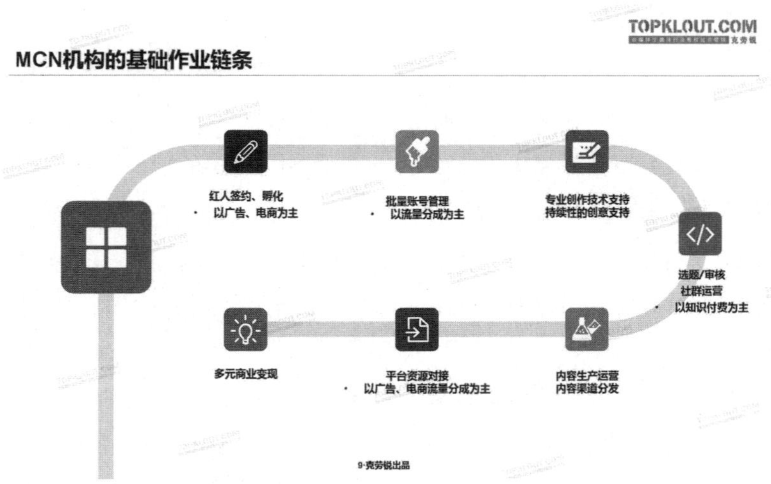

图 6–18　MCN 的基础作业链条

资料来源：克劳锐《2019 年中国 MCN 行业发展研究白皮书》。

这七个环节分别为：

- 红人签约、孵化：以广告、电商为主；
- 批量账号管理：以流量分成为主；
- 专业创作技术支持及持续性的创意支持；
- 选题 / 审核及社群运营：以知识付费为主；
- 内容生产运营及内容渠道分发；
- 平台资源对接：以广告、电商流量分成为主；

- 多元商业变现：最终促成更高效的商业变现。

其实，这些环节也是 MCN 机构主要的细化价值，以下将对其中一些与短视频 Up 主关系较紧密的几个环节进行探讨。

MCN 帮助孵化及包装 Up 主

任何一个短视频 Up 主都有一个成长的过程，除非你在做短视频之前已经是一个知名人士或明星。虽然迅猛发展的短视频领域为所有 Up 主都提供了良好的发展机会，但是毕竟有那么多同类的账号，要想脱颖而出亦并非易事。

要想成为一名有影响力的短视频 Up 主，除了认真学习并积极实践本书其他各章节的内容，还可以参考本节所谈到的方法——与 MCN 进行合作。

那短视频 Up 主能从与 MCN 的合作中获得什么?

Up 主与 MCN 机构合作可得到的第一类好处应是获得 MCN 相对专业的孵化及包装。当然，前提是你有一定的潜力，同时 MCN 有足够的实力。

所谓的“孵化”就是将你从一个相对普通、影响力较小的短视频 Up 主变成某个领域影响力较大的短视频达人或短视频网红。

所谓的“包装”就是在孵化你的过程中，为你的未来发展进行合理的定位，进行符合你特点的风格的选择，进行你的品牌标签的设计，并进行相应的宣传推介，进而让你成为一个 IP。

说到“孵化”与“包装”这两件事，你也可以自己做，但是除了这本书之外，你还要学习很多，并且需要在实践中不断磨炼，可能会走不少弯路，摔不少跟头，才有可能“修成正果”。然而，如果你碰到有实力的 MCN 机构，那么他们可能会更高效、更专业地对你进行孵化与包装。

MCN 帮助 Up 主打造专业内容

如果你与有实力的 MCN 合作，他们应该可以帮助你打造更专业的短视频内容。这种专业性可能从短视频的内容主题选择、内容创意及内容制作等方面着手，让你的短视频内容在同类短视频账号中显得与众不同，使你的短视频更容易传播，进而提升你的影响力。

- **主题选择。**在主题选择方面，虽然你自己可能最了解你自己，但也许旁观者清，有实力的 MCN 更会发现你的特点与优势，然后加以充分发挥，再结合你的特点、不同时期的用户需求及热点变化，帮你挑选最适合你发布的主题。

- **内容创意。**在内容创意方面，有水平的 MCN 机构会帮你针对特定主题，进行更具创意的内容创作，并且还要考虑如何通过持续性的创意让你保持足够的热度，进而保持影响力不断上升的趋势。
- **内容制作。**在内容制作方面有较多的艺术及技术上的要求。特别是，一些要求制作精良的短视频的制作过程是较为复杂的，此时 MCN 的专业水平可能会助你一臂之力，进而让你的短视频内容显得更专业、水平更高。

再次提醒，以上的操作你自己都可以进行，但效率未必有 MCN 机构高。

MCN 帮助 Up 主对接广告客户

不少有一定影响力的短视频 Up 主有一个纠结的地方，那就是，自己平时花了较多时间做短视频，虽然有了一定量的粉丝及传播量，但是却较难变现。虽然变现有多种方式，但其中广告是较为常见的一种，只是一般的短视频 Up 主很难找到合适的广告主。

这是情有可原的事情，因为毕竟一个短视频 Up 主的人脉关系有限，不可能认识那么多可能投放广告的企业或组织。此时，MCN 机构所拥有的丰富资源中的其中一种资源——与 MCN 合作的众多广告客户就可能发挥重要作用。

在实际操作中，MCN 会将众多合作的广告客户的不同需求与签约的不同类型、不同风格的各类短视频 Up 主进行牵线搭桥，然后促成交易——找到合适的短视频 Up 主，针对广告客户的需求，利用短视频加以满足或实现。然后，MCN 与短视频 Up 主对广告主支付的广告费及其他收入进行分成。

当然，现今对于过于直白的广告普通网民们通常不会买账并相当厌恶。此时，对于 MCN、广告主及短视频 Up 主的最大挑战是，如何以最具创意的方式，将广告客户的需求以平滑的方式不经意地植入短视频里。我们将在第 7 章讨论相关的策略。

MCN 帮助 Up 主推广相关内容

MCN 除了可以帮助短视频 Up 主孵化与包装品牌、打造专业内容及对接广告客户之外，还可以帮助他们推广相关内容，当然，这也是对短视频提升传播量最直接的帮助。之所以得出这样的结论，其背后有两个相关的逻辑。

第一，MCN 机构有足够的动力去帮助与之签约的短视频 Up 主推广内容，因为最终由短视频 Up 主的内容传播量提升所带来的收入，是 MCN 与短视频 Up 主进行分成的。

分成比例是约定好的，提高收入的最重要策略就是合理、合法、规范地提升签约 Up 主内容的传播量。

第二，MCN 机构最主要的优势之一是其与许多传播媒体的合作，这就是媒体资源。在通常的合作逻辑中，与 MCN 合作的众多媒体会优先推荐 MCN 所推广的内容，甚至根据情况可能给予优先上头条之类的机会。相对而言，MCN 机构的媒体资源要比普通个人或小团队的资源丰富得多。

总之，任何一个短视频 Up 主都希望自己的每一条短视频都能被更多人看到，即获得更大的传播量。因此，还是需要花功夫认真学习并研究其中的传播规律及传播策略。虽然成事在天，但是毕竟谋事在人。

第 7 章

变现：收割短视频红利的营销策略

对于许多企业与机构而言，可能希望利用如火如荼的短视频进行营销（有时也基本可以将此类短视频归为品牌营销类短视频）。此类短视频既可能由企业或机构自己来策划、拍摄与发布，也可能与一些知名微视频 Up 主合作拍摄与发布。

关键问题是，如何让此类短视频达到较好的营销效果？除了之前讲过的叙事策略及第 6 章讲到的一系列传播策略外，还有许多其他行之有效的营销策略值得学习，这些策略大多将会把前面的内容创意思维加以应用与体现。

病毒短视频的营销策略

大家可能听说过“病毒视频”，或者观看过此类视频，并在不知不觉中主动转发给了好友。其实，“病毒短视频”与“病毒视频”的原理是类似的，其中有相应的规律与策略值得研究。

病毒短视频营销的基本策略

1. 病毒短视频营销的价值

病毒短视频是最考验短视频 Up 主或团队的一类短视频，能否成为“病毒式”大规模传播的热门短视频，看的就是短视频的创意，比的就是策划的能力与水平。

如果一个短视频 Up 主或团队从没有成功策划过一些大传播量的病毒短视频，那么都不好意思背负“知名短视频 Up 主”或“短视频网红”之类的称号。

因此，至少给自己一次机会，一次挑战，去尝试策划至少一个病毒短视频吧。因为一旦你的短视频成为病毒短视频，你才会真正领会到新媒体时代的短视频的极大威力。

病毒短视频最重要的价值是，它能够比其他所有类型的短视频以更低的成本实施营销。因为同样是一个视频，一旦形成“病毒”，就会有大量的传播出现，其带来的营销效果要比一般的短视频好得多，那也就大大节省了营销成本，提升了营销效率。

只是，这种成本节省程度的高低，取决于你的创意及策划的能力与水平。因为要想出一个好的创意可能要下相当大的功夫。但是，如果你掌握了一定的方法与技巧，或许就可能较快地产生某种适合病毒短视频营销的创意。

2. 理解病毒短视频营销

病毒短视频营销策略基本上是前面“短视频内容创意思维”中的“病毒爆点思维”的集中体现。前面提到过，病毒爆点思维的核心是制造亮点，预埋爆点，生成病毒。

- 制造亮点：即在内容中有明显不同于一般信息的点，它吸引人们的眼球，让人们眼前一亮（也可能是“几亮”）；
- 预埋爆点：即在内容中悄悄埋下若干个引爆点，等待时机成熟，就会被用户一一引爆；
- 生成病毒：即包含了亮点与引爆点，也可能包含了其他病毒元素的点，将它们合起来注入内容中，形成病毒传染源。

在进行病毒短视频营销方面的策划时，就要不断地琢磨其中的亮点、引爆点，这类似于相声中的“包袱”，要深入研究观众观看短视频后的心理反应，思考哪些亮点会引起观众真正的兴趣，会调动观众的积极性，以及哪些点最可能引爆网络。

3. 病毒短视频营销案例

学习病毒短视频营销的案例时，可以借鉴从网络视频时代到短视频走热的现在一直行之有效的案例——Blendtec 搅拌机的视频 / 短视频营销（见图 7–1）。

Blendtec 是一家搅拌机生产厂商，它们成功地利用网络视频 / 短视频传播了自己的品牌。其绝招就是选择一款当下新潮或热销的商品，如最新推出的可口可乐、最新款的手机等，把将其搅碎的视频放在网上广为传播。这一招似乎让它们多年来的视频 / 短视频的营销相当有效。

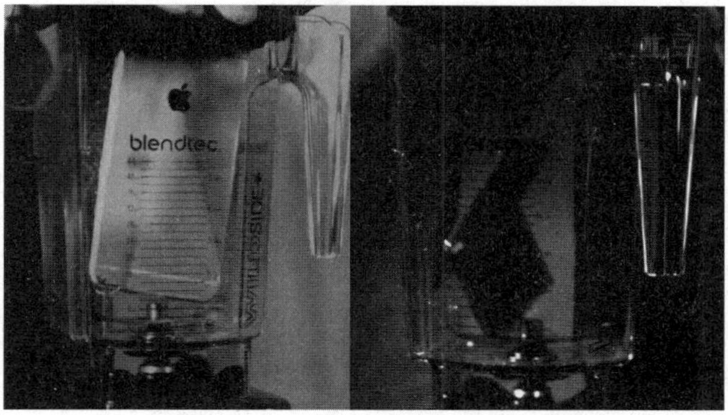

图 7-1　Blendtec 搅拌机的视频 / 短视频营销

在本案例中，Blendtec 分别选中了 iPhone 6 Plus 和 Galaxy Note 3 两款当时的热门手机，然后把它们放到搅拌机里搅碎。当网民在观看视频时，他们不禁惊呼：“它们真的将那么贵、那么硬的 iPhone 6 手机给搅碎了！”

实际上，如果你觉得被搅碎的东西很贵很可惜，那么你已经被它吸引，再加上其选择的是热门产品，则更容易被关注。如果你觉得那也能被搅碎，那么你已经对其产品的性能有了深刻的印象。

其实，这招被 Blendtec 连续用了十余年，许多刚刚上市不久的热门产品，几乎都会被 Blendtec 拿去搅碎。从某种意义上，它还体现了本书曾经提到的以及下面还会讨论的“热点借力思维”。

病毒短视频营销的延伸策略

在实施病毒短视频营销策略时，有以下几条延伸出来的策略。

- **策略 1：亮点发掘策略。**前面提到过，要去寻找或发掘组织、产品或服务的亮点。这就要求内容发布者要与组织、产品和服务的负责人深入探讨，发掘出其中的亮点。有些亮点本来就有，只是你没有动脑筋提炼出来，这其实是件非常令人遗憾的事情。所以，发掘亮点是需要短视频策划者重点花时间的地方。
- **策略 2：爆点预埋策略。**爆点可以有一个或多个，需要将它们巧妙地、不动声色地悄悄地预埋在你的内容中，最好是让用户自己看内容时发现并逐个引爆它，每次引爆都会形成新的讨论，也就是新的传播。在极个别情况下，当受众未发现你预埋的某个爆点，或你预埋的某个爆点没有被自然引爆时，可能需要适当引导。

- **策略 3：争议制造策略。** 许多时候，争议即病毒，争议即爆点，争议可能引爆话题。在不违反基本法律与道德的情况下，抛出一些有争议的话题，那么你就可以像辩论赛的主持人一样，主持这场讨论，让持有不同意见的各方各抒己见，而你只需做适当的重点突出与讨论方向的引导。甚至，你可以通过微博与微信等社交媒体来为有争议的短视频展开辩论或话题讨论。
- **策略 4：广播火种策略。** 带有病毒或爆点的内容未必就能传播得特别广泛，较好的策略是把这些病毒或爆点的种子像火种一样撒到新媒体的各块草原上，相信“星星之火，可以燎原”。只有更多的火种被扩散出去，才会形成更广泛的病毒传播或内容引爆。本策略的相关方法与技巧，可以参照第 6 章的内容。

病毒短视频营销的注意事项

在进行病毒短视频营销时，以下几点建议希望能引起注意。

- **建议 1：掌握尺度与分寸，避免突破底线。** 突破底线就意味着触犯法律、法规，那么不仅本来的传播或营销目的未能达到，可能还会受到行政或法律上的处罚，甚至遭遇牢狱之灾。近年来，就有一些 Up 主或主播因为尺度掌握不当，或逾越了某些红线，而遭到一定时间内被禁止发布内容的处罚，严重的则被永久封号，甚至被追究法律责任。另外，对于把握不准的暴力、恐怖及负能量相关的主题，最好避免。
- **建议 2：充分而深入地了解组织及其定位。** 亮点与爆点既要埋得不经意，还要戳到受众的“痛点”。一些内容制造者由于对组织及其定位（含愿景、价值观与企业文化等）了解不够，因而在亮点与爆点的契合点上抓不到要害。相关方法与技巧可以参照本书之前的相关章节。可想而知，如果对组织及其定位没有较深入的了解，而又想制作出反映品牌亮点及特点的短视频，其实是不切实际的想法。
- **建议 3：充分而深入地了解产品或服务的特点。** 同样，你需要在制造亮点或爆点时充分了解产品与服务的特点；否则，尽管病毒爆点内容传播得很快，但是如果与企业关系不大，最终还是无法促进产品或服务的推广。这其实意在提醒各位短视频 Up 主，亮点与爆点的发掘要在充分了解产品或服务的优势与特点的基础上进行，而不能信口雌黄。
- **建议 4：借助名人或明星效应。** 名人或明星本来就具有相当大的影响力，如果充分加以利用则会事半功倍。当然，应注意不要侵权或损害名人或明星的名誉。这实际上也属于一种借力发力法。名人与明星本身也经常会成为焦点，与其相关的消息也常常会成为热点，所以从某种意义上讲，这也属于“热点借力思维”的体现。

- **建议 5：学会引导短视频传播过程中大众议论的方向。** 一旦病毒爆点内容迅速传播，可能会有无数种讨论方向。作为发布者，你需要把握议论的方向，此时你可以把你想传播的内容突出强调，也可以把你认为重要的问题拿出来说事，还可以把对你有利的内容多加扩散。当大众讨论的问题偏离了方向，或明显对品牌声誉产生不利影响时，要及时对舆论或讨论的方向加以调整与引导。
- **建议 6：多渠道及多账号的协同配合。** 我们在前面的短视频传播策略中提到过，好的传播需要多种渠道与多个账号的合作。例如，你把病毒视频发布到视频网站后，还可以利用微博、微信、头条号及小红书等平台的多个账号进行分享，形成全员参与、全方位、立体式的传播，这也是为了使火种广为播撒，为了使你的短视频传播成“燎原”的趋势，为了使你的短视频尽快成为“病毒”。

UGC 模式短视频的营销策略

对于品牌、产品服务的营销而言，有时未必所有的短视频内容都是由品牌方来发布的，完全可以充分发挥广大网民的智慧与积极性，让他们一起发布与品牌相关的短视频。

UGC 模式短视频营销的基本策略

1. UGC 模式短视频营销的价值

对于 UGC，原则上讲，所有具有自己原创能力的短视频用户都是 UGC 用户。

UGC 模式短视频营销的主要逻辑在于，许多有关品牌、产品或服务的评价，从品牌主口中直接讲出来的效果未必比从消费者口中讲出的效果更好。因为前者可能被诟病为“王婆卖瓜，自卖自夸”，而由他人讲出来则是“张婆效应”，由广大消费者在自己真切的体验之后讲出来，则是“口碑效应”。

在新媒体时代，社交网络平台已经非常普及，人们有广泛而便捷的网络交流工具，相关品牌、产品或服务的口碑好坏会迅速传开，而绝大多数网民又会更相信自己的好友或陌生网友的评价，并且远远胜过对品牌广告式的自吹自擂的信任程度。

因而，UGC 模式短视频营销的核心价值在于两个方面：（1）普通网民更愿意相信好友们发布的短视频内容，而不是品牌自己发布的内容；（2）普通网民发布的有关某个品牌、产品或服务的短视频往往显得更可信、更接地气，因而更容易得到传播。

2. 理解 UGC 模式短视频营销

UGC 模式短视频的营销策略既有前面提到过的“用户协作思维”，也与肯特·沃泰姆在《奥美的数字营销观点：新媒体与数字营销指南》一书中提出的“消费者自制内容规划”相接近，即要积极发动广大网民（消费者），激发他们的创意，展现他们的聪明才智，鼓励他们发布与品牌、产品或服务相关的短视频内容。

UGC 模式短视频营销的主要策略是开展短视频征集活动及组织短视频拍摄比赛。

- **开展短视频征集活动。**可以由品牌方针对自己的品牌、产品或服务的某一相关活动主题，开展短视频内容的征集，要求参与活动的短视频内容必须与品牌、产品或服务的活动主题相关，并对短视频的格式、长度等提出一定的要求。此类短视频征集主要针对某一活动主题。
- **组织短视频拍摄比赛。**通常是品牌方组织广大网友参与的短视频拍摄比赛，一般要求短视频中必须出现品牌 Logo，或包括产品或服务的使用体验，或包括自己与品牌之间的值得与大家分享的故事，其中对短视频的格式、时长也会有要求。此类短视频比赛主要针对品牌 Logo 呈现、产品或服务体验、用户与品牌间的故事。

有时，这两类方式可能相互交叉，但都是为了鼓励并吸引更多的消费者参与到与品牌、产品或服务相关的短视频的拍摄中来，进而让品牌、产品或服务成为用户所拍摄短视频的主题，或者被大量呈现，最终达到品牌营销、推广产品或服务的目的。

通常，如果这类活动激起了广大网民的参与热情，则可能会有众多的短视频作品被提交。接着，活动方会对网民提交的短视频作品进行评比。在评比中，既可邀请专业人士当评委，也可以在网络上同步发起网民的投票活动，最后进行综合评判。

有时，上述短视频征集或比赛也可以邀请一定数量的知名短视频 Up 主参与。既可以只邀请他们参与，也可以通过邀请他们参与去引发网民对此类短视频的拍摄热潮，进而带动更多的普通网民参加此类活动或比赛。

3. UGC 模式短视频营销案例

下面，我们来看一下抖音平台上开展的 DouCar 汽车短视频营销创作大赛。该短视频比赛较好地发挥了 UGC 模式的优势，吸引了大量用户的参与。该 UGC 短视频营销创作大赛分为几个季，每一季以某个汽车品牌的某款新车为主题，创作相关的短视频（见图 7–2）。

该短视频大赛由品牌车企命题，汽车行业的短视频创作者和创作机构均可参与。第一季由广汽丰田全新换代雷凌车企命题，第二季由一汽奔腾 T33 车企命题，第三季由 MAZDA3 昂克赛拉车企命题。

图 7–2　DouCar 汽车短视频营销创作大赛（第二季）

该 UGC 模式的短视频营销创作比赛的每个主题至少包括两个参赛话题，这些话题既可以结合车型，在整个产品营销周期不断使话题升温，也可结合车展、春节、交通安全日等泛生活化节点，满足汽车品牌在不同节点的定制化营销需求。

这次比赛有三个明显的特征：（1）众多大咖加盟，即来自汽车、内容、营销领域的多位知名专家组成评审团，为大赛权威背书，实现专业共振，释放领袖级影响力；（2）众多大号集结，即抖音高人气汽车内容创作者集体出动，大开脑洞，各自演绎大赛主题，为品牌掀起一场优质 UGC/PGC/MCN 内容的创意高潮，实现了广泛的汽车兴趣用户群体的精准化覆盖；（3）众多跨界联动，即多行业的头部流量达人跨界联动，以同一主题产出作品参赛，将大赛的影响力扩大至汽车圈外，并在其他媒体平台引发了不小的关注度。

UGC 模式短视频营销的延伸策略

在实施 UGC 模式短视频营销策略时，有以下几条延伸出来的策略。

- **策略 1：趣味话题策略。**在进行与品牌、产品或服务相关的话题选择时，除了要符合品牌的定位与调性，或突出产品或服务的优势与鲜明特色，还要注意其趣味性或一定程度的娱乐化。相对而言，越是趣味性强的话题越容易引起网民的兴趣，越容易引发网民创作短视频的欲望。
- **策略 2：话题关键词添加策略。**各类短视频 Up 主在参与征集活动或比赛时，通常活动方会要求他们在短视频的内容简介中添加相关的话题关键词（一般格式是“# 关键词”）。例如，上述 DouCar 汽车短视频营销创作大赛中，三个季的话题分别为：# 秀出我的硬核实力；# 全能大魔王；# 这是什么神仙车。

- **策略 3：广纳评委策略。**在对参与活动或比赛的短视频进行评比时，可以邀请业内的相关专家、学者，范围可以广一些，人数可以多一些，这一方面是为了评比显得更公平，另一方面是让活动的影响力因评委广泛而变得更大。
- **策略 4：网民投票扩大影响策略。**在对参与活动或比赛的短视频进行评比时，通常会让普通网民参与投票，然后根据播放量或点赞数或推荐数等指标给予一定比例的分数，再与评委的打分一起合成总分。同样，这也是为了让评比更公平，另一方面是让活动因更广泛的网络投票而变得家喻户晓。
- **策略 5：高调颁奖策略。**当 UGC 模式短视频的征集活动或比赛评比结束后，可以专门召开一次颁奖会，这不仅会让获奖者产生一种仪式感与成就感，而且还会引起线上线下媒体的关注。通常，主办方还会建议获奖者发一些现场的照片或短视频，这样既可以宣传获奖者，同时也宣传了活动或比赛本身。
- **策略 6：获奖作品广泛传播策略。**对于在 UGC 模式短视频活动或比赛中获奖的作品，完全有理由而且有必要进行更广泛的传播，并配上活动主办方及活动主题的相关信息，这是对获奖者、获奖作品、活动主办方及相关产品或服务的进一步传播。
- **策略 7：高价值奖品刺激策略。**虽然有时相关活动或比赛多设置一些奖项可以吸引更多人参与，但这将导致奖品价值在某种程度上下降（在预算固定的前提下）。如果适当地减少获奖数量，将每一个奖项奖品的价值提高，可能更能刺激用户参与的热情。
- **策略 8：精神奖励策略。**有时，相关活动或比赛的预算有限，也可以将物质奖励为主改为精神奖励为主，例如授予“× × 大使”或“最佳短视频 Up 主”等称号，也不失为一种节省主办方成本的策略。

UGC 模式短视频营销的注意事项

在进行 UGC 模式短视频营销时，有以下几点建议希望引起注意。

- **建议 1：征集活动或比赛的规则要明确，避免产生歧义。**既然是征集活动或比赛，就要有一定的作品规范及评分规则，既要做到“公平、公正、公开”的

"三公原则"，还要确保相应规范及规则的清晰表达，以免被误解而影响活动或比赛的开展。

- **建议 2：避免将话题搞得太严肃或太商业化。**前面提到了短视频征集或比赛相关话题的趣味性，也是提醒大家不宜将相关话题搞得过于严肃呆板，或显示出赤裸裸的商业目的，这样不仅不容易激发更多人参与活动或比赛的兴趣，而且还可能适得其反。
- **建议 3：参与活动或比赛的步骤要尽量简化。**现在的网民做什么事情几乎都怕麻烦，所以，尽量简化步骤，去除不必要的环节或繁杂的要求。
- **建议 4：征集活动或比赛的作品提交平台尽量集中于一个。**为了征集活动或比赛的展示、评比及相关数据统计的方便，最好将短视频作品的提交集中于一个平台。

短视频的悬念营销策略

有时，开门见山固然好，但是更吊人胃口的是那些充满了悬念的短视频，特别是那些系列短视频，在多个短视频的前后都可能使用悬念营销策略。

短视频悬念营销的基本策略

1. 短视频悬念营销的价值

如果把悬念用于短视频营销，则往往会发挥出其不意的效用。特别是那些系列短视频，在各个短视频之间则可以应用悬念吊足观众的胃口，让他们不断想观看后续的短视频。

短视频悬念营销的最大价值就在于其引发的强烈吸引力或强烈好奇心。如果你制造的悬念引发了更多人的关注或好奇心，那么实际上就达到了更广泛的传播。如果你有意识地设置一些合理的悬念，其所产生的更大吸引力就等于你提高了短视频传播的效率。

2. 理解短视频悬念营销

在前面讨论的短视频内容创意思维中，我们曾经提到过"悬念制造思维"，就是要让短视频的内容牵动用户的好奇心。悬念制造让你的短视频的内容显得新奇、神秘，不仅更容易引起受众的注意，而且更容易引起受众的议论与猜测，前者就是曝光率，后者就是融入度（转发 / 分享、评论与点赞等的数量）。

短视频悬念营销的基本策略主要包括以下三种。

- **单个短视频情节悬念递进。**这种悬念制造策略可以用于各种类型的短视频，经过剧情设计短视频的情节之间一个悬念套一个悬念，形成递进，也一步步将观众的好奇心连续牵动，从而使整个短视频有着强大的吸引力。
- **系列短视频间悬念衔接。**这种短视频往往由若干集短视频组成，相当于过去的章回体小说或电视连续剧的形式。在拍摄此类系列短视频时，在每一集短视频的结尾都会设置一个悬念，让观众在好奇之余欲罢不能，总想着看下一集。
- **专门拍摄悬疑剧类短视频。**如果你特别爱看《福尔摩斯》或《名侦探柯南》之类的作品，那么你就会知道悬疑剧的巨大吸引力。短视频完全可以借鉴此类悬疑剧的手法，只是时长不可能太短，通常 1 分到 1 分半钟时长的居多。

例如，抖音上的“名侦探小宇”就专门拍摄了悬疑剧系列短视频，其中不少都获得了上千万的播放量。

又比如，短视频 Up 主“北京大妞在意大利”的系列短视频中，每次开头或标题都以一个问题（如“我在意大利为啥买房？”等）制造悬念，每个短视频中包含了几个问题，而且都会在结尾再制造一个悬念，留在下个短视频中解开悬念。

3. 短视频悬念营销案例

关于短视频悬念营销案例，我们不妨看看“名侦探小宇”为某空调品牌所策划并发布的一则短视频（见图 7–3）。

图 7–3 “名侦探小宇”为某品牌空调发布的悬念营销案例

该视频最开始就是以悬念开头，男主角三井出场，正在耍酷。此时，小宇侦探出场，问三井："你出差刚回来，怎么不见弟妹啊？"

三井回答说："她昨天吹了一天空调，感冒了，今天上午去医院打针了。"

小宇侦探立即指出："你可能面临着男女脱离正常的道德准则去谋求非正当的感情的问题。"（这句话被网民当成了热门网络用语）

三井朝名侦探小宇回应道："说，简单点！"

小宇侦探说："你被绿了！你家安装的是无风感空调（此时画面出现某品牌空调画面），不会因冷风直吹而感冒。台风还未消散，家里的窗户却开着。从积存的水渍来看，至少一天没关。还有，猫咪的进食速度很快，看来饿了很久。所以，她这两天并没在家。说上午去医院，是在骗你。不信的话，你现在给她打电话。"

三井立即给他老婆打电话："喂，宝贝，还在医院打针吗？我去找你吧！"

他的老婆正在与情人会面，回答说："不用了！我妈陪我呢！"

三井说："那让阿姨接个电话！"（这句有点儿漏洞，应该叫"妈"而不是叫"阿姨"，不过还好不影响整个剧情的推进）

他老婆回答说："她去厕所了！"（画面先出现三连画面，其中中间是三井打电话问对方的画面，上方为小宇侦探的画面，下方是三井的老婆与一个男士的画面。"她去厕所了！"这句话由上方的小宇侦探与下方的三井的老婆同时脱口而出。然后，显示三井惊讶的画面）

三井："啊，实锤了！"此时三井开始悲痛欲绝。

最后，三井在空调下面对着空调大声感叹："你没风，我快疯了！"

该视频正好符合短视频 Up 主"名侦探小宇"的一贯风格，且情节设计得短小精悍却充满悬念。并且，将某品牌空调的产品特点巧妙地随情节展开，而且品牌的 Logo 自然地融在画面中，在悬念被不断解开的同时，该品牌空调的产品优势也被得以突出。

短视频悬念营销的延伸策略

在实施短视频悬念营销策略时，有以下几条延伸出来的策略。

- **策略 1：综合手段设计悬念策略。**所谓的"悬念"，既取决于视频内容本身，还受组织事件方式的影响，包括选取的人物形象和特点、人物出场顺序、事件，事件发生的时间、地点，以及叙事方式方法、人物关系设置、时间设置、台词、旁白、音响音效、灯光、重点镜头等因素。要使视频中的故事充满悬念、引人入胜，需要综合运用以上方法和因素对视频内容进行有机组织，而非流水账式地讲故事。

- **策略 2：创造误会和巧合策略。**可以在设计短视频剧情时，有意地使事件离观众原本预想的剧情越来越远，有意地制造一些误会，有意地设置一些巧合（有道是：无巧不成书），超出观众的预期与想象，那么也就制造了悬念。
- **策略 3：拍摄手法烘托悬念策略。**为了达到更加震撼的打动人的悬念效果，可以充分利用台词铺垫的手法，或者在拍摄中使用重点镜头进行暗示，以及拍摄时使用特定的声音、灯光及背景音乐等手段，以辅助营造一种神秘的悬念氛围。
- **策略 4：标题营造悬念策略。**为了引起观众的好奇心，可以在标题中提炼冲突矛盾，引导观众点开视频寻找答案；也可以制造反差，这将与常识有出入；或者通过疑问句引出观众好奇的问题，设置悬念；还可以强化情绪，多用第一、第二人称的语气；或者主动贴标签，辅以标点符号强化预期；或者匹配大多数人的从众心理，将关键词替换成相似的热门高频词汇。
- **策略 5：引而不发策略。**这一策略强调叙事时，提出一些稀奇古怪或存在争议的问题，但只是提问，而不做回答。人们往往对问题有回答的欲望，既因为好奇心，有时也出于好胜心。关键在于，你要能想出一个有悬念的问题。不要急于将答案公布给受众，这样可以更加激发他们的好奇心。其实，这就是俗称的“吊胃口”“卖关子”“神龙见首不见尾”。
- **策略 6：恭维配合策略。**可以先恭维观众“都是较为聪明的一群人”，然后提出一个看似容易但却有一定挑战性的问题或概念，接着使用“不知道这个问题会不会把你难倒”或“这个问题你能回答吗”之类的语句，也许会起到一定的效果。前面是恭维法，后面是激将法。
- **策略 7：超越常识策略。**常识是指惯常的理解与思维方式，当常规被打破时，自然会引发观众强烈的好奇心。“以少胜多”与“以弱克强”就是此类策略的例子，比如一个大男生对口红的了解比女生还多，就是一个超越常识的例子。当然，其中一个方法就是，同一个问题可以换个角度看，貌似不同的问题，中间也有联系。

短视频悬念营销的注意事项

在运用短视频悬念营销策略时，有以下几点建议供参考。

- **建议 1：让制造悬念成为新媒体应用的习惯。**我们都知道，在体育比赛中，一旦一方的得分远远超过另一方或一方必胜时，则比赛结果就没有了悬念，比赛进程实际上就进入了“垃圾时间”。想想看，你愿意别人把看你视频内容的时间当成“垃圾时间”吗？
- **建议 2：包含新公司及新理念的短视频要尽量制造悬念。**如果你的新公司或新理念想通过短视频传达给公众，又常常担心无法引起公众的关注，那么按照悬念制造思维思考一下：你的新公司或新理念有什么值得用户期待的呢？究竟新在哪里？努力想想，能否把你的新公司或新理念存在的价值与“悬念”合理地捆绑在一起。
- **建议 3：包含新产品或新服务的短视频要尽量制造悬念。**在制作推新产品或新服务的短视频之前，你需要深入了解产品或服务，深入发掘产品或服务的特色，然后用新颖、带有悬念的手法来解读你的产品或服务，让你的产品或服务吊足潜在用户的胃口。
- **建议 4：多学习戏剧或文学的叙事方式。**悬念制造思维本身来自戏剧或文学，要想在新媒体应用中用好它，则需要常用戏剧或文学的叙事方式。
- **建议 5：丰富的知识为提出问题打基础。**为了更好地提出问题、类比叙事或超越常识，你就需要积累更多领域的知识，并朝融会贯通的方向不断努力。
- **建议 6：学习应用批判性思维。**问题是先导，问题中还藏有悬念。不会提问题，怎么制造悬念？所以，平时要多练习提问题。对任何看似平常的事物或新闻，都可以多思考一下，试着提提问题。学习批判性思维，让质疑成为习惯。
- **建议 7：注意短视频标题的尺度。**虽然我们在前面的辅助策略中提到可以在短视频标题中制造悬念，但这并不是提倡大家加入“标题党”。因为你通过标题党换来一两次短视频的巨大流量的代价，可能就是以后别人再也不会去看你的短视频。

公益短视频的营销策略

公益的内容在各种媒介都存在。优秀的公益创意也经常会吸引大批的受众。在短视频的营销过程中，也可以将短视频以公益的形式出现。

公益短视频营销的基本策略

1. 公益短视频营销的价值

说到公益短视频，其实大家并不陌生。前些年，风靡全球的公益接力活动“冰桶挑战”正是“短视频 + 社交媒体”使之产生了神奇的影响力。

“冰桶挑战”要求参与者在网络上发布自己被冰水浇遍全身的视频，然后该参与者便有资格点名邀请他人来应战。该活动规定，被邀请者要么在 24 小时内接受挑战（浇冰水），要么为对抗“肌肉萎缩性侧索硬化症”（ALS）捐出 100 美元。该公益活动的目的是让更多的人了解被称为“渐冻人”的“肌肉萎缩性侧索硬化症”这一罕见疾病，同时募到善款以医治患者。

“冰桶挑战”从国外传到国内，各行各业的人士积极参与，使这一活动获得异乎寻常的传播与参与效果。在国内，刘作虎、周鸿祎、徐小平、牛文文、雷军、李彦宏、罗振宇、章子怡及韩庚等一大批公众人士积极参与。

令人意想不到的是，“冰桶挑战”还让活动从名人之间的挑战，迅速扩展成了媒体（新华社、央视及人民日报等）微博的小编、政府机构微博的小编、传统企业（中粮等）的高管和草根之间的全民爱心接力活动，越来越多的旁观者变成了参与者。

这个活动自 2014 年 8 月 17 日传到中国，截至 8 月 21 日 21：00，“冰桶挑战”这一话题在新浪微博的阅读量已超过 10 亿次，慈善机构 5 天获得 268 万元人民币的捐款，数额超过 2013 年全年的善款。

公益短视频营销最大的价值在于，人们会因为企业参与的公益活动所彰显的社会责任，而淡化对其商业诉求的抵触。同时，公益活动更容易被各类新闻媒体报道，这等于扩大了企业的品牌知名度，提升了声誉度。

公益活动通常传递的是正能量，帮助弱势群体，奉献出爱心，不仅会让公众对品牌产生更好的印象，而且会让知名人士更愿意参与到活动中来。

2. 理解公益短视频营销

公益短视频营销既要突出其“公益性”，又要包含“营销”的成分。对于公益短视频营销而言，不能只讲营销，不体现公益性，那样的话，性质就变了；也不能只体现公益性，而不顾及营销的诉求，那样的话，就变成了纯粹的公益活动，而不是公益营销。

为了平衡公益短视频营销中“公益性”与“营销性”的关系，我们可以采用以下相应的基本策略。

- **真情真心的真诚策略。**一个好的公益短视频想要打动大众，并激发更多的人参与到相关的公益活动中，必须将公益活动的主旨以真诚的态度加以表达，显示出真心真意，流露出情真意切。
- **内容结尾冠名策略。**公益短视频可以在前面是纯粹的公益，例如通常通过一些感人的故事来打动人，吸引更多的关注，而只在最后才出现赞助商的 Logo 及相关信息。若能在公益视频中巧妙地将主题与企业精神契合，效果则更佳。
- **品牌冠名公益活动。**即整个公益短视频反映的活动完全是公益性质的活动，只是活动名称本身由品牌冠名，活动的过程及整个环节中都不出现品牌的相关符号，或者不出现植入式的广告。

3. 公益短视频营销案例

关于公益短视频营销案例，我们可以看看蚂蚁森林小编为他们的公益活动所策划并发布的短视频。

> 在他们的第一段公益短视频中，首先出现了一对古装青年男子与女子。女子说："世界这么荒芜。"男子对答："不如一起种树。"然后音乐起（确认过眼神，我遇上对的人……）。
>
> 突然，他们发现好像有什么东西。然后，有一个人从天而降（脸部被打上了马赛克，后来的短视频系列中此人均如此）。画面出现"欲知来者何人，请听下回分解"字样（这用上了前面的悬念制造策略）。第一段短视频结束。
>
> 在第二段短视频一开始时，"穿越"来的人介绍自己是蚂蚁森林的小编，并称："从眼前这一趴一站的古装男女，我推断出这是五百年前。五百年前这里是沙漠，五百年后，这里……"此时，古装女子接话说："变成森林了！"
>
> 然而，小编说："还是沙漠！"然后，他就被古装男女一顿拳打脚踢，他嘴里还嚷着："在沙漠中种树是不科学的，种……种在荒漠化地区才对……"
>
> 然后，小编用手一指远处，出现一片树苗……接着画外音出来并配合文字："蚂蚁森林已在荒漠化地区植树超过一亿棵。"
>
> 两段视频的最后都显示："加关注！该干吗了？心里没点树？"同时显示头像。

这两段公益短视频虽然很短，但情节离奇跳跃，善于搞怪，加上古今穿越，比较符合网上年轻人的口味。同时，在小故事中将一些常识穿插其中。后来，蚂蚁森林还发布了若干个后续的短视频，起到了较好的营销及传播效果。

公益短视频营销的延伸策略

在实施公益短视频营销策略时，可以延伸出以下几条策略。

- **策略 1：用坚持打动人心策略。**公益营销贵在坚持，持之以恒方能打动人心。公益营销的核心实质是信任营销，仅仅通过一次活动或短期的行动并不能将消费者对企业或者产品的信任建立起来，必须经过经年累月的积累，用坚持去打动消费者，最终形成深深的品牌关联和品牌印记。
- **策略 2：公益与品牌相关策略。**通常，品牌在选择相关的公益活动时，会选择与自己品牌的定位、使命、价值观、愿景等相符合的活动，或者与自己的产品或服务属性相关的活动。良好的相关性，才可以更好地在公益活动中体现出品牌的价值与使命。
- **策略 3：借助有利时机策略。**这类似于后面要进一步讨论的热点借力营销。为了更好地推广某个公益活动，最好能借助某个热点，或瞄准某个时间窗口，在最合适的时候推出相关的公益活动短视频，以达到更好的推广效果。
- **策略 4：增强公益趣味性策略。**虽然公益活动彰显的更多是社会责任心，但是一些公益活动的形式可以更具趣味性。例如，前面提到的“冰桶挑战”短视频，是每个接力者将冰水浇在自己头上，拍成视频，其中展示的是参与者较为狼狈可笑的模样，但却更容易得以传播。
- **策略 5：促进扩散参与策略。**公益活动希望更多的人参与，那么其扩散性越好，参与面就越广。在“冰桶挑战”短视频接力活动中，每一个参与者在拍摄并发布短视频时，都可以邀请三个好友接力，这种“接力”的方式就是一种促进扩散及参与的策略应用。
- **策略 6：争取政府支持策略。**政府层面更愿意支持“正能量”明显的公益活动，甚至帮助拍摄、传播相关的公益短视频。那么，公益短视频拍摄团队就可以将自己拍摄公益短视频的公益背景及活动意义向政府相关部门说明，以争取更多来自政府层面的支持。
- **策略 7：吸引媒体关注策略。**这其中既包括因为你的公益短视频拍得好，吸引了许多媒体的关注，还包括你可以主动地请同样对公益话题感兴趣的媒体加以关注、报道，以扩大公益短视频及相应的公益活动的影响力。

- **策略 8：多平台综合传播策略。**为了尽可能扩大公益短视频及公益活动本身的影响力，那么就应该通过多种平台或渠道对其进行多方位的综合传播，进而让更多人知道该活动及其价值，促进更多人参与到公益行动中来。

公益短视频营销的注意事项

在应用公益短视频营销策略时，需要注意以下一些事项。

- **建议 1：抛弃功利心是公益营销成功的关键。**许多企业，尤其是药品保健品企业，都曾经尝试过“公益营销”。最常见的就是和国家知名机构合作，花几十万甚至数百万买一个冠名权，然后到全国各地去推广。打的旗号是科普知识推广、献爱心活动等，实际上是收集顾客名单，推销产品。此类“公益活动”功利心太明显，很容易被人识破，也经常被媒体曝光，所以效果并不好。
- **建议 2：对合作的公益组织要进行优选。**在做公益短视频的时候，一定要选择信誉度高的公益组织。只有合作的公益组织有良好的声誉和知名度，整个公益活动的效率才会高，响应的人数才会多，影响面才会广。而且，公益组织选择得是否合适，将直接关系到后期的宣传推广。
- **建议 3：公益活动开展需注意运作的透明化。**在进行公益短视频营销时，相关的公益活动的运作一定要透明。特别是企业的公募基金会，可以借助网络公开财务数据。甚至，可以有一个与之相配合的短视频来报道公益活动的进展，公布经费的使用情况。不然，一旦出现问题，就会严重影响到企业的形象。
- **建议 4：避免因过度炒作与夸大而降低了公益性。**有时，一些公益短视频为了吸引眼球，对于活动本身的解读过于夸大，甚至被指炒作。那么，此时其公益性就被大大削弱，活动的性质也可能因此而大打折扣，甚至变了味。
- **建议 5：避免过度煽情让人觉得不够真诚。**煽情过度的公益短视频往往让人觉得太做作，真诚不足，表演成分太浓。曾经有类似的公益短视频被部分人提出质疑。

直击痛点的短视频话题营销策略

前面提到过，虽然“痛点”通常是产品设计中需要关注的重点问题，但也可以在短视频的策划与制作过程中充分加以利用。这是因为，痛点往往意味着“冲突”。

直击痛点的短视频话题营销的基本策略

1. 直击痛点的短视频话题营销的价值

在进行某个品牌、商品或服务的短视频营销的过程中，如果你想通过短视频让更多的人认可并信任你的品牌，或心动并购买你的产品或服务，那么找准潜在用户的痛点就显得尤为重要。当然，你还需要有解决痛点的妙方或绝招。

因而，直击痛点的短视频话题营销的主要价值就在于，它能牢牢抓住用户最急切想要解决的问题或需求，让他们信任你的品牌而不是竞争对手的，让他们花钱购买你的商品或服务而不是购买竞争对手的。如果能解决好痛点，那么这几乎就是营销最想要的结果。如果再由短视频引出一些话题，则对于营销就有更大的价值传播。

2. 理解直击痛点的短视频话题营销

我们在前面的短视频内容创意中提到过"痛点把握思维"，即要找准用户的痛点并彻底解决好它，并能够引发一些话题。那么，直击痛点的短视频话题营销的基本策略主要包括以下三个方面。

- **准确击中痛点策略。**能否准确击中潜在用户的痛点，是关系到这种营销最终能否成功的基本前提。要想准确击中痛点，就要认真、仔细研究用户及他们过去遭遇了哪些不爽或纠结，且要将其中最迫切的要害问题进行提炼、提炼再提炼。
- **完美解决痛点策略。**在准确击中潜在用户的痛点后，你要有足够的说服力让潜在用户相信你能够解决，而且必须能够解决，否则这种营销也注定会失败。要想完美解决痛点，就要非常熟悉你的短视频要说的品牌、产品或服务的优势，以及它们如何能够很好地解决痛点。有时，需要换个角度体现你解决问题的优势。
- **促进话题引发策略。**如果痛点把握得相当准确，或者解决痛点的方法特别厉害，就容易引发一些话题。当然，有些话题很可能从短视频自己打的标签、突出的词语或用户的兴趣点等衍生出来。

需要说明的是，由于品牌通常反映在定位、使命、愿景及价值观上，它不太容易具体解决痛点，所以"直击痛点的短视频话题营销"主要针对的是营销产品或服务。

3. 直击痛点的短视频话题营销案例

对于直击痛点的短视频话题营销案例，我们可以看一下碧浪请 Papi 酱出演而拍摄的有关其产品“抑菌凝珠”的营销短视频。

这条营销短视频的核心创意是直击年轻妈妈们经常担心的事情——怕自己的宝宝被细菌感染——这就是痛点，然后将此痛点细化为三种具体的场景。

> 第一种场景为第一部分——《戏精妈妈·体育课狂想》。此场景中，妈妈去幼儿园接宝宝，在即将下课前，妈妈觉得儿子特别帅，想用手机拍张宝宝上体育课的照片。突然，妈妈在相机里发现宝宝翻跟头的海绵垫上有斑迹，妈妈突然大叫，并夸张地描述海绵垫有多少人用、放在潮湿的地方，会有多少细菌粘到宝宝衣服上……我的天，快离开那儿！
>
> 第二种场景为第二部分——《戏精妈妈·窗帘有毒》。此场景中，妈妈正在看宝宝班级聊天群里老师分享的信息，并对儿子的优秀表现得意洋洋。突然，妈妈在聊天群的一张照片中看到宝宝将教室的窗帘抱在怀里，妈妈突然大叫，并夸张地描述学校的窗帘有那么多脏东西，多久才洗一次，小孩子那么调皮，不知道把什么脏东西蹭上去（画面上是一个小朋友在用窗帘擦鼻涕）……太可怕了，怎么办呐！
>
> 第三种场景为第三部分——《戏精妈妈·宠物危机》。此场景中，妈妈在看宝宝和其他小朋友玩耍，并对自己的宝宝交到许多小朋友而感到骄傲。突然，一只可爱的小狗进入教室，宝宝和其他小朋友都去同狗狗玩，宝宝还在抚摸小狗的皮毛，妈妈突然大叫，并夸张地描述小狗每天到处乱跑，小朋友和小狗打闹多脏，然后就这样抱来抱去，会有多少细菌粘到他的衣服上……这真的不行啊，放手啊！
>
> 然后，画面出现一行字幕：每个戏精妈妈的背后都是对孩子的担心；接着再出现一行字幕：我们知道，孩子成长的每一天你都需要安全感；最后，出现商品全新上市等相关广告信息及购买方式，后面还加了一些其他衍生内容。

有人说，Papi 酱在此短视频中表演过于夸张。其实，夸张搞怪本来就是 Papi 酱的特点之一，许多 Up 主也有类似风格，但确实在网上很流行。同时，正是 Papi 酱这种夸张的表演才使年轻妈妈们的痛点显得更加突出，或者让观众看了感觉“更痛一些”。

该短视频在痛点直击方面做得不错，稍嫌不足的是，在解决痛点的方法上解读不够，可能会通过其他短视频来弥补这一小小遗憾。

同时值得关注的是，该短视频至少引发了两个话题。一个话题是“戏精妈妈”，这不仅通过视频中的三个标题不断将这一名词强化，而且因 Papi 酱夸张的表演使其得到进一步加强。另一个话题是“Papi 喜提‘优秀儿子’”，这也许是无心插柳，因为拍短视频时 Papi 酱还没有孩子。当然，短视频中 Papi 酱所饰演的妈妈对既帅又酷的儿子感觉特别好，促使“优秀儿子”一词得以衍生。

直击痛点的短视频话题营销的延伸策略

关于直击痛点的短视频话题营销，可以有以下几个延伸策略。

- **策略 1：调研发现痛点策略。**对于痛点的把握，很多时候可能较难定夺，或者很难确定在消费者若干个需要中哪些是最迫切的痛点，此时较传统的方法是做市场调研。
- **策略 2：数据分析痛点策略。**在新媒体时代，用户或潜在用户会在新媒体的各类渠道或平台上讨论他们对产品的看法，通过相关大数据的语义分析，辅以相关的合理算法，就有可能发现多数用户的痛点。
- **策略 3：制造痛点策略。**对于产品没有的功能，或从未出现过的新功能或新产品，在充分深入研究需求发展趋势的基础上，可以预测或制造出痛点，然后在不同场合将这种痛点说给潜在用户听，让他们感到“痛”，然后产生购买欲望。注意，这是乔布斯较为提倡的，他说过，如果我去问用户，你们需要 iPad 吗？估计没有人需要，但是制造出来后，他们却爱不释手。
- **策略 4：创造极致解决策略。**最可惜的是，你准确地发现了痛点，却没有很好地解决到位。所以，要尽情发掘自己产品或服务的优势，尽全力以较高的标准把痛点解决好，并尽可能做到完美，做到极致。
- **策略 5：双超策略。**在解决用户痛点时，可以使用“双超策略”：一是在改进痛点方面超出用户的预期，让用户感觉出人意料；二是在改进痛点的努力程度与水平发挥上超出竞争对手的想象，将竞争对手抛在身后。
- **策略 6：话题配合与拓展策略。**在进行直击痛点的短视频话题营销中，可以有意地营造或突出一些话题，让其得以较广泛传播。如果发现无意中衍生出一些对品牌无害的话题，也可以有意对这些话题进行传播，使之扩大影响力。甚至，有些话题可以通过社交媒体来发布造句活动，引用某些话题或热门词句，使之逐步成为网络热门词句。

直击痛点的短视频话题营销的注意事项

在应用直击痛点的短视频话题营销策略时，有以下几点建议供参考。

- **建议 1：痛点分析要充分透彻。**不论是对用户的痛点进行线下调查，还是利用大数据对线上的相关信息进行统计分析，都要扎扎实实地做分析，不要想当然，要把工作做细，要真正准确地把用户最迫切的需求挖掘出来。如果在这一环节敷衍了事，则一方面在欺骗用户，另一方面也在误导短视频制作团队。
- **建议 2：若要制造痛点，则必须了解发展趋势。**在各方面日新月异的时代，创新不断，所以必须充分了解品牌所在行业或相关领域的发展趋势情况，深刻理解产品的现状及用户的需求趋势，进而预测并制造出未来的痛点。预测需求并制造痛点必须有足够的洞察力。
- **建议 3：要用动态的眼光看待痛点。**世界是变化的，不是静止的。需求也是变化的，过去的痛点今天未必是，今天的痛点明天也未必是。所以，不能用静止的眼光看待痛点，必须长期不间断地研究市场需求。
- **建议 4：解决痛点要高标准、严要求、真解决。**痛点发现后直击不易，解决不好就前功尽弃。所以在短视频中要有真正的解决痛点的方法，且解决痛点的办法要突出高标准与严要求，要敢于在全行业领先，让观众觉得他们的痛点被真正、彻底地解决了。
- **建议 5：痛点解决方法要学着换个角度解读。**有时，有些痛点可能理论上根本谁都不可能彻底解决，会有一些遗憾或瑕疵，那么可以换个角度来解读，让用户感觉这是可能的解决方案中最好的一个即可。
- **建议 6：要学会发现、挖掘话题。**虽然痛点解决得好容易产生热议的话题，但是还是要注意话题的挖掘。例如，你的短视频中被许多用户提及的话题可能就是热门话题。又比如，短视频中的某句精彩台词可能成为话题，或者可以由短视频发布方自己去总结几句经典台词，然后进行传播扩散。

热点借力短视频的营销策略

许多品牌的短视频制作团队平时经常抱怨所发布的内容太“冷”，即热度不够，进而无法获得足够的关注度，此时巧妙地借力也许是一种“由冷变热”的好策略。

热点借力短视频营销的基本策略

1. 热点借力短视频营销的价值

在前面的短视频内容创意部分，曾经提到过“热点借力思维”，这也可以运用于短视频营销。如果能利用“热点借力思维”，充分借力节假日及热点，那么原本较“冷”的内容可以变得“热”起来，进而让品牌内容得到更好的传播。现今，短视频是节假日及热点借力的主要形式之一。

通过借力将“冷”的内容变“热”，不仅可以使品牌的相关信息更容易传播，还在很大程度上降低了品牌的营销成本。这是借节假日及热点新闻之力进行短视频营销的本质，也是其最大价值所在，因为借力让品牌信息在相同成本下得到了更多的曝光。

如果能深刻认识借力这一本质，那么品牌会更加重视借节假日及热点之力制作并发布短视频，将之变成品牌营销中的一个基本策略，并将这种思维变成短视频营销的一种习惯性思维，因为可以借力的节假日及热点非常之多。

2. 理解热点借力短视频营销

对于热点借力短视频营销，它主要包括三个方面的基本问题：

- **确定适合借力的素材。**原则上讲，只要不是负面的信息，都有借力的可能性。适合借力的素材主要有节日、假日、纪念日、热点新闻、热门人物及其他可借力之人或事。每年都有许多节假日，每天都有热点，这些都为借力提供了大量素材。
- **找准借力的关键点——找到借力点。**借力点寻找的基本原则是让你的品牌和节假日或热点发生联系。如果只是就节假日讲节假日，或者就热点讲热点，那么品牌借力的效果就会大打折扣。所以要动脑筋琢磨所借力素材与品牌的巧妙联系，即所谓的“借力点”。
- **设计借力的短视频创意。**“创意为众王之王”，没有创意的短视频会显得平淡无奇，不会给用户留下深刻印象。此类短视频创意主要体现在三个方面：（1）短视频中与热点相关的故事线索部分；（2）短视频中与热点发生联系的文字（口号、台词等）；（3）在短视频合理出现的品牌（含 Logo）、产品或服务信息。

需要提醒的是，品牌在进行节假日及热点借力时容易忽视以下问题：（1）平时对节假日或热点没感觉，没有借力的意识；（2）在借力节假日或热点时反应速度太慢；（3）总是找不到节假日或热点与品牌自身的联系，甚至觉得与品牌自身没什么关系；（4）短视频的故事创意太过平庸，没有超乎用户的想象。

3. 热点借力短视频营销案例

关于热点借力短视频营销的案例，我们不妨看看 Nike 公司于 2020 年元旦前后针对中国市场发布“新年不承让”系列产品时，借元旦这个节假日热点发布的短视频。

Nike 的这条热点借力营销短视频，既借了中国元旦及后续农历新年的节假日热点，又将中国过年的风俗之一“发红包”融入其中，还将自己的产品理念及新产品自然合理地放进了短视频中，达到了较好的营销效果。

> 短视频开始的画面是，一位小女孩的姑姑给她红包，她使劲地推让。接着，在小女孩长大的过程中，姑姑仍然坚持每年都要给她发红包，她每年都在推让。
>
> 然后，在推让的过程中，姑姑后来每年都要追着小女孩硬要塞红包。这中间就转化为姑姑与小女孩的追逐，让人联想到赛跑。当然，中间很快闪过的镜头中，小女孩脚上穿的是 Nike 的一些型号的运动鞋。
>
> 开始姑姑总是跑在后边，后面的情节中，再用夸张的手法让两人从闹市跑到田间土地，在连续的追逐（或“赛跑”）后，姑姑终于追上了小女孩，将红包给了小女孩，小女孩对姑姑表示感谢，并且说：“那咱们回家吧！”
>
> 最后，小女孩长大成人了。又是一年的新年，她正在与家人团聚，此时姑姑突然到来，长大成人的侄女拿出一个红包给她姑姑，但突然发现姑姑脚上也穿了一双新的 Nike 鞋（即是新款的“新年不承让”系列中的一款）。

有观众认为，Nike 把原本推搡红包的行为变成一个有新年仪式感的拉锯战，Nike 跑鞋竟然还能成为拉锯战中的关键因素。姑姑在小女孩从小到大坚持给她发红包的过程中，她坚持年年给，小女孩坚持年年都不要，恰好体现了“不到最后谁都不放弃”的精神，这正是 Nike 的调性，并暗示了“新年不承让”的主题。

最后，年老的姑姑新年再次“追”上门，长大了的小女孩反而给姑姑发红包，将中国的习俗在合理的逻辑中加以呈现。同时，再次“追”上门的年老的姑姑也穿上了 Nike 新款鞋，其意思不言而喻——时代变了，老年人也要追赶时尚。

热点借力短视频营销的延伸策略

关于热点借力短视频营销，可以有以下一些延伸策略。

- **策略 1：一语双关策略。**因为是借力节假日或热点，所以不能仅仅只是简单地就节日讲节日，也不能就热点新闻讲热点新闻，而要尽可能想办法，用一句话表达出二者的相关性——既在讲节假日或热点，又在说自己的品牌、产品或服务。

- **策略 2：正话反说策略。**这实际上有点类似于逆向思维，用“反话”引起受众的注意，进而加深受众的印象。甚至，有时用“反话”来表扬自己，比自吹自擂的效果更好。这条策略的实施较有挑战，不过至少每年的愚人节比较常见。
- **策略 3：巧妙联系策略。**这里强调的仍然是如何将你的品牌、产品或服务与节假日或热点联系起来。既可以在文字上巧妙联系品牌的名称或经营理念，也可在构思短视频相关场景或情节创意时联系品牌的 Logo 或其他元素，好的联系常常让人觉得妙不可言。
- **策略 4：产品植入策略。**在配图时，可将自己的产品融入短视频中，所配图片既可以是产品场景图，也可以是包含了产品的创意图形。在不影响视觉感受的前提下，可以让短视频中的人物使用你的产品，或用你的产品替换热点新闻图片的一些局部。
- **策略 5：相近点对比策略。**在借力时，你必须将你的品牌、产品或服务与节假日或热点联系起来，此时最重要的是找准切入点，以及两者之间的契合点。其中的关键是你要找到二者相同或相近的地方，加以结合并发挥想象。
- **策略 6：快速策划制作策略。**热点都有一定的生命周期，有时一两天热点可能就过去，机会稍纵即逝，除了较高的敏感度，还要在热点出现时有快速的策划及制作能力。借力热点最大的难度与纠结之处在于，当你发现热点时，苦于无足够的能力或时间进行文案策划。同时，要能够快速地拍摄、剪辑，但不能因时间太紧而设计得过于粗糙。这主要靠自身不断积累，在提高能力的同时提高效率。另外，对于节假日的活动及一些重大活动计划，通常事先就知道将在哪一天举办，这就可以提早一段时间做准备。
- **策略 7：口号简化易记策略。**在借力节假日或热点时，所设计的口号或主题句子不要太长、太晦涩或太拗口，最好能够简洁、有力且押韵，读起来朗朗上口，那么受众的记忆时间也会相应变长。

热点借力短视频营销的注意事项

在应用热点借力短视频营销策略时，需要注意以下事项。

- **建议 1：要规避有风险的热点素材。**在借力热点时，要注意避免使用负面的热点素材，避免与性、暴力、恐怖等相关的素材，因为这些素材把控不好会弄巧成拙。建议使用更多具有正能量的素材或中性的素材。

- **建议 2：要设立快速灵活的审核机制。**由于时间紧，借力热点的内容或许无法按常规的审核流程来进行，所以应该赋予新媒体团队一定的自我把控的权力。其中，通常需要一位判断力强的新媒体主管，能够采取灵活的审核方法，保证所借力的内容不被耽搁。
- **建议 3：变成平时习惯，避免光说不练。**“借力思维”是包括短视频在内的新媒体创新思维中非常重要的一条，需要在充分理解的前提下加以重视，同时积极加以实践，将其变成在新媒体上进行品牌传播的基本法宝。
- **建议 4：提前做好计划，避免手忙脚乱。**对于节假日，通常每年日历上都有标注，相关的借力短视频的策划与制作完全可以有足够的提前量，这样可避免节假日来临当天仓促上阵，进而避免在匆忙中出现低水平的短视频内容。对于无法预知的热点新闻，则要有思想准备，并加强平时的训练，最好有相应的快速应对办法，如一些常规的剧本模板。
- **建议 5：注意覆盖全面，避免内容单一。**现在有种现象，部分品牌平时只有节假日及热点借力的短视频或海报，几乎没有其他内容，这也是有问题的。合理的品牌相关的内容应该有较全面的品牌相关内容规划，不能只是借人家的力。

带货短视频的营销策略

带货短视频是近年来较为热门的一种短视频，它既不绕弯子地表明自己是在销售货品，又在其中将前面的一些营销策略进行了综合的运用。若要使得所带之“货”顺利地卖出去，则有许多方面需要仔细琢磨。

带货短视频营销的基本策略

1. 带货短视频营销的价值

带货短视频近年来不断走热，在短视频领域掀起了热潮。其实，带货短视频讲起来既简单又复杂。说其简单，是因为它的目的很直接很简单，就是要通过短视频将“货”（产品或服务）卖掉，直接获得收益。说其复杂，是因为看似简单的带货，真正做起来却未必能达到你想象的结果。有时，远远达不到你的预期；有时，又可能远远超出你的预期。

实际上，这与带货短视频营销的许多规律及技巧相关，也与本书谈到的各种相关策略的领会程度及应用水平高低相关。特别是，每个行业的产品或服务的带货方式是不一样的；而且，随着时代的发展，同一个行业的产品或服务在不同时期的带货方式也不一样。更何况用户的口味会发生变化，吸引用户的“引爆点”需要不断推陈出新。

然而，无论如何，带货短视频营销的吸引力是巨大的，因为企业是以盈利为主要目标的，带货的目标就是围绕着如何将货卖掉进而带来更多盈利，这就是带货短视频营销的最大价值。不过，其价值能否得以体现，还要看你的带货能力之高低。

2. 理解带货短视频营销

在知萌发布的《2019年短视频营销白皮书》中，相关调查数据表明，能够激发用户购买欲的短视频内容最主要的特征有：有情怀的，引起用户共鸣的；产品植入很巧妙；详细的产品介绍；有权威机构认证；符合平台属性和用户喜好；生活化、接地气等。这为带货短视频的营销带来了很好的参与度及思路。

对于带货短视频营销，它包括以下几个基本点。

- **所带的“货”是什么行业的什么商品。**带货短视频中，所要带的“货”，在不同行业中是不一样的，需要对这个行业及要带的“货”（通常是某种产品或服务）有较深刻的理解与认识，发掘其特色、亮点或优势。
- **采取什么样的带货模式。**要根据对应的行业及其“货”的特点，以及视频团队的优势及当时的条件与具体情况，选择合适的带货模式。当然，采取什么样的模式才算“合适”，这个见仁见智。具体的模式既要敢于创新，也要接受市场的检验。
- **所选的带货模式如何进行叙事。**每一种带货模式的叙事方式是不完全一样的，且每一种带货模式的侧重点有所不同，每一种带货模式打动潜在用户的重点也不一样，可以结合本章其他策略进行综合应用。

对于带货短视频的营销模式，这里引用“传媒1号”公众号总结的带货短视频的16种模式，其主要以不同类型的短视频进行分类（见图7–4）。

这种划分方法有一定的道理，特别是每一种类型的短视频中都可能有不同的“货”需要“带”，但每一类型的短视频的“带货”方式又不大一样。不过，这种划分方法值得商榷的地方是，这16种模式中的每一种，不一定只适合其中一类短视频，也可能在其他短视频类型中得以应用。

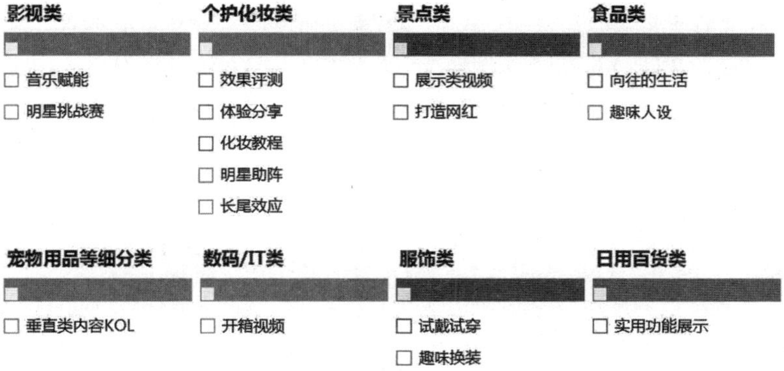

图 7–4　带货短视频的 16 种模式

资料来源：“传媒 1 号”公众号。

例如，图 7–4 中“向往的生活”这个模式，不仅可用于“食品类”短视频，更可以应用于“个护化妆类”“景点类”，甚至中间没有提到的“珠宝类”“房产类”及其他相对高端一些的商品对应的短视频。

同样，在预算宽裕的情况下，图 7–4 中的“垂直类内容 KOL”模式应该是个“万精油”。在预算相对低的情况下，本章所提到的病毒、UGC 模式、悬念制造、公益、直击痛点、热点借力也都是较为通用的短视频营销策略，在带货短视频中均可以加以参考及应用。

3. 带货短视频营销案例

对于带货短视频营销的案例学习，我们有必要看看知名直播及短视频 Up 主李佳琦的一个为某款卸妆纸所做的带货短视频（应为直播后留存的短视频）。

李佳琦主要是卖口红的知名播主及短视频 Up 主。该短视频所带的货是与口红相关的产品——卸妆纸。

在短视频（直播）的开头，李佳琦首先提出一个问题：“最难卸的口红是哪款？”然后随口列了若干种难卸的口红品牌。接着，由其助理将几种难卸的口红涂在李佳琦的手背上，并将手背向观众加以展示。

接着，李佳琦拿出一张要推广的品牌的某款卸妆纸，将其盖在手背上。此时，助理故意调侃，如果这款产品没有卸干净，你可以说我们的这款卸妆纸非常温和……

然后，李佳琦开始用这款卸妆纸擦拭手背上的几种不同的口红，并在擦拭几秒钟后看到其明显的效果——手背已变得干干净净，并展示给观众们看，同时展示擦拭后卸妆纸的情况。在这前后，李佳琦不断发出感叹："Oh My Gosh！还有谁！妹妹们，买不买？好厉害哦！"

最后，李佳琦推荐道："出差几天带几包，卸完不会拔干，再用洗面奶清洗一下就好了。"整个短视频的后半段中，画面的右下角都有这款产品的包装盒露出。另外，在李佳琦抖音的"商品橱窗"里，也陈列着这个短视频内容供用户随时点播。

该视频是直播后留存并经过剪辑、加字幕及其他辅助信息的短视频内容，虽然不长，但对于带货类短视频营销是较好的参考资料，其将此类短视频营销中的主要环节基本加以完整地呈现。

带货短视频营销的延伸策略

对于带货短视频营销，有以下相关策略。

- **策略 1："痛点 + 产品 + 效果"三节叙事策略。**这是一种较有效又较简化的带货短视频叙事策略。首先是痛点的强调暴露：为带货做好铺垫陈设，也是为了引发用户回忆曾经的痛苦或不爽；其次是"货"（产品）的出场亮相：可以展示并打开其包装，展示其外观及产品细节，也是为了让"货"精彩亮相；最后是产品使用效果的展示：让用户感觉到痛点被尽可能得到解决，也是为了引发用户的购买需求及欲望。当然，之前可以稍微进行场景的铺垫，后面可以添加购买的方式，并以文字和图片的方式突出优惠的力度等。
- **策略 2：产品效果有效展示策略。**既然是"带货"，那么讲到具体产品时，一定要展示产品的效果。除了对产品的外观、产品的包装到产品的质地加以展示外，还应尽量展示产品的使用效果，并且可能加一些特定的镜头，如产品使用前后的效果对比（当然此处要注意度的把握）等。从某种意义上，效果就是最好的说服力，效果就是最直观的推荐力。例如，华为 P30 系列仿影视大片特技的短视频中，在对经典电影《古墓丽影》《死亡游戏》与《卧虎藏龙》进行改编时，即分别针对超感光暗拍、超大广角和潜望式变焦三大功能卖点进行了效果比较，立即抓住了观众的眼球。
- **策略 3：多元方法综合应用策略。**在带货方面，不一定只使用某一种策略，它可能是前面所提到的众多策略中的一种或几种的组合。或者，在使用某种主策略的同时，可以配合使用其他几种子策略。例如，主策略是"直击痛点"，可以同时配合“悬念制造”“热点借力”或“病毒设计”等一些子策略。

- **策略 4：换位思考策略。**其实，这一策略很多人并不陌生，即做事情时站在消费者角度去思考问题。只是，许多短视频团队在进行带货短视频策划时，往往忘记了这一点，或者受产品或服务对应的品牌方的影响及其不尽合理的要求（如站在品牌方角度想说的话），而使得短视频脱离了消费者的思考角度。实际上，“痛点思维”策略中也提倡做到这一点。另外，在具体拍摄时，要认真研究当用户拿到这件“货”后会关心什么、会怎样使用？
- **策略 5：短视频与直播相配合策略。**在带货方面，短视频与直播各有优势。如果有足够精力，可以尝试在发布短视频的同时，配以相关的直播。快手副总裁岳富涛总结快手电商的模式是：短视频种草 + 直播带货。这样的模式能够走得通是源于快手的商业逻辑，“商业世界最小的因子是人，人的聚集驱动商业需求爆发”。先有人创造内容，然后形成“老铁”的社交关系，进而在社交场景中完成销售，即“人 + 内容 + 社交 + 生活场景”。
- **策略 6：直播加短视频的长尾带货策略。**直播结束后，短视频可以作为直播带货的“长尾效应”存在，那些不习惯看直播或者没有那么多时间看直播的用户，还可以通过短视频被“种草”商品。以李佳琦为例，其抖音的“商品橱窗”中，陈列着其在直播中带过的货，可直接加入购物车进行购买。同时，当点击每个商品的图片时，都有一段介绍该商品的短视频，其中多数来自李佳琦直播带货中精彩的片段。
- **策略 7：短视频种草策略。**在制作与发布带货短视频时，不一定要那么急功近利。其实，每一个带货短视频都是一次种草。“种草”的含义是“分享推荐某一商品的优秀品质，以激发他人购买欲望”的行为；或自己根据外界信息，对某事物产生体验或拥有的欲望的过程。“带货”即是“种草”的一种形式。如果你的带货短视频水平很高，那么观众就“被种草”了。随着时间的推移，看过短视频的观众就可能“长草”（即对该物品的占有欲蓬勃生长）；等到购买条件成熟，他们就可能果断地下单购买。

带货短视频营销的注意事项

在应用带货短视频营销时，需要注意以下几点建议。

- **建议 1：注意深入研究“货”的行业及“货”的特点。**一方面，既然是带货，那么就要对“货”所在行业有所理解，“隔行如隔山”的说法不无道理；另一方面，需要多花些时间研究要带的“货”，包括其特性，其区别于同类“货”的优势与特点，哪些是它最值得介绍的价值点。

- **建议 2：短视频中注意避免使用违禁词。**多数短视频平台对违禁词会屏蔽或做其他处理，如限流。这些违禁词与广告法的规定接近，通常包括：美白、亮白、祛斑、祛疤、祛、天然、顶级、高效、全效、安全无刺激、零添加、销量冠军、全网销量第一、绝对、国际品质、高档、最新技术、最受欢迎、大牌、正品、秒杀、爆抢、万人疯抢、消炎、防敏、提亮、神器、还你、XX 周期见效以及最 XX 等。
- **建议 3：注意避免故意低价诱导购买。**若短视频中涉及具体活动和优惠，一般不要加字幕及口播，不少短视频平台规定不能低价诱导购买。如果有类似情况，则可能会面临被限流、封号的风险。在抖音，类似情况在申请 dou+ 投放时无法通过。
- **建议 4：注意避免涉及第三方的负面信息。**多数短视频平台规定，短视频里面不得涉及第三方的负面信息，不得对第三方以及第三方商品进行恶意比较或贬低。简而言之，不能有贬低同类商品的内容。这也类似于广告法的规定。另外，通常也不可以进行长时间的主体展示商品、品牌和 Logo。
- **建议 5：注意所带“货”的价格区间。**通常，产品的客单价越高，用户的决策难度就越大，就越需要复杂信息才能使其下单。由于短视频以“短”为其主要特色之一，那么它就比较适合中低客单卖货。当然，具体行业还依赖于行业特点及潜在用户的购买习惯。
- **建议 6：注意带货短视频的性质。**一般来说，带货短视频是为了通过短视频的形式快速聚集人气，然后以一定价格快速进行货品的销售，从而迅速形成热销局面，进而成为关注的焦点。然而，多数情况下，通过带货短视频销售货品本质上还是促销。如果将其视作通常的销售，那么就变成了电商。部分电商可能将主要销货模式变成短视频或直播，其性质与 Up 主的带货短视频营销或直播带货有所不同。
- **建议 7：注意带货短视频中“货”的品质。**虽然你的“带货”短视频通常相当于“种草”，而且可能因为感染力及说服力强，而让观众心中不断“长草”，最终下手购买，但是，如果随后观众发现你所推荐的“货”并不是那么好，那么他们在经费不足时，很可能优先进行“拔草”（指把心痒痒的购买欲给“拔”除了。一般是因为发现之前被种草的东西并没有想象中的好，或者囊中羞涩）。

- **建议 8：注意多研究用户购买心理及购买环节以提升短视频“带货”的效果。** “带货”最终的目的是吸引更多的潜在客户，逐步让他们变成你真正的客户，然而这个过程必然涉及促成购买的各个环节。这些环节促使我们思考在带货短视频中如何引发潜在用户的注意、如何与他们互动等，以及如何促进购买后的分享及更多的拥护。需要提醒的是，足够多的短视频可以让潜在用户搜索到谈论相关商品的短视频，鼓励下单用户更多地分享则可促进带货短视频中相关商品口碑的扩大。

艺术化短视频的营销策略

艺术化正在融入许多领域的营销，艺术可以无处不在。即使对于非艺术行业的短视频，也可以用艺术化的方式进行短视频营销。艺术化让商业气息被减弱或淡化，从而使用户更愿意接受短视频中所营销的商品。

艺术化短视频营销的基本策略

1. 艺术化短视频营销的价值

先说明一下，这里的“艺术化短视频营销”主要指非艺术行业的短视频营销。如果本来就是艺术行业的短视频，那么其短视频讲的是艺术，拍摄、剪辑等环节本身就更应该艺术化，否则就妄称艺术行业。对艺术行业的短视频营销这里不做探讨，而主要探讨非艺术行业的艺术化短视频营销。

“艺术化”与本章前面提到的“公益短视频营销”中的“公益性”类似，会更容易让观众忘却赤裸裸的商业化的东西，让短视频内容相对上升了一个层次，在更易得到观众认可的同时，也更易引发用户的自发分享或传播，这等于扩大了相应短视频的营销效果。

因而，艺术化短视频营销最大的价值在于，它可以提升短视频的品位，进而提升品牌的品位，同时它可以因艺术化而冲淡或减弱品牌的商业化诉求，既有利于品牌境界的提升，也有利于品牌因短视频的广泛传播而扩大影响力。

2. 理解艺术化短视频营销

对于非艺术行业的艺术化短视频营销，主要包括几个基本方面。

- **寻找艺术化的相关素材。**既然想艺术化，那么首先就要去寻找与艺术化相关的创作素材，例如某个与艺术相关的人或故事，或者某个与艺术相关的事件，或者某场与艺术相关的活动等。合适的与艺术相关的素材是艺术化的前提。
- **将自身品牌与艺术素材相关联。**对于非艺术行业或领域的企业品牌而言，必须找到自身品牌与相关艺术素材的联系点，或者说是切入点，这将为后面的具体创作中的事件或情节设计提供基本的线索。
- **突出艺术化内容的核心价值。**艺术化只是一种外表的形式，其核心应该是短视频中所反映出的相关核心价值，它能够和品牌的定位、使命及价值观等相匹配，这些核心价值需要在短视频中被突出与强化。
- **实现艺术化内容的制作。**最后，需要进行艺术化短视频内容的脚本设计、拍摄、剪辑等基本环节，把上述艺术化的关联点及核心价值等方面加以合理体现，同时让画面（包括构图、颜色、色调等）、风格、背景音乐等方面体现出一定的品位，以进一步提升短视频的艺术性。

3. 艺术化短视频营销案例

关于非艺术行业的艺术化短视频营销案例，可以看一下大疆公司于 2018 年春节前后推出的短片《换个角度发现爱》。

场景 1 是故事的开头：

儿子：“爸！”

父亲：“……”

主人公是一名画家，春节回家探望父母，与热情上前招呼的母亲不同，父亲沉默着，放下了报纸往屋里走，并没有回应儿子叫的那声“爸”。

场景 2 是一段回忆：这种冷漠似乎已经司空见惯。儿子想起了小时候自己特别爱画画，父亲却不支持他画画，曾抓起他的画作，厉声教训他：“不好好学习，成天就知道画画，快去做作业！”父亲让他放弃画画，去学习。

场景 3 还是一段回忆：主人公报考大学填报志愿时，父亲质问他：“报什么志愿是你自己能够决定的吗？”后来，为了坚持对绘画的热爱，他违背了家人想让他报理工类学校的心愿，擅自报了艺术类院校。结果，难逃父亲的一顿痛骂。

场景 4 回到开头的场景：回家后感觉到被冷落，主人公想：“为什么我总是得不到理解呢？”想到这里，看着依旧不愿和自己多说话的父亲，主人公心中不快，宣泄似地扔开雪地上的枯枝烂铁，抄起铲子，开始在自家后院的雪地上不停地铲雪。

场景 5 故事继续进行：不一会儿，儿子叫父母出来看。随着无人机的慢慢上升，呈现出一幅巨大的画……原来，主人公不只是在铲雪，而是在雪地里铲出一幅画——一幅小时候的自己亲吻父亲脸颊的画。这幅画是他小时候被父亲一把夺过的画，也是一直被父亲珍藏至今的画。

此时，主人公控制无人机（当然是大疆的）在空中拍摄这幅画，并出现无人机在空中的画面。父亲说："你还记得呀！不过那个时候的我比你画得帅多了。"然后画面出现文字："爱一直都在，换个角度发现爱"。整个短视频结束，最后出现大疆 Logo 的画面。

在此短视频中，那幅画出现了三次：第一次是儿子小时候画了那幅画，被父亲生气地夺走；第二次是父亲一直保留着那幅画，将其放在书桌的玻璃下；第三次是雪地里被儿子铲出的那幅画，从空中显现出来。这幅画分别以三个视角，贯穿了整个故事，并在短视频中体现了核心价值——换个角度发现爱。从艺术角度看，雪地上的那幅画实际上是大地艺术的一类。

同时，"换个角度"是大疆无人机的特征之一，高空拍摄本身就是换个角度看世界，也给用户带来了附加价值——不仅是清晰的照片，而是另一个视角看待世界所带来的另一种感受，可能就会在此时发现许多不同，包括"爱"。

据悉，在这个短视频发布前，正值电影《无问西东》走热。在电影中，沈光耀母亲面对儿子在战乱年代想成为一名飞行员士兵的决定时，含泪说出的那句"我怕，你还没想好怎么过这一生，你的命就没了"成为众多泪点之一。而随后大疆发布的上述短视频则抓住了"有时候父母的反对，背后都隐藏着深深的爱的担忧"这个和电影《无问西东》不谋而合的切入点。从另一个角度看，该短视频也算借了电影《无问西东》热点的力量。

艺术化短视频营销的延伸策略

关于非艺术行业的艺术化短视频营销，可以延伸出以下几条策略。

- **策略 1：赞助艺术家或艺术展策略。**这是一种品牌与艺术牵手较常见的策略。对于这种策略，一方面，要注意选择的艺术家或艺术展要与品牌的理念、价值观相匹配；另一方面，要注意在这种与艺术牵手的策略中，通常只在短视频的结尾出现品牌的 Logo 与名字，而在短视频内容的画面中通常不出现。

- **策略 2：借产品创作艺术品策略。**可以邀请相关的艺术家，利用品牌相关的产品，去创作该艺术家擅长的一种或几种艺术品。那么，在短视频中观众看到的是艺术品，但它却是由该品牌的产品或产品部件组成的。其中需要提醒的是，越是超出观众想象的作品，或者艺术品与品牌的产品原有形状差别越大，则留给观众的印象越深。
- **策略 3：艺术引入商业场所策略。**品牌与艺术牵手，也可以将艺术表演或展览引入商业场所，甚至可以是快闪形式的表演，然后用短视频记录下来，重点是突出艺术表演或展览的精彩之处及现场观众的热烈反响，顺便带上周边场景即可。
- **策略 4：产品艺术化设计策略。**如果品牌注重产品设计，让产品本身就像一件艺术品，那么即使自己所处的不是艺术行业，也可以与艺术牵手。例如，乔布斯在世时，即提倡 iPhone、iPad、iPod 及 MacBook 之类的电子产品要让用户感觉到如同一件艺术品，这也掀起了全世界电子产品厂家重视设计的潮流。此时，在短视频的记录中可以艺术化的范围就广泛了许多。
- **策略 5：艺术化解读使命与价值观策略。**在以品牌传播为主的艺术化短视频营销中，对于品牌的定位、使命、愿景、理念及价值观等方面，都可以找到与艺术相通之处，再想办法用艺术的手法来表现这些方面，让观众在欣赏艺术的同时，无意识地感受到品牌的使命、价值观或理念。
- **策略 6：在艺术活动中植入品牌策略。**这也是较常见的品牌牵手艺术的策略之一，其重点是在选择与艺术相关的故事后，在确保不破坏故事整体结构及观众体验的前提下，思考如何平滑、自然且合理地植入部分品牌的 Logo、产品或服务。此时，需要精心呵护故事本身的艺术性，进而保证观众的艺术体验。
- **策略 7：主办艺术活动策略。**这又是一种较常见的品牌牵手艺术的策略。可以由品牌出资主办某些相关的艺术活动，且活动的主题既要与社会关切或相关热点有关，还要彰显企业的某种精神或价值观，甚至可以彰显自己是一个热爱艺术、热爱创造的品牌。
- **策略 8：UGC 模式艺术比赛策略。**在本章前面提到过相似的模式，只是这里基于 UGC 模式的比赛的内容可以是与艺术相关的。其他方面可以参考本章中 UGC 模式短视频营销的相关策略。

艺术化短视频营销的注意事项

在应用艺术化短视频营销策略时，需要注意以下几点。

- **建议 1：要多学习艺术知识，提升艺术修养。**如果短视频团队要拍摄艺术化的内容，就需要与品牌方一起在平时多接触些艺术，多学习与艺术相关的知识，培养艺术兴趣和爱好，进而提升艺术修养。
- **建议 2：建议品牌方不要过多干涉与之合作的艺术家的创作。**许多品牌方因为在与艺术牵手的过程中投入了资金或场地或人力，就可能习惯性地向艺术家提出自己对艺术创作的理解，甚至要求加入较多的商业元素，但是请相信你请来的艺术家水平比你高，他会有自己的创作思路，因此不要给艺术家太多不专业的建议。
- **建议 3：建议尽量控制商业化元素的比例。**无论如何，这个提醒不算多余。即使许多品牌方知道这一点，也会时不时地流露出想增加商业元素的想法。要知道，通常情况下，只有将商业化的比例控制在一个相当小的比例下，相应的内容才能算作艺术化短视频，否则只能是假借艺术之名大行商业之道，或者是叶公好龙式的附庸风雅。
- **建议 4：艺术化短视频中的商业元素绝不能唐突或显眼。**在控制好商业元素比例上限后，还要注意这些商业元素在短视频中出现时的合理性，绝不能让这些商业元素感觉与画面或情节格格不入，从而显得尤为突兀。
- **建议 5：艺术化短视频的拍摄与剪辑要求不能低。**既然是艺术化的短视频，那么其制作的全过程的质量要求及制作水平就不能太低，特别是在拍摄与剪辑上要下足功夫。如果故事相对弱一些，画面与剪辑还不错，那么还说得过去。否则，则可能使你的短视频的品位显得很低，不仅不利于艺术化的初衷，而且会降低品牌的整体品位。

娱乐化短视频的营销策略

前面提到过，娱乐类的内容在短视频中占了很大的比例。那么，在利用短视频的形式进行相关营销时，也完全可以增添娱乐的成分。

娱乐化短视频营销的基本策略

1. 娱乐化短视频营销的价值

在第 3 章关于短视频的类型的讨论中，我们提到过幽默搞笑类短视频在用户喜欢观看的短视频中所占的比例一直排在最前列。这使得许多品牌想要使自己的营销短视频可以变得更有趣，更好玩，其实就是更娱乐化。

娱乐化短视频与病毒短视频、公益短视频、热点借力短视频及艺术化短视频有一个类似的地方，就是观众会相对地减弱对品牌商业元素的防备或抵抗。想想看，一个既想说自己好又显得严肃古板的品牌，显然不如一个在让观众开心的同时再说自己好的品牌更受欢迎。

因而，娱乐化短视频营销的最大价值就在于，它可以较为轻易地摧毁或推倒观众心中那堵防备品牌商业企图的“墙”，在相对轻松的气氛中让品牌、产品或服务的相关信息得以传播。要知道，人们上网看短视频往往是为了放松与开心。

《商业秀》的作者斯科特·麦克凯恩根据当今商业的发展特征，总结出一个真理：所有的行业都是娱乐业。他认为，商业化本质上是通过与用户的感情联系来实现的，但是没有哪个行业比娱乐业更了解如何俘获用户的感情。比如一部电影，无论是科幻、浪漫、喜剧、悲情，只有唤起用户的某种感情回应，才可能让用户为它的票房买单。

这句话也许会让你有所启发。广义上讲，许多包含短视频在内的新媒体消费内容几乎都有“泛娱乐”性质；狭义地看，娱乐化的短视频更能在欢快的气氛中让品牌或产品的优势得以展现。

2. 理解娱乐化短视频营销

关于娱乐化短视频营销，其要点在于以下几个方面。

- **寻找娱乐化的素材。**如果想在短视频里让所反映的品牌显得更加活泼有趣，那么首先要有适合品牌的娱乐化相关素材。既可以寻找外部的素材，也可以从内部挖潜。不过，首先要记住，只有那些敢于拿自己开玩笑的品牌才更容易显得有趣、好玩。
- **策划娱乐化的情节。**在确定了娱乐化素材后，在利用该素材拍摄短视频前，还要设计相应的短视频叙事情节，最重要的是其中包含一些娱乐化的情节。这些情节的娱乐化设计要注意合理性，并与整个故事的结构及风格相匹配。
- **设计娱乐化的台词。**这是短视频较容易娱乐化的方面。即使你的素材未必很娱乐化，但是相对生动有趣的台词将使得一些情节变得更娱乐化。如果短视频中有若干句幽默的台词，就可能造就几个轻松好玩的情节，那么整个短视频就较容易显得娱乐化。

- **主角娱乐化的表演。**娱乐化需要主角的表演具有明显的感染力，能营造轻松愉快的气氛，进而能带来“笑果”。这既与娱乐化的情节及台词设计相关，还与主角的表演能力相关。要知道，有一个会搞笑的主角是多么重要。

当然，娱乐化可能渗透到短视频创作前后的方方面面，如果你们团队多多开动脑筋，来几次头脑风暴，或许还能发掘出更多可以娱乐化的点。同时，近年来“泛娱乐化”成为趋势，也表明各个行业各个领域对娱乐化的某种认同。

3. 娱乐化短视频营销案例

实际上，本章中“直击痛点的短视频话题营销”中的碧浪请 Papi 酱出演拍摄的有关其产品“抑菌凝珠”营销的短视频，也属于娱乐化短视频营销。

在这里，我们再看一个运动 App——Keep 的娱乐化系列短视频《这都算 Keep》。

Keep 的这组短视频很接地气，从网民的普通生活入手，演化出各类运动或与运动相关的事物，整个表现手法趋向于明显的娱乐化，风趣好玩。

这个系列短视频总共有 10 组，分别用趣味的方式将生活中的日常动作向运动靠拢，并与自身产品的某个功能或特点联系起来，进而突出“这都算 Keep”的主题。

第 1 组短视频是“挤地铁”：上下班挤地铁，人非常多，比赛解说式的话外音引申出橄榄球比赛的进攻与防守的紧张局面……画面出文字：早晚高峰正面刚，狭路相逢我最棒。配台词、产品画面及文字：硬碰硬的增肌入门诀窍就在 Keep。

第 2 组短视频是“送咖啡”：一位送咖啡的年轻人在楼梯前与另外两人相遇，双方反复谦让又反复互挡，话外音是：“篮球比赛中遇到了夹击……他转身过人，三步上篮，球进了！”画面出文字：就算手中无球，照样 1V1 斗牛。配台词、产品画面及文字：牛过人的篮球高光时刻就在 Keep。

第 3 组短视频是“拍苍蝇”：一名男子在家中挥拍打苍蝇，话外音为：“羽毛球赛场，对手开出一个高点球，他快速稳步……他跳起来了，精彩！好个漂亮的扣杀！”画面出文字：不出门照样练球，一出手扣杀所有。配台词、产品画面及文字：随手练的羽毛球高招就在 Keep。

第 4 组短视频是“日常开会”：一群白领在工作，一个人高喊：“开会了，大家都把椅子带上。”职员们一个接一个骑在椅子上鱼贯而出。喊开会的人连喊若干声：“快点儿！”并配以划龙舟时鼓点的声音。画面出文字：时间紧，任务重，见缝插针搞运动。配台词、产品画面及文字：正火热的职场回血技能就在Keep。

第5组短视频是“保安站岗”：一个保安在小区门口值班，有点困，就开始活动脚部，动出了踢踏舞的感觉，配以跳跳舞的背景音乐。画面出文字：运动配了乐，再累都不虐。配台词、产品画面及文字：带节奏的运动歌单就在Keep。

第6组短视频是“爸带娃”：一位年轻的爸爸在家带孩子，说妈妈让爸爸在给孩子洗澡时滴20滴花露水，爸爸滴了几滴后，拍了臀部（并配以马的嘶叫），然后有节奏地甩花露水的瓶子，配以二胡曲《赛马》及赛马比赛的解说。画面出文字：带娃健身两不误，奶爸出马有神助。配台词、产品画面及文字：有乐子的亲子运动就在Keep。

第7组短视频是“拍柳絮”：一位帅哥出门，突然天上飘来柳絮，他开始拍打头上的柳絮，然后配以有节奏感的背景音乐，帅哥的手臂也潇洒地挥舞。画面出文字：甩开双手大步走，帅得高调不回头。配台词、产品画面及文字：拽酷炫地甩掉拜拜肉就在Keep。

第8组短视频是“丢垃圾”：小区里两位中老年闺蜜见面，都拎着垃圾袋，在分别讲“自己买了什么、丢了什么干湿垃圾”的同时，她们的左右手上下舞动，出现练哑铃的话外音：“一！二！三！四！……”画面出文字：闺蜜有多好，打卡打到老。配台词、产品画面及文字：超日常的结伴运动就在Keep。

第9组短视频是“囧打嗝”：大学食堂里一位女同学在吃饭，突然开始打嗝，但止不住，这时配以有节奏的背景音乐，她有点尴尬，索性端起盘子走了……画面出文字：难逃水逆出糗，索性机智开秀。配台词、产品画面及文字：笑岔气的奇葩运动就在Keep。

第10组短视频是“抢刷卡”：两个男人在饭店吃完饭，准备买单，大哥与小弟都抢着买单，互相推来推去……画面出文字：吃饭谁刷卡不重要，能刷卡路里才重要。配台词、产品画面及文字：抢着吃的减脂食谱就在Keep。

虽然上述短视频基本上算是广告，但由于娱乐化策略的运用，搞笑的画面让观众忘却了商业元素。同时，由于使用了类比延伸的手法，将日常生活习惯与产品的相关卖点进行了较好的关联。

娱乐化短视频营销的延伸策略

关于娱乐化短视频营销，可以延伸出以下几条策略。

- **策略 1：自我调侃策略。**品牌与个人类似，想让自己变得幽默风趣，不妨就拿自己开玩笑，或自黑、自嘲，有时甚至用上以“对不起”为主题的自我调侃式的道歉，这反而会让品牌一下子没了架子，一下子引来了围观。
- **策略 2：借力娱乐热点策略。**这是前面介绍的热点借力思维及相关策略的应用。可以利用的热点可能包括最近的娱乐新闻、明星趣事、相声段子、小品精彩对白、喜剧演员的经典表情或招牌式的动作，等等，这些都有借力的可能，关键看你的想象力。
- **策略 3：品牌植入娱乐节目策略。**这在前面已经提到过多次，只是这里被植入的内容是娱乐节目。观众在开开心心观看娱乐节目时，无意中听到或看到你的品牌，则这个娱乐节目就为你的品牌做了传播。
- **策略 4：表演适度夸张策略。**这个在前面 Papi 酱等知名 Up 主身上表现得较为突出。适度的夸张表演，更能制造欢乐的气氛，更能吸引观众的眼睛，更有利于提升娱乐化的效果。这基本属于短视频中人物的表演技巧。
- **策略 5：音乐营造娱乐气氛策略。**许多音乐天生就有喜感，进而在许多好玩的短视频中被选为背景音乐，甚至因为采用的人众多而成为网络神曲。选择合适的有喜感的音乐，将可以帮助短视频营造搞笑的气氛。
- **策略 6：贴纸表情烘托娱乐策略。**除了音乐之外，前面在上传前的相关设置中提到过“贴纸”与“表情”。如果能够将贴纸与表情合理地运用到娱乐化短视频中，也可以让画面更生动活泼，进而可以增添不少欢乐的气氛。
- **策略 7：顺口溜式台词策略。**在娱乐化的短视频中，可以将比较多的台词改编成顺口溜或打油诗，甚至可以是山东快板或东北二人转式的词风，并注意台词尽量通俗易懂，相对押韵，读起来很顺口。一些经典的顺口溜说不定还会被观众们模仿或改编。

娱乐化短视频营销的注意事项

在应用娱乐化短视频营销策略时，需要注意以下事项。

- **建议 1：要思考品牌的调性是否适合娱乐化。**虽然说每一个品牌都有娱乐化的潜力，但不一定每个品牌都适合娱乐化。有时是因为品牌的调性不对，那可能需要慢慢改造；有时则是因为一时没找到适合的方式，那要等找到了感觉再拍娱乐化的短视频。

- **建议 2：要注意避免不适合进行娱乐化的素材。**不是每个娱乐化的素材都适合每个品牌，除了品牌的调性外，还与娱乐化素材本身的性质、影响力及生命力等有关。此外，有些娱乐化的素材较为低俗，通常不适合选为素材。
- **建议 3：要注意避免娱乐节目中品牌植入方式生硬。**娱乐节目中的品牌植入数量要严格控制，植入方式要尽量平缓，千万不能出现植入数量多或植入方式唐突的情况。甚至，品牌要做好在娱乐节目中被拿来开涮的可能性。当然，怎么开涮与自我调侃策略类似，值得好好琢磨。
- **建议 4：可以多借鉴传统曲艺中的娱乐形式。**前面提到，娱乐化短视频中可以利用相声、山东快板甚至戏曲里的片段或台词，那么就需要短视频策划与制作者要多关注、学习并借鉴传统曲艺中娱乐化的内容，加以类比，加以引申。
- **建议 5：可以多学习当前最流行的互联网段子。**互联网上有所谓的“段子手”，他们多数是多种娱乐化方式内容撰写的高手（含讽刺性的段子），且他们撰写的段子往往除了好玩，还较有深意，并且跟得上时代的节奏，对于短视频的台词设计很有参考价值。
- **建议 6：注意在娱乐化的同时传递一种价值观或爱。**虽然人们需要娱乐，但不仅仅只是娱乐。有水平的娱乐化短视频，会在观众观看之余给观众更多的启示或思考，并可能形成一定的话题。

KOL/KOC 短视频的营销策略

前面提到过，品牌的营销短视频可以借助节假日及热点新闻的力量。实际上，除此之外，品牌还可以借助网络上有影响力的那群人——KOL/KOC 的力量。

KOL/KOC 短视频营销的基本策略

1.KOL/KOC 短视频营销的价值

网络上有影响力的那群人，除了传统所指的明星、名人，还新增了靠新媒体成长起来的大 V、中 V 之类的人，这些人被分为两类，一类是关键意见领袖（KOL），一类是关键意见消费者（KOC）。

粗略地看，KOL 相当于大 V，KOC 相当于中 V。换句话讲，若将 KOL、KOC 及普通用户看成一个金字塔的话，那么 KOL 绝对处于顶端，KOC 为腰部，普通用户则位于底部（见图 7–5）。

在金字塔顶部的 KOL 可以快速地打造知名度，引爆产品；位于腰部的 KOC 影响力相对较弱，但也有一定的影响力，且较接地气；位于底部的普通消费者，大部分时候都是处于被动的信息接收的状态。

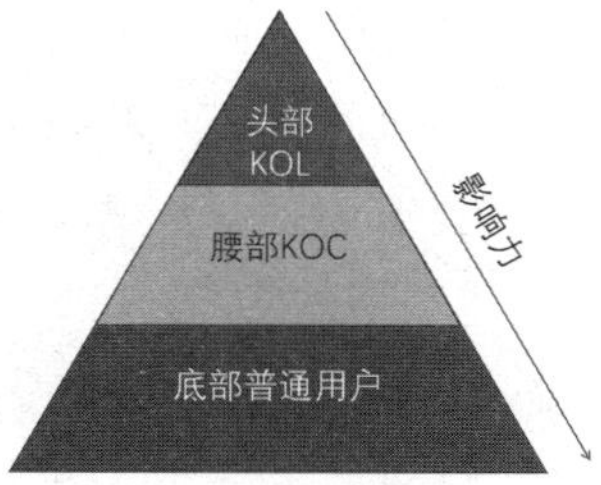

图 7–5　互联网用户金字塔

KOL 及 KOC 都有一定的价值，他们各有一定的特点。KOL 相对高端，影响力更大，出场报价较高；KOC 相对更接地气，影响力小一些，出场报价相对较低。因此，如果你的短视频预算充足，则可以邀请 KOL 出演，并充分发挥他们的影响力；如果你的短视频预算较小，则可以邀请 KOC 出演，主要发挥他们接地气的优势；如果你的短视频预算非常小，那么只有自己或团队其他成员亲自上场。

总之，KOL/KOC 短视频营销的价值在于，品牌可以利用一些影响力较大或很大的 KOC 及 KOL 出演短视频，使得你的短视频更有人气，进而借他们的力量提升你的品牌的影响力。当然，预算是前提。只是需要注意，一方面，多数 KOL 的报价要低于影视明星或名人的报价，KOC 的报价会更低一些；另一方面，请 KOL/KOC 出演是否划算，还要看他们带来的影响力及相关的效果。

2. 理解 KOL/KOC 短视频营销

关于 KOL/KOC 短视频营销，请注意以下几个方面。

- **选择合适的 KOL/KOC。**除了品牌所在企业的高管喜欢什么样的 KOL/KOC 之外，还要注意两个方面的选择标准：一方面是 KOL/KOC 与品牌的调性是否相符，是否认同品牌的价值观；另一方面是 KOL/KOC 所擅长的领域及所呈现的风格，是否符合品牌的需求。
- **结合 KOL/KOC 的特点及故事蓝本设计剧本。**在进行 KOL/KOC 短视频剧本设计时，既要从总体上看品牌的营销需求及目标，还要结合所选择的 KOL/KOC 本身的特点与风格，以及基本的故事蓝本，打造出适合所选的 KOL/KOC 出演的剧本。当然，表演水平高的 KOL/KOC 的可塑性更强，会更能胜任角色。
- **拍摄及剪辑短视频。**根据所设计的与 KOL/KOC 相关的短视频剧本，进行短视频的拍摄，以及后期的剪辑制作。此时，既要按剧本设计完成相应的拍摄，还要充分调动 KOL/KOC 的现场感觉，发挥其应有的特色与优势。另外，还要注意影响力大的 KOL 可能在出场时间上排得较密集，一定要事先做好协调。

- **联合 KOL/KOC 传播短视频。**在相关的短视频制作并发布后，要与参演的 KOL/KOC 联合进行短视频的扩散与传播，这既是为了充分发挥 KOL/KOC 的影响力使品牌通过短视频进行传播的要求，反过来很多时候也是为 KOL/KOC 提升人气。

3. KOL/KOC 短视频营销案例

关于 KOL/KOC 短视频营销的案例，我们可以看看京东手机 2019 年请 KOL 王境泽出演的三段短小精悍的短视频。

第一个短视频中，开场王境泽大喊："我王境泽根本就用不着'碎屏保'，碎就碎了！我要在乎那点钱，就从这儿跳下去！"突然，旁边有人撞了一下他，他的手机摔在地上，屏幕碎了。旁边助理做出"请"的手势，他顿时无语。然后出带有"京东手机……有了碎屏保，碎屏没烦恼"文字的画面。接着，他看着换好的手机屏说："哎呀，真香！"最后出京东 Logo 画面。

第二个短视频中，开场王境泽大喊："我王境泽根本就用不着'以旧换新'，那点钱都不够我吃口饭的。我要是穷成那样，就从这儿跳下去！"此时他老婆出场说："亲爱的，我今天不小心把你的卡刷爆了，但我还想要一部新手机。"他扭头看着老婆，转身走向阳台，喊着："都别拦着我！"然后出带有"京东手机……折旧换新机，还能领补贴"的画面。接着，王境泽的老婆用着新手机，他吃着饭抬头说："哎呀，真香！"最后出京东 Logo 画面。

第三个短视频中，开场王境泽大喊："我王境泽买东西从来不退货，买了就不后悔，后悔就从这儿跳下去！"突然老婆说："你明明知道我喜欢红色，为什么给我买黑色的？"结果他无语了，窗子自动打开……然后出带有"京东手机……买错不用愁，七天无理由"文字的画面。接着，他看着红色的新手机说："哎呀，真香！"老婆依偎着他。最后出京东 Logo 画面。

三个短视频的套路与风格是类似的，将京东手机优惠季的三个卖点用"反向"操作的办法，让不需要那些卖点的男主立即看到后果，引发观众的痛苦感受，进而将自己的"卖点"转换为用户的"痛点"。另外，三个短视频也同时使用了娱乐化及无厘头式的夸张手法。

KOL/KOC 短视频营销的延伸策略

关于 KOL/KOC 短视频营销，可以延伸出以下几条策略。

- **策略 1：KOL/KOC 综合筛选策略。**显而易见，更合适的 KOL/KOC 带来的效率更高。更科学的 KOL/KOC 筛选策略较为重要。宝洁通过 IT 信息技术和 CMK 消费者研究两个部门的数据工程师的协作，根据 KOL 的粉丝量、评论量、点赞量等数据，形成效果预测数据，帮助形成购买决策。欧莱雅通过大数据和人工智能的专属算法，建立了 KOL 的选择与追踪机制。利用系统识别 KOL 的粉丝人群和影响力，据此做出最具性价比的判断，选择不同的合作模式。
- **策略 2：KOC 价值发掘策略。**越来越多的品牌营销人员开始意识到，头部 KOL 的流量并不是衡量其商业价值的标准，而与中腰部的 KOC 的合作投入回报率非常显著，可能会达到与大流量 KOL 合作无法达到的效果，因此垂直领域的中腰部 KOC 也成了主流品牌青睐的对象。同时，由于 KOC 比 KOL 更接地气，更容易被消费者所接受。
- **策略 3：基于大数据的智能营销策略。**大数据将成为打开突围短视频 KOL 营销精准投放和效果监测困境之锁的唯一钥匙。基于 KOL 多样化的内容分类、数据表现、粉丝画像等来"智"选账号、"智"造内容、"智"慧评估已经成为大势所趋。大数据将成为短视频 KOL 营销的重要辅助工具。
- **策略 4：MCN 分类管理 KOL/KOC 策略。**由于 KOL/KOC 人数众多，随意选择有较大的盲目性，也可以与 MCN 机构进行相应的合作。通常 MCN 机构会对 KOL/KOC 进行一定的行业分类，并有风格及报价等相关信息，这会给欲邀请 KOL/KOC 进行短视频拍摄的团队提供更多的数据及相关信息参考。
- **策略 5：垂直类 KOL/KOC 匹配策略。**多数 KOL/KOC 短视频营销需要 KOL/KOC 有明显的行业特征，或者侧重于某一领域。虽说多能、全能达人拥有更广泛"链接"用户的机会，但却会加重算法理解红人内容类型的难度，从而导致推荐的用户池混乱。
- **策略 6：风格类 KOL/KOC 匹配策略。**虽然 KOL/KOC 的垂直行业属性很重要，但是有时也需要一些个人风格相当鲜明的 KOL/KOC，且这种风格已经成为其明显的标签，给粉丝们留下了深刻的印象。或者说，一说起某种风格就想起某个红人（KOL/KOC），那么这种风格就有相当大的利用价值。
- **策略 7：多 KOL/KOC 多类型组合策略。**有时，一些大品牌在做短视频营销时可能所需的短视频场景或类型具有多样性，此时可以邀请多个 KOL/KOC 参与短视频的创作与拍摄，组成较丰富的短视频营销组合。

KOL/KOC 短视频营销的注意事项

在应用 KOL/KOC 短视频营销策略时，需要注意以下事项。

- **建议 1：要根据预算情况来选择 KOL/KOC。**前面提到过，KOL 的影响力最大，价格最高；KOC 的影响力中等，价格相对低一些。那么，你的预算可能决定了是请 KOL 还是请 KOC，或者请什么价位的 KOL 或 KOC。虽然，有时请 KOL/KOC 的回报远大于投入，但这种情况的不确定性较大，毕竟回报小于投入的也不在少数，因而选择 KOL/KOC 还是应该量力而行。
- **建议 2：注意不要仅仅要求 KOL/KOC 必须具有高颜值。**虽然颜值很重要，但其他方面更重要。光靠颜值已难取悦用户。
- **建议 3：对于大牌 KOL 要事先对接好时间、地点、交通等环节。**可以理解，对于知名度相当高的 KOL（姑且称其为“大牌 KOL”）而言，其时间可能安排得非常紧密，为了不影响你的拍摄计划（也不影响别人的计划），在对接这些 KOL 时要事先对拍摄时间、地点、交通、食宿等方面做好充分沟通及周密计划。同时，还要将拍摄环节及进度尽量安排得紧凑高效，且要事先对拍摄计划中的细节进行摸排，避免在 KOL 出场时因计划疏忽而导致较多无效拍摄。
- **建议 4：可以在 KOC 与普通用户之间发掘“第四层”——种子用户。**种子用户，是普通消费者中那一部分更活跃、更擅于分享、更爱沟通的人群，并乐于将所购买的或感兴趣的产品、服务，分享给亲朋好友或者网友。这类人群由于热爱分享，一般都有着明显的标签特征，虽然辐射范围较窄，但具有一定的影响深度，他们在自己的社交圈层里已经形成较强的号召力，往往能影响周围人的消费行为。他们既是消费者也是天然的营销者，品牌方可以通过挖掘种子用户为自己打造良好的口碑效应。同时，可以让种子用户与 KOL/KOC 及相应的短视频进行配合，毕竟种子用户更接近于广大的底部普通用户，更接地气。
- **建议 5：可以用 KOL/KOC 短视频内容带动 UGC 短视频热潮。**以快手、抖音为代表的短视频平台推出的主题挑战赛便为品牌提供了与消费者玩在一起的入口。挑战赛一般由品牌发起，明星或 KOL 作为首发参与并输出优质内容，为挑战赛造势，为品牌带来更多曝光，引发更多用户关注并参与挑战赛，形成了一种“流量大咖示范 + 圈层达人渗透 + 素人领袖扩散”的模式。这种挑战赛活动很容易带动 UGC 用户的广泛参与，有较强的扩散性，易引发自发式的传播，并易形成口碑效应。

- **建议 6：在经费在限的情况下可以自主孵化 KOL/KOC。**每一个 KOL/KOC 都有一个成长的过程，每一个普通网民都有成为 KOL/KOC 的可能。如果觉得邀请外面的 KOL/KOC 的预算太高，那么也可以在品牌或短视频团队内部慢慢孵化培养 KOL/KOC。当然，这种孵化可能需要一定的时间，并且需要规划 KOL/KOC 主打的行业及风格，同时专门加以培训，提升综合能力。这种方法的好处是，自己的员工更熟悉业务，最接地气，还节省了邀请外面的 KOL/KOC 的成本。例如，快手公益平时的短视频里，就由自己的两位员工出场充当 KOC（见图 7-6），可能是因为不便露出他们的真人像，快手公益给他们分别戴了狐狸和熊猫的头套。

图 7-6　快手公益由自己的员工出场充当 KOC

最后提醒一下大家，所有的策略需要在了解之后在实践中应用方能加深理解。同时，你必须认识到，所有的策略都是为了降低营销成本。另外，所有的策略都有改进的空间，你也可以在实践中提出新的策略，同时千万别忘了本书一直提倡的“创意为众王之王”思维。

第 8 章

短视频的评估指标与数据统计

你可以说你的短视频项目策划得很好，运营得也不错，那怎样才算好呢？别人说你做得不好你如何反驳？其实，这就涉及短视频的评估指标、运营数据统计及效果评估方面的问题。当然，评估的目的是检查指标的完成情况，同时扬长补短，进行改进优化，以便更好地促进后续项目的推进及水平的提升。

短视频的评估指标

本书曾在有关短视频项目策划内容“短视频运营的 KPI”一节中初步讨论过三类评估指标。这里进行细化及扩充，进而为评估确定基本的依据。

短视频制作及发布方面的 KPI

短视频制作及发布方面的 KPI 主要指的是短视频的相关任务的量化，主要包括对短视频的制作数量、制作频率、制作所用时间、成本等进行量化的指标要求。由于制作所用时间及成本等通常是工作进度及预算控制方面的问题，可以融在其他相关 KPI 中。此处主要讨论短视频的制作数量、制作频率及发布平台等方面的 KPI。

1. 短视频制作数量方面的 KPI

短视频制作数量方面的 KPI 是一类基本的任务指标。一般情况下，在团队每年的短视频项目规划中，均会计划制作短视频的总量，并可能对需要制作的不同类型的短视频的数量进行细化，列出每一类短视频需要完成的数量。

其中，可能需要确定的细节还包括：每一类短视频的时长、规格、计划预算等。显而易见，短视频的制作数量多少、时间长短、规格高低等会直接影响预算的多少。但是，效率高的短视频团队会在相同数量的任务下花费更少的经费，或者在相同经费的情况下完成更多的任务。

这应该理解为，是否完成计划中的任务数量，是稍后评估短视频项目时的一个基本方面。

2. 短视频发布频率方面的 KPI

短视频发布本来不算一个很复杂的问题，但是它仍然存在是否按计划发布，以及发布中涉及一些相关工作，均需要确定是否认认真真地完成了。

实际上，短视频的发布频率指的是一个基本的发布计划的进度及密度。由于并非制作的所有的短视频都能百分之百被发布，以及发布时不是以随意的节奏或顺序进行的，所以需要明确规定每个时间段发布短视频的数量及需要发布的内容。

通常，发布计划至少应该规定到月，如果能计划到周则会更好。对于一些重要时间点（如节假日或促销活动时间段）等，则需要计划到日。简而言之，是否按计划的时间及频率来发布短视频，是评估短视频项目时需要考核的一个方面。

3. 短视频发布平台方面的 KPI

短视频发布平台的选择本身也不是什么大问题，但是一些粗心或偷懒的团队可能会忘记或故意减少发布的平台。这会对后期的短视频传播带来一定的影响。

通常需要规定短视频必须发布到哪些短视频平台、哪些传统网络视频平台、哪些网络社交平台及其他哪些必要的平台。最好能够具体到每个平台的名称及用于发布短视频内容相应的账号名称。

之所以会出现遗忘或偷懒的情况，有时是因为要发布的平台多可能造成疏忽，有时则是因为上传多个平台需要花时间登录及具体上传，同时要设置不少项目（如格式、题目、关键词及内容简介等），这些都要花时间，但是必须认真落实。

短视频传播方面的 KPI

短视频传播方面的 KPI 非常重要，关系到短视频的影响力大小，它大致可以分为三个层面的 KPI，即播放层面、互动层面及粉丝层面。

1. 短视频播放层面的 KPI

短视频播放层面的 KPI 主要包括：

- **短视频的播放数量。**通常是指前面计划的可单独发布短视频的相关发布平台上所有播放量的总和，也可以追加对某些重要平台上播放数量的单独要求。这一条很重要，它是短视频影响力的基本写照。
- **短视频相关话题的播放总量。**通常是指在短视频标题或介绍中添加的关键词（如“# 关键词”或“# 关键词 #”）的相关视频的播放次数。
- **ATP。**即平均播放时长。观众的平均播放时间越长，说明短视频的吸引力越大；如果观众平均播放时间很短，则意味着很多人刚打开短视频几秒就关闭了这个视频，基本说明短视频的吸引力较小。
- **观众中独立 IP 的数量。**由于有时一个观众看了几遍短视频，这与几个观众每个人看一遍是不同的，后者更表明短视频影响范围更广。
- **短视频里相关广告的展示次数。**通常等于短视频的总播放量乘以每个视频中相应广告出现的次数。但是，由于观众未必将短视频全看完，所以严格地讲只能算是观众结束观看前广告出现的次数。

注意：目前抖音的播放次数计算有一些不同。抖音是“今日头条”旗下的产品，如果你同时开通了抖音及头条号，那么当你在抖音上发布短视频后，默认情况下会在你的“今日头条”上的头条号上进行同步，只是在今日头条里你的短视频被称为“小视频”，也有额外的播放量。

2. 短视频互动层面的 KPI

短视频互动层面的 KPI 主要包括以下几方面。

- **短视频的总点赞量。**通常指所有发布及分享 / 转发平台上总的点赞数量和。
- **短视频的总推荐量。**通常指所有短视频平台上的总的推荐数量和。
- **短视频被分享的次数。**通常指所有发布及分享 / 转发平台上被分享 / 转发的次数数量和。
- **短视频的总评论量。**通常指所有发布及分享 / 转发平台上总的评论数量和。
- **短视频的总收藏量。**通常指所有发布及分享 / 转发平台上总的收藏数量和。
- **CPE。**即每互动（或融入）成本，它是每产生一个互动（如分享或评论或点赞）

的成本。

- **短视频的播荐率。**播荐率 = 播放量 / 推荐量 ×100%，播荐比高的视频，说明推荐后被观众打开的概率更大，一般可以表明这个视频的标题、配置的图片、相关的描述比较吸引人。
- **短视频的评论率。**评论率 = 评论量 / 播放量 ×100%，也称互动率（IR）。评论率高的视频，说明这个短视频中的相关内容可能更容易触动观众，引发了观众的互动或讨论，从而表达个人的观点或态度。
- **短视频的转发率。**转发率 = 转发量 / 播放量 ×100%，转发率高的视频，说明观众更愿意将其推荐给他的朋友或粉丝，有较强的传播性。
- **短视频的收藏率。**收藏率 = 收藏量 / 播放量 ×100%，收藏率高的视频，可能代表内容本身对于观众有用，收藏后容易产生再次观看的可能。而那些收藏率高但是转发率很低的视频，可能涉及用户隐私方面的考虑，传播性有一定的局限性。

注意：由于短视频可以被分享到其他平台（如网络社交平台），所以还要区分以上的指标是否包含了其他平台上互动（如转发、评论、点赞等）的相关数据。若要包含这些数据，本书后续内容将会介绍相应的查看或统计的方法。

3. 短视频粉丝层面的 KPI

短视频粉丝层面的 KPI 主要包括以下几方面。

- **短视频账号粉丝的增长量。**通常指所有短视频平台上粉丝数量增加的数量和。
- **短视频账号粉丝中大影响力粉丝的增长量。**通常指所有短视频平台上拥有相应粉丝量以上的用户的分别增长量，如拥有 100 000 以上粉丝的用户增长量；拥有 10 000~99 999 粉丝的用户增长量；拥有 1000~9999 粉丝的用户增长量；拥有 100~999 粉丝的用户增长量；拥有 100 以下粉丝的用户增长量等。
- **短视频账号粉丝中不同性别用户的数量及比例。**这主要是针对一些性别特点明显的行业所需要的相应比例要求，可以对某种性别的用户比例专门做要求。
- **短视频账号粉丝中不同年龄用户的数量及比例。**不同行业的目标用户群的年龄的合理跨度是不一样的，可以对某些年龄段的用户比例专门做要求。
- **短视频账号粉丝中不同地域用户的数量及比例。**不同企业或机构的目标用户群所在的地域的合理分布是不同的，可以对某些区域的用户比例专门提要求。

- **短视频账号粉丝中不同职业用户的数量及比例。**不同企业或机构的目标用户群的理想的职业范围是不同的，可以对某些职业的用户比例专门做要求。
- **短视频账号粉丝中不同学历用户的数量及比例。**不同企业或机构的目标用户群的理想的学历层次是不同的，可以对某些学历的用户比例专门做要求。
- **短视频账号粉丝中不同兴趣用户的数量及比例。**不同企业或机构的目标用户群的兴趣范围是不同的，可以对拥有某些兴趣的用户比例专门做要求。
- **短视频账号粉丝中不同观看终端用户的数量及比例。**不同企业或机构的目标用户群在不同的观看终端看视频对其的理解是不同的，可以对某些观看终端（如 iPhone）的用户比例专门做要求。

短视频营销效果的 KPI

前面曾经提到过，一些营销效果的 KPI 是与传播方面的 KPI 相关联的，另一些营销效果的 KPI 则较为独特，特别是带有产品或服务销售目标的营销。

明显区别于传播方面的 KPI 的是，营销效果的 KPI 主要侧重于短视频营销或广告的点击量、显示成本或销售效果。

1. 衡量营销或广告效果层面的 KPI

- **短视频相关广告的点击总量。**有的短视频中的广告链接是可以直接点击打开广告的，这个数量表明了视频里广告的吸引力。
- **CPC。**即每点击成本，指针对短视频中所包含的可点击广告，每点击一次所花的成本。
- **CPM。**即每千人成本，指短视频里每向一千人展示某个广告的成本（如果每个广告在视频中只出现一次，那么这个数字通常与短视频的播放量接近）。
- **PIA。**即显示后访问，指观看完短视频后一段时间内，访问短视频中提到的某个网站的数量。
- **短视频所带来的网站 / 网店流量。**即因为看了短视频而访问某个网站或网店的用户数量。

2. 衡量销售效果层面的 KPI

- **短视频促进的购买总量。**因为看了短视频而购买了某种产品或服务的总数量。
- **短视频平台内直接的购买数量。**一些短视频可以直接添加购买链接，其对应的购买数量显得更加直接。

- **短视频平台以外促进的购买数量。**即购买总量减去平台内直接的购买数量。
- **CPA。**即通过短视频每销售一件产品的成本。
- **CR。**即转化率，指来观看短视频的用户中产生购买行为的人数占视频总观看人数的比例。
- **短视频所促成的销售总额。**即因看了短视频而促成的购买金额的总和。

注意：一些效果（如销售量）可能需要统计专门的网店（如淘宝、京东或拼多多等）上的数据，但是需要这些网店所在的平台可以统计相应购买者是从短视频链接中直接过来，还是观看了视频一段时间后自己直接进入了相关网店，其中前者相对容易统计一些。

短视频项目相关数据统计

在明确了上述短视频运营的 KPI 后，经过一段时间的短视频制作、发布、传播及营销等运营过程后，在评估之前我们需要对短视频运营的数据进行统计。

短视频平台直接统计基本数据

不同的评估对数据统计的详细程度的要求是不一样的。一些较为简单的项目可以通过短视频平台直接统计基本数据，只是可能多数为手工统计，再合并进 Excel 中，除非有相应的抓取及统计软件可以使用。下面将以抖音和快手为例来进行介绍。

1. 抖音的基本数据统计

关于抖音的基本数据统计，可以直接打开抖音 App 查看以下相关数据（见图 8-1）。

（1）基本任务量方面的数据

①短视频“作品”数量。在短视频账号首页“作品”旁边的数字即是。

②短视频的发布时间。打开短视频后，可以在视频下方看到发布时间。

（2）传播方面的数据

①播放层面的数据

- 短视频的播放量：只能查看自己账号的每个短视频的播放量，在图 8-1 第 1 个小图中每个短视频下面小三角符号旁边的数字即是。

- 短视频相关话题的播放量：可以在打开包含某个话题关键词的视频后，点击相应的话题（# 关键词），即可查看该话题的总播放量及相关的视频。

图 8-1　抖音可直接查看的基本数据

② 互动层面的数据

- “获赞”总数：账号封面上“获赞”前面的数字即是。
- 短视频的获赞数量：有两种方法。一种方法是在查看他人的短视频账号首页时，每个短视频缩略图下方有获赞数量；另一种方法是打开短视频后，其右边心形下方的数字即是。

- 短视频的被评论量：打开短视频后，其右边评论按钮下方的数字即是。
- 短视频的被分享量：打开短视频后，其右边分享箭头下方的数字即是。

③ 粉丝层面的数据

- 短视频账号的粉丝总数：在抖音短视频账号的首页上可查看。
- 短视频账号的粉丝分类：在抖音短视频账号的首页上点击“粉丝”按钮，可看到粉丝中的抖音粉丝数及头条的粉丝数（见图 8-1 下方中间图）。

（3）营销效果方面的数据

- 商品橱窗中各商品的销量：在短视频账号的首页上点击“商品橱窗”按钮后，可打开一个专门页面，上面有每件商品的销量。

另外，也可以通过抖音的网页版“创作服务平台”（通过抖音官网 creator.douyin.com 进入）查看，其中“内容管理”中的“视频管理”里也可以查询相关的数据（见图 8–2）。

图 8–2 抖音创作服务平台后台视频管理

2. 快手的基本数据统计

关于快手的基本数据统计，可以直接打开快手 App 查看以下相关数据（见图 8–3）。

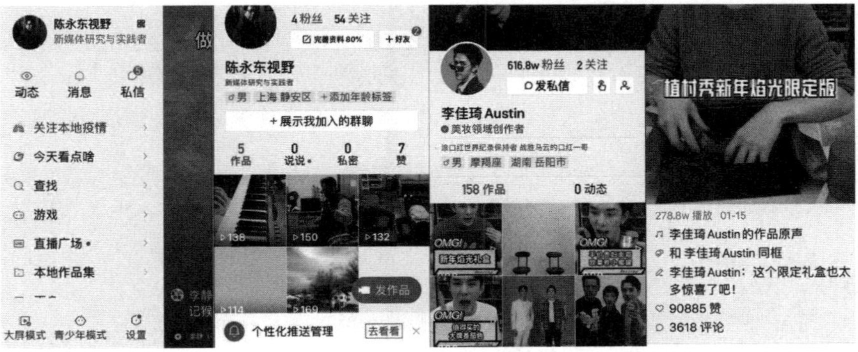

图 8–3　快手可直接查看的基本数据

（1）基本任务量方面的数据

①短视频“作品”数量：在短视频账号首页“作品”上方或左边的数字即是。

②短视频的发布时间：在“非大屏模式”（图 8–3 左边第一张图的下方“大屏模式”上没有勾号，下同）下，打开短视频后，在视频下方可以看到发布的时间（如图 8–2 右边每一张小图的右下方）。

（2）传播方面的数据

①播放层面的数据

- 短视频的播放量：有两种方法。一种是在查看自己的账号时，每个短视频的播放量就是其下方小三角符号旁边的数字，如图 8–3 左边第二张图中的小图下方；另一种是在“大屏模式”（图 8–3 左边第一张图的下方“大屏模式”上有勾号，下同）下，打开短视频后，在视频下方可以看到视频的播放次数（如图 8–3 从右数第一张图下方的数字）。
- 相关话题的短视频数量：可以打开包含某个话题关键词的视频后，点击相应的话题（# 关键词），即可查看该话题的相关短视频。

②互动层面的数据

- 短视频的获赞数量：有两种方法。一种方法是在“非大屏模式”下，每个视频下方有该视频的获赞数量；另一种方法是在“大屏模式”下，打开短视频后，其右边心形下方的数字即是。
- 所有短视频的获赞数量：目前该数据需要自己将每个短视频的获赞数相加后

得到。

- 短视频的被评论量：有两种方法。一种方法是在“非大屏模式”下，每个视频下方有该视频的评论数量；另一种方法是在“大屏模式”下，其右边评论按钮下方的数字即是。
- 短视频的被分享量：在“大屏模式”下，其右边分享箭头下方的数字即是。

③ 粉丝层面的数据

- 短视频账号的粉丝总数：在快手短视频账号的首页上即可查看。

也可以通过快手的网页版的“创作者服务平台”（https://cp.kuaishou.com/article/publish），进入后，在“内容管理”里查看相关短视频的相关信息（见图 8-4）。

图 8-4 快手创作者服务平台后台内容管理

网络社交平台直接统计基本数据

这里所讲的网络社交平台的基本数据统计，主要是指被分享到社交媒体上的短视频的传播情况，通常涉及微博、微信及 QQ 空间等。

1. 微博平台上短视频的分享数据统计

由于微博同时支持网页版及移动版，简单的数据可通过直接查看微博得到，较为详细的数据可以通过微博网页版进行统计，主要可统计的视频相关基本数据如下：

（1）单条分享短视频的微博的数据

在微博里，每一条分享了短视频的微博的数据可以直接查看该微博获得，主要包括以下数据：

①短视频相关微博的互动数据

在微博里，查看分享短视频的微博的情况如图 8–5 所示，其包括的基本数据有：

- 短视频相关微博的转发数（图片最下方第 1 个数字）
- 短视频相关微博的评论数（图片最下方第 2 个数字）
- 短视频相关微博的点赞数（图片最下方第 3 个数字）

②所分享短视频的播放数据

在微博网页版，可以点击短视频的链接，如点击图 8–5 中的“李子柒的微博视频”，则会出现图 8–6 所示画面。

- 所分享的短视频的播放量：如图 8–6 右下角所示的 9312 万次播放

也可以在网页版微博的自己的账号首页点击右上角的“管理中心”，然后在左边点击“数据助手”，其中一些数据是免费的，长周期统计功能可能会收费。

（2）微博后台查看所分享短视频的数据

①“视频播放趋势”方面的数据（见图 8–7）：

- 视频发布总数及相关统计图
- 视频播放总数及相关统计图

图 8–5 短视频相关微博的互动数据

图 8–6 微博中分享的短视频的播放量

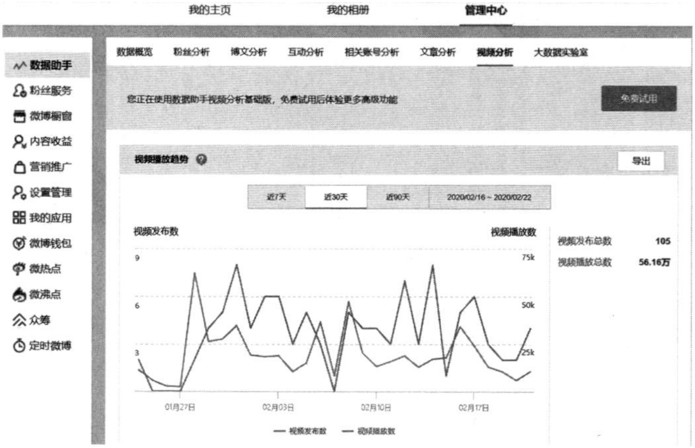

图 8–7 微博后台的“视频播放趋势”

②“视频转发、评论和点赞”方面的数据（见图 8–8）：

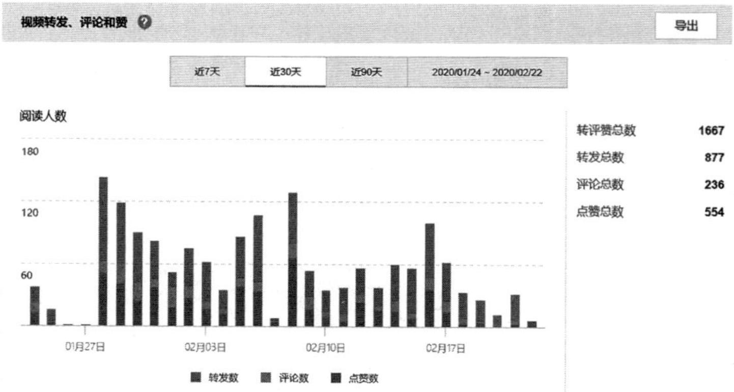

图 8–8 微博后台的“视频转发、评论和点赞”数据

- 分享短视频的微博的“阅读人数”
- 分享短视频的微博的“转评赞总数”
- 分享短视频的微博的“转发总数”
- 分享短视频的微博的“评论总数”
- 分享短视频的微博的“点赞总数”

③“单条视频分析”方面的数据（见图 8–9）：

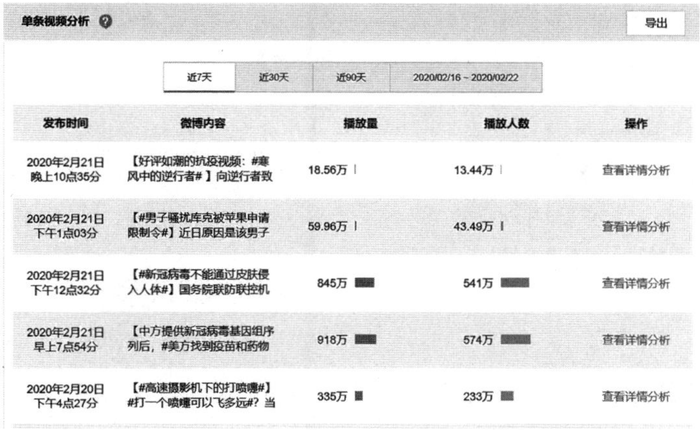

图 8-9　微博后台的“单条视频分析”

- 被分享的某条短视频的播放量
- 被分享的某条短视频的播放人数

2. 微信平台上短视频的分享数据统计

在进入微信公众平台后台后，可以通过左边的“统计”进入“内容统计”中的“视频分析”查看相关统计：

（1）所有视频的数据统计

①所有视频的播放情况统计（见图 8-10）：

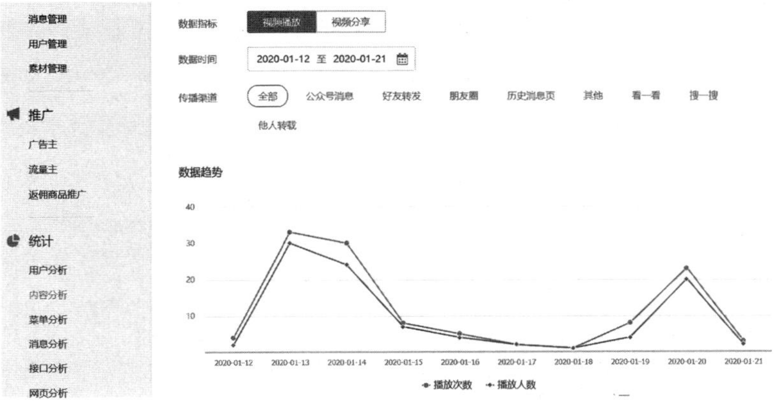

图 8-10　微信公众号所有视频的播放情况

- 某时间段所有视频的播放次数及统计图
- 某时间段所有视频的播放人数及统计图

②所有视频的分享情况统计（见图 8-11）：

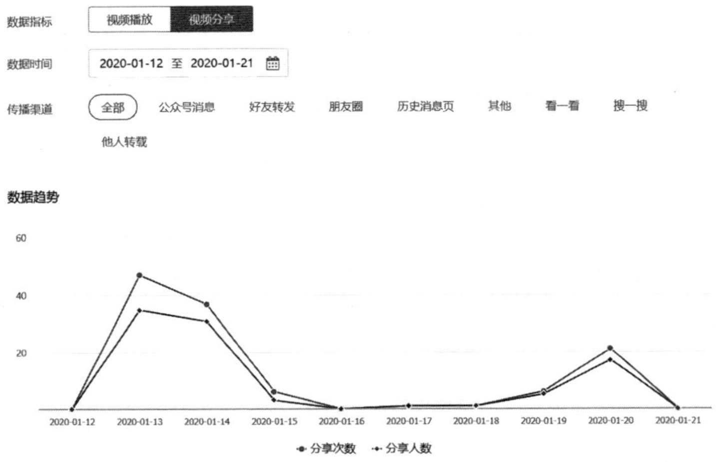

图 8-11　微信公众号所有视频的分享情况

- 某时间段所有视频的分享次数及统计图
- 某时间段所有视频的分享人数及统计图

同时，以上两类统计还可以细化到该视频在公众号消息、好友转发、朋友圈子、历史消息页、看一看、搜一搜及他人转载分项的播放量及分享量。

（2）单个视频的数据统计

①单个视频的基本数据（见图 8-12）：

图 8-12　微信公众号后台单个视频的基本数据

目前，微信公众号后台对单个视频只统计 15 天的数据。其中包括：

- 单个短视频的群发时间
- 单个短视频近 15 天的总播放量
- 单个短视频近 15 天的总分享量

若单击“详细数据”还可以查看以下信息：

②数据趋势：

- 单个短视频近 15 天的播放次数及趋势图
- 单个短视频近 15 天的分享次数及趋势图

③渠道构成：

- 单个短视频在“看一看”出现的次数
- 单个短视频在其他地方出现的次数

④播放时长分布（见图 8-13）：

- 单个视频不同播放时长对应的播放次数

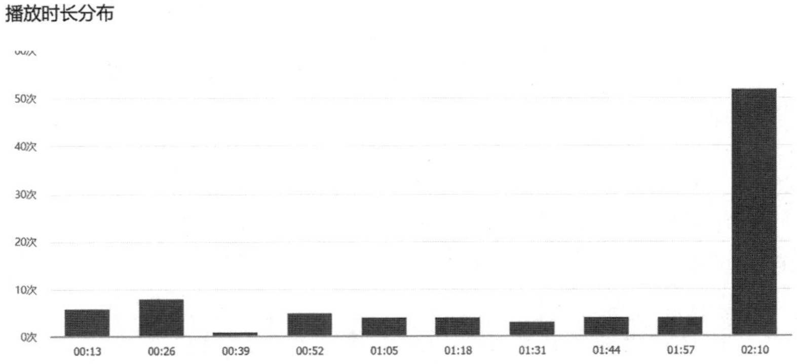

图 8-13　微信公众号平台单个视频播放时长分布

⑤用户画像：

- 性别分布（见图 8-14 左）
- 年龄分布（见图 8-14 右）

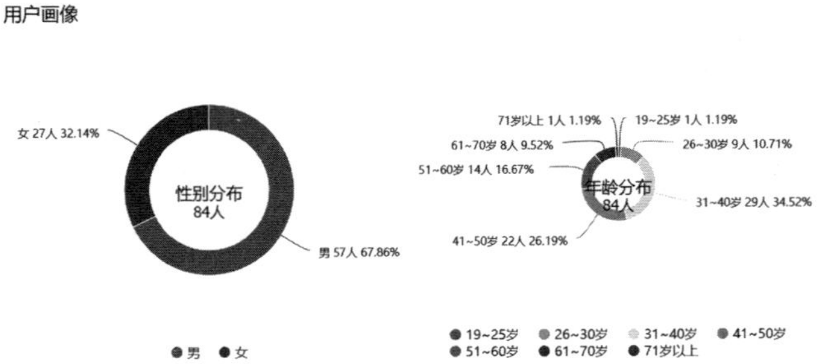

图 8-14 微信公众号平台单个视频的用户性别及年龄分布

- 各省份用户数（见图 8-15）

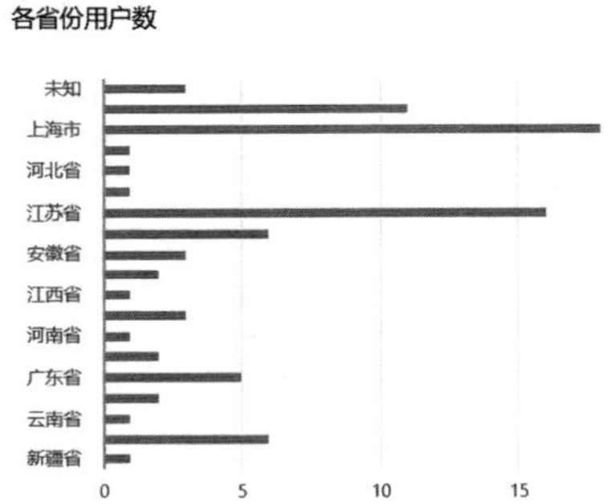

图 8-15 微信公众号平台单个视频的用户各省份分布

- 各机型用户数（见图 8-16）

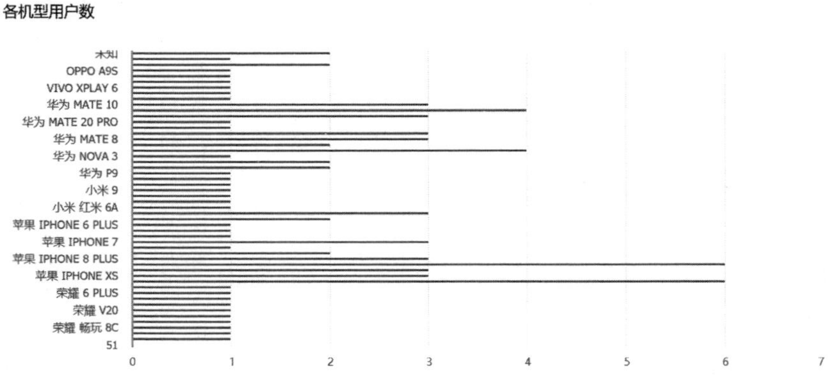

图 8-16 微信公众号平台单个视频的用户机型分布

3. QQ 空间上短视频的分享数据统计

通常，可以打开 QQ 的 App，进入某个账号的 QQ 空间查看以下数据：

- 包含了短视频的分享帖子的浏览次数
- 包含了短视频的分享帖子的评论情况
- 包含了短视频的分享帖子的点赞情况

短视频项目的效果评估

若要进行短视频项目的效果评估，就必须在相应的材料及数据收集完整的前提下，检查各项相关工作对应指标的完成情况，并给出最后评估的结果。

收集评估所需要的材料与数据

进行项目评估就必须有相应的材料与数据，其中涉及项目计划、变更材料及主要 KPI 对应的完成情况。

1. 短视频项目的相关计划

首先，我们需要了解一下 PDCA 管理循环。它是美国质量管理专家沃特·阿曼德·休哈特（Walter A. Shewhart）博士首先提出的，被美国质量管理专家爱德华兹 · 戴明（W. Edwards Deming）采纳、宣传，进而获得普及，所以又被称为戴明环。PDCA 循环的含义是将质量管理分为四个阶段，即计划（Plan）、执行（Do）、检查（Check）以及行动与改进（Act，也译作处理）。

本书在第 2 章中谈到了短视频项目的定位与策划，其实就是“P”（计划）；第 3~7 章的短视频的应用技术与策略加上相应的实施即是“D”（执行），本章内容就是“C”（检查）及“A”（行动与改进）。

相对完整的计划的相关材料涉及以下几个方面：

- 投标书及其中提交的基本方案：如果你的团队是通过投标或其他方式获得的短视频项目的业务，那么通常有一份投标书，以及其中项目投标时所描述的方案。
- 合同及其中的计划方案：如果你的投标书被评标方选中（即中标），或短视频项目需求方（甲方）因为其他理由选中了你，通常应该有一份短视频项目相关的合同，你通常为乙方。合同中通常包含了计划方案，它可能以附件形式出现。

- 短视频项目的实施方案：在签订了短视频项目相关合同并具体实施时，你的团队（乙方）通常会与短视频项目需求方（甲方）进行若干次针对短视频项目的讨论，最终确定该项目的详细需求说明书、方案策划书及实施方案书，并以书面的形式由双方约定以签字或其他方式确认。确定详细需求说明书是为了更加明确一些详细的需求；方案策划书类似于第2章中所讲的内容，只是会相对补充一些内容，但其中与检查或评估关系最大的是KPI（关键绩效指标），前面两节专门讨论了较为详细的KPI范围及统计方法；实施方案书则是短视频团队在具体实施短视频项目时的基本依据。

2. 短视频项目的变更材料

任何一个项目在实施过程中不可能一成不变，短视频项目也不例外。这主要有两个方面的原因：（1）一些需求可能因为各种原因在制定详细需求说明、方案策划书及实施方案书中没有考虑到，后来需要补充或更改；（2）可能由于时间、环境及其他原因导致需求发生了变化，或出现了新的需求，或需求的标准发生了变化等。

这也就是说，一个项目的需求、指标及标准等在实施过程中会出现或多或少的变更，那么就需要通过讨论沟通，最后双方以签字或其他双方认可的方式确认这种变更。通常情况下，为避免争议，最好每次变更都有相应的书面的“需求变更材料”及双方的签字。如果考虑到效率问题，至少也应该以电子邮件或其他双方认可的电子材料的方式互相发送给对方确认。

有了这些双方共同确认的“需求变更材料”后，短视频团队实施方（乙方）才能够在原有“实施方案书”的基础上，结合需求方（甲方）发生变化的需求，进行短视频项目各个环节任务的实施。如果“需求变更材料”记录不够清晰，则可能导致双方对一些需求、指标及标准的理解出现偏差，造成不必要的误解，这对双方都不利（如拖延进度或提高成本）。

3. 短视频项目主要KPI完成情况的数据

在短视频项目的相关的计划方案、实施方案及变更材料准备充分的前提下，就可以根据上一节讲述的方法，按照相关材料中提到的变更并确认后的KPI的各项指标分别进行各种不同指标的数据统计。

为了让思路更清晰，这里再次列一下短视频项目主要的相关统计指标分类：

（1）短视频制作发布工作完成情况类指标，主要包括：

- 短视频制作数量层面的指标；
- 短视频发布频率层面的指标；
- 短视频发布平台层面的指标。

（2）短视频传播工作完成情况类指标，主要包括：

- 短视频播放层面的指标；
- 短视频互动层面的指标；
- 短视频粉丝层面的指标。

（3）短视频营销效果完成情况类指标，主要包括：

- 短视频营销或广告效果层面的指标；
- 短视频带来的商品销售层面的指标。

原则上讲，还有短视频项目的成本控制层面的问题，但通常都需要财务和审计部门以及对短视频业务熟悉的专家参与，便于界定短视频项目实施中经费使用的合理性，以及重要环节经费增减的必要性。

检查各项主要指标的完成情况

对短视频项目各指标完成情况的检查主要是围绕短视频制作发布工作完成情况、传播工作完成情况及营销效果情况等开展的。如果前面的材料及数据都准备得比较充分，则这里的检查工作就相对简单。正如前面提到的那样，主要的检查内容包括以下几个方面（这里主要简要介绍相应的内容，详细的要求可以参考本章第 1 节中的相关内容）。

1. 对短视频制作发布工作完成情况的检查

对短视频制作发布工作完成情况的检查主要包括以下内容：

（1）短视频制作数量层面的指标

主要检查短视频的制作是否达到了经过变更后的总量要求，以及长度、类型等是否达到了要求。

（2）短视频发布频率层面的指标

主要检查短视频的发布是否按照变更后的实施计划中的时间节点完成。通常，这一点容易被忽视，但发布的时间节点提前或滞后都会影响传播效果。

（3）短视频发布平台层面的指标

主要检查短视频发布的平台是否按照变更后的实施计划中的要求将短视频发布到

各个相关平台上。

2. 对短视频传播工作完成情况的检查

对短视频传播工作完成情况的检查主要包括以下内容：

（1）短视频播放层面的指标

主要检查短视频的播放总量、短视频相关话题的传播总量及部分具体短视频的播放量等是否达到了变更后的计划中的 KPI。

（2）短视频互动层面的指标

主要检查短视频的点赞数、推荐数、评论数、分享 / 转发数、收藏数及各比率等是否达到了变更后的计划中的 KPI。

（3）短视频粉丝层面的指标

主要检查短视频账号的粉丝增长量、大影响力粉丝增长量及不同类型（如年龄、性别、职业、地域、学历、兴趣及使用终端等）粉丝的数量及比例是否达到了变更后的计划中的 KPI。

3. 对短视频营销效果完成情况的检查

对短视频营销效果完成情况的检查主要包括以下内容：

（1）短视频营销或广告效果层面的指标

主要检查短视频营销或广告的展示总量、给网站 / 网店带来的流量及相应的效率是否达到了变更后的计划中的 KPI。

（2）短视频带来的商品销售层面的指标

主要检查短视频促成的销售问题、销售额、转化计及相应的效率是否达到了变更后的计划中的 KPI。

对短视频项目给出评估结果及建议

如果上述环节（计划、方案及相关材料准备充分，相关 KPI 统计数据准备充分，再加上相关的对比检查）都顺利完成，那么基本就可以给出评估的结果和相应的建议。这也相当于项目的验收的过程。

1. 短视频项目的评估结果

评估的结果主要分为以下几种级别（相当于验收的结果）：

（1）验收通过 + 优秀

通常指短视频项目变更后约定的所有 KPI 的平均完成情况超过计划的一定比例（如 30%）。当然，这其中包括对于特别重要的指标（如短视频播放量、粉丝增长量、带来的商品销量或销售额等）完成得特别出色（如超过原计划的 50% 及以上）。

（2）验收通过 + 合格

通常指短视频项目变更后约定的所有 KPI 的平均完成情况达到计划中的要求。其中，由于一些特殊的或不可抗拒的原因未完成的指标可以不计算在内。为了与上一种及下一种结果相区别，对于超额完成或未完成计划中的比例要有一定的限定（如 30%），且要经过专家团队、需求方及实施团队的共同认可。

（3）验收不通过（或不合格）

通常指短视频项目变更后约定的所有 KPI 的平均完成情况未达到计划中要求的一定比例（如 70%）。

当然，上述三种结果中，较为重要的是相关比例的高低，它将导致评估结果的不同。为了更好地促进项目的验收，在验收前可以将相关的评估要求告知短视频实施团队在公正透明的情况下，让短视频实施团队知晓要求，可以事先对照那些要求进行自我检查，及时补救，进而让项目在验收时达到可能的最好情况。

2. 在短视频项目评估过程中指出问题并给出建议

通常在评估或验收的过程中，评估专家除了给出验收的结果外，还会指出存在的问题，并提出相应的改进建议。

评估中指出的问题需要直指要害，特别是对于给出“不合格”结果的情况，这一方面是为了让短视频团队（乙方）理解为什么“不合格”，并为短视频团队的后续改进或补救工作指明方向；另一方面，也为短视频项目需求方（甲方）指明问题所在，使他们在督促短视频团队（乙方）工作时抓住关键问题，甚至在需要更换短视频团队（乙方）时避免重蹈覆辙。

评估或验收专家通常会在提出问题的同时提出相应的改进意见。最好能针对提出的问题给出基本的策略或建议，供甲、乙双方在后续工作的开展中形成重要的参考。通常，改进意见中会提到一些没有完成的工作应该在未来多长时间内完成，以及应对一些重要问题的策略。

3. 短视频项目评估的后续问题

如果短视频项目得到了“不合格”的评估结果，那么就涉及短视频项目实施团队（乙方）如何补偿短视频项目需求方（甲方）的问题，甚至甲方可能在下一阶段选择更换乙方。

如果短视频项目得到了“验收通过，合格”的结论的同时，还存在一些问题，那么就需要甲、乙双方进行一些后续补充或改进的工作。通常需要在验收书的后面附加一个补充协议，约定原合同协议及变更后的相应指标中未完成的指标应当在多长时间（如 3 个月）内完成。最终，通过这个补充协议的约定及落实，保证整个短视频项目变更后的所有 KPI 达到要求。

如果短视频项目得到了“验收通过，优秀”的结论，通常可以总结一些好的经验及做法，供今后进一步发扬，甚至可能根据相应的约定给予一定的物质或精神奖励。当然，不排除一种情况，即专家在给出上述结论的同时，仍然提出一些问题及建议。此时，仍然可以借鉴上面的做法，弥补哪怕不是很大的缺陷，力图精益求精。

短视频项目的效果分析与优化

评估不是目的，找到短视频项目的超计划、基本完成计划与未完成计划分别对应的原因更重要，因为它会为项目的进一步的优化与改进提供依据，并可以为后续的短视频项目规划中需要调整的地方指明方向。其实，这也是前面提到的 PDCA 管理循环中的“A”（行动与改进，或称处理）。这一轮工作完成后，只有为下一轮工作的提升提出改进建议及发展方向，才能使 PDCA 形成科学合理的闭环。

短视频项目的效果分析

对短视频项目进行效果分析，可以将各类 KPI 指标的完成情况归为以下三类：

1. 分析超计划完成指标的原因

超计划完成指标固然是好事，在值得庆贺的同时，也需要相对冷静地思考取得相应成果的原因，供以后继续发扬光大。然而，仔细分析的话，你会发现，有些成果的取得是得益于自身的努力，有些则是得益于外部机遇或条件。

通常情况下，短视频团队自身的努力是非常重要的，这又与这个项目团队在策划书中确定的使命与价值观有很大的关系。团队共同的使命与价值观往往会支撑这个团队的运行，尤其在遇到困难时会使团队成员团结一致，不会轻言放弃。

同时，一个团队取得成功的原因还可能来自外部。例如，整个社会及市场造就的机会可能是“可遇而不可求”的，没有这种机遇，大多数团队都可能很难成功。又比如，短视频团队（乙方）的成功可能需要短视频项目的需求方（甲方）的大力支持与配合，否则可能许多事情的完成就没有那么顺利，因而乙方的成功有时不得不感谢甲方。

当然，对于一些完成得特别出色的具体指标，也要本着客观的态度分析其成功的原因，这样才能戒骄戒躁，将好的策略进行强化，将好的经验加以推广，将好的做法延续下去。

2. 分析基本按计划完成指标的原因

基本按计划完成指标应该说也已经不错了，特别是在外部环境或条件出现一些不利或波折的情况下。但是，仍然需要分析这其中的原因，一方面是为了分析总结应该保留的策略与方法，另一方面是为更高的目标指明方向。毕竟，这世界上的许多事情“没有最好，只有更好”。

在分析总结应该保留短视频项目的哪些策略与方法时，也应该如前所述客观分析顺利完成指标的内部及外部方面的原因，总结出团队自身（乙方）哪些方面应该继续努力，特别是在顺利完成一些重要指标的过程中值得保留的做法，总结出应该寻求需求方（甲方）哪些方面的继续支持。

进一步需要客观分析的是，在已经顺利完成一些指标的情况下，哪些指标还有提升的空间，以及达到更高目标可能需要的策略、方法及技巧，可能需要的外部支持，可能需要的人力、设备及其他资源。既然还没有到“优秀”这个层次，就说明仍有需要改进的空间。

3. 分析未完成计划指标的原因

未完成计划指标的情况则相对比较糟糕，但是更值得深思与总结经验教训。无论如何，这对短视频实施团队造成了一定的打击，但是如果不及时总结经验教训、搞清楚失败的原因，那么未来可能还会犯同样的错误。

与前面的分析类似，失败的原因也分成自身的努力不够及外部环境的不利（如时运不济或甲方的不配合）两个方面，但都有值得分析总结的地方。甚至，包括甲方也需要认真总结经验教训。通常情况下，没有哪一次失败完全是由一个方面造成的。

对于一些关键的指标，短视频团队需要认真分析未完成的原因。这些指标可能是一个短视频团队的核心竞争力不高的集中体现，除非指标未完成的主要原因来自外部。然而，通常项目的失败可能会归于自身努力程度不够、学习能力不强及总体水平不高等内因。如果仅仅是外因，那只需等下一次机会。如果主要是内因，则必须深刻反省，努力加以改进。

在乙方未能完成计划的情况下，短视频项目需求方（甲方）可能会选择更换乙方，那么此时需要认真考虑以下几个问题：（1）如果要更换乙方，那么应该在哪些方面避免再次出现计划指标不能完成的情况；（2）如果要更换乙方，原来的甲 方必须做好哪些收尾工作（包括留存相关资源，账号权限交接，做好信息保密工作等）；（3）如果更换了乙方，甲方（自身）有哪些地方需要特别注意。

对于第三点有些甲方是容易忽视的。然而，正如前面所述，乙方成功与失败的原因中都可能少不了甲方的支持与配合。同时，乙方的失败通常不可能在短时间内就出现，在项目实施的过程中，或多或少会有一些迹象出现，或者在项目实施的哪一个阶段任务没有完成影响了大局。甲方的责任在于，有没有及时发现问题，有没有认真加以督促，有没有更早地进行改进。

短视频项目的优化改进

这里主要是针对前期项目评价或验收已经得到“项目通过，优秀”及“项目通过，合格”结果的情况。任何的成功都只能成为过去，我们需要有更长远的眼光，通过取长补短的方法，为未来取得更大的成果做好铺垫。

1. 需继续发扬的长处

任何短视频团队都会有长处，只是多少而已。对于得到“项目通过，优秀”评估结果的团队而言，其长处会更多一些；对于得到“项目通过，合格”结果的团队，其也存在一些长处；对于得到“不合格”评估结果的团队通常也不可能一点长处都没有。

正如前面讲的那样，短视频团队取得成功，内因起决定作用，主要围绕着努力工作、肩负团队使命、彰显团队价值观等方面。这些都是值得发扬的地方，细化之后可能还包括努力学习新技术、团队紧密协作、相互积极沟通等多方面。

同时，对于一些短视频团队在实施项目的过程中的具体策略（如短视频的内容创意策略、传播策略及营销策略等）中做得好的地方，在前面总结的基础上，需要继续坚持，对于其中的一些策略不仅应该坚持，而且还应该强化突出，从而让做得好的地方未来做得更好。

2. 需整顿改进的短处

任何短视频团队也都会有短处，只是多少而已。只要能够像前面提到的那样客观分析自身的问题及其他外部问题，想办法解决这些问题，加以整顿，进行改进。补足短处会为未来的整体水平的提升打下良好的基础。

对于需要改进的自身存在的问题，与前面的分析类似，主要在于能否努力工作、能否肩负团队使命、能否彰显团队的价值观等方面。对于具体的影响指标完成的原因，则要认真分析相关的策略、方法是否需要彻底加以调整。

对于外部条件造成的失败，也有可改进之处。例如，如果短视频团队（乙方）可能因为需求方（甲方）的不支持或不配合而造成指标未能完成，那么乙方有没有及时与甲方进行充分的沟通，讲明利害关系，强调责任所在。这种努力做出与否，至少不仅影响到指标的完成，而且在验收不合格的情况下，也可以最大限度地减少短视频团队（乙方）的损失。

3. 需理解的主客观原因

在发扬长处、改进短处的过程中，需要理解主观及客观的原因。通常，需要发扬的长处及需要改进的短处主要在主观（内部）原因方面，对于客观原因也存在主观（内部）对不利情况应对不足的原因。

之所以强调重视主观原因的发扬与改进，是因为多数客观（外部）原因可能是无法改变的事实（如出现重大灾害，或经济下滑，或市场突然变化等），且多数客观（外部）原因对于所有短视频团队都是一样的，拼命去追究这些原因意义不是很大。

不过，前面提到过，对于一些人为的客观或外部的不利条件，短视频团队（乙方）仍然存在补救的可能性，此时的认真努力与否则也显得较为重要。特别是，当甲方由于讨论沟通不及时、资源配置不足等原因造成项目延期或指标无法完成时，乙方是可以通过紧急沟通、阐明利害关系及强调严重后果等方法加以应对的，而且这些挽救式的努力最好留有证据，以避免甲方将项目未完成的所有责任都推给乙方的情况再次发生。

参考文献
REFERENCE

[1] [美] 艾·里斯，杰克·特劳特 . 定位：有史以来对美国营销影响最大的观念 [M]. 谢伟山，苑爱冬，译 . 北京：机械工业出版社，2012.

[2] 陈永东 . 赢在新媒体思维：内容、产品、市场及管理的革命 [M]. 北京：人民邮电出版社，2016.

[3] [韩]W. 钱·金，[美] 勒妮·莫博涅 . 蓝海战略：超越产业竞争，开创全新市场 [M]. 吉宓，译 . 北京：商务印书馆，2005.

[4] [美] 彼得·蒂尔，布莱克·马斯特斯 . 从 0 到 1：开启商业与未来的秘密 [M]. 高玉芳，译 . 北京：中信出版社，2015.

[5] [美] 菲利普·科特勒 . 市场营销原理（亚洲版 . 第 2 版）[M]. 何志毅，赵占波，译 . 北京：电子工业出版社，2010.

[6] [美] 菲利普 · 科特勒 . 营销管理（全球版 . 第 14 版）[M]. 王永贵，译 . 北京：中国人民大学出版社，2012.

[7] [美] 菲利普 · 科特勒 . 营销革命 4.0：从传统到数字 [M]. 王赛，译 . 北京：机械工业出版社，2018.

[8] [美] 迈克尔 · 波特 . 竞争战略（第 2 版）[M]. 郭武军，刘亮，译 . 北京：华夏出版社，2012.

[9] [美] 杰克 · 吉多 . 成功的项目管理（英文版）[M]. 北京：机械工业出版社，2005.

[10] [美] 彼得 · 德鲁克 . 管理的实践（珍藏版）[M]. 齐若兰，译 . 北京：机械工业出版社，2014.

[11] [美] 彼得 · 德鲁克 . 管理：使命、责任、实践（使命篇）[M]. 陈训，译 . 北京：机械工

业出版社，2019.

[12] 崔生国 . 图形设计 [M]. 上海：上海人民美术出版社，2015.

[13] 陈永东 . 数字媒体艺术设计概论 [M]. 北京：中国青年出版社，2018.

[14] [美] 菲利普・科特勒 . 营销革命 3.0：从产品到顾客，再到人文精神 [M]. 毕崇毅，译 . 北京：机械工业出版社，2012.

[15] [美] 麦基 . 故事：材质、结构、风格和银幕剧作的原理 [M]. 周铁东，译 . 天津：天津人民出版社，2014.

[16] [美] 南顿，迪克斯 . 故事营销有多重要 [M]. 闾佳，邓瑞华，译 . 北京：中国人民大学出版社，2016.

[17] 陈永东 . 企业微博营销：策略、方法与实践 [M]. 北京：机械工业出版社，2012.

[18] [美] 肯特・沃泰姆 . 奥美的数字营销观点：新媒体与数字营销指南 [M]. 台湾奥美互动营销公司，译 . 北京：中信出版社，2009.

[19] [美] 斯科特・麦克凯恩 . 商业秀——体验经济时代企业经营的感情原则 [M]. 王楠岽，徐化，译 . 北京：中信出版社，2003.

[20] 赵旭隆，陈永东 . 智能营销：数字生态下的营销革命 [M]. 上海：上海文艺出版社，2016.

[21] 潘健华 . 舞台服装设计与技术 [M]. 北京：文化艺术出版社，2000.

[22] 徐家华 . 舞台化妆设计与技术 [M]. 北京：中国戏剧出版社，2006.

[23] 谢郑凯，彭明武等 . 设计未来：VR 虚拟现实设计指南 [M]. 北京：电子工业出版社，2017.

[24] [美] 卡茨 . 电影镜头设计：从构思到银幕 [M]. 井迎兆，王旭锋，译 . 北京：世界图书出版公司，2010.